キャリアアップを
目指す人のための

経済産業省 経理・財務人材育成事業
FASS
Finance & Accouting Skill Standard

「経理・財務」
実務マニュアル

下 新版三訂版

石田 正 〔監修〕　青山 隆治・馬場 一徳・奥秋 慎祐 〔著〕

税務経理協会

序文

　2012 年，初版が店頭にならんでから今年で 11 年が経過しました。この間，改訂をかさね 2018 年には新版として大幅に改訂を加え 5 年が経過しています。今回，出版をお願いしている税務経理協会様の勧めもあり，新版三訂版を出すこととなりました。これもひとえに本書を手元に置いてご利用いただいている読者諸氏のおかげです。改めて厚く御礼申し上げます。2022 年 1 月に新版改訂版 1 刷を発刊してから，まだ 2 年しか経っていませんが，この間にも色々なことが起こっています。

　まず新型コロナのパンデミックです。2020 年初頭，中国武漢を起点に世界中に拡がりましたが 2023 年に入り，何とか収束しつつあります。現在はインフルエンザ並み（第 5 類）になっています。この 3 年間で累計感染者は世界で 6 億 7657 万人（日本 3380 万人），死者は 688 万人（7.5 万人）に達しています。このパンデミックがビジネスの世界に与えた大きな影響の一つは自宅から参加するリモート会議が当たり前になったことです。コロナ前まで日本のビジネスパーソンは何があろうとも出社するというのが常識でしたが，そうではなくなったのです。コロナの前と後では経済のみならず，我々の生活そのものが大きく変わろうとしています。新型コロナが収束しても，もはやコロナ前の状態には戻らないことを覚悟しておかねばなりません。リモート会議は自宅と会社を往復する時間がセーブできるメリットもありますが，会議そのものが画面をとおして行われるため，どうしても無機質になり出席者の微妙な心の変化を捉えることはできません。収束後はおそらくリアルとリモートを組み合わせたハイブリッド型になるでしょう。個々人としては会社と自宅をどのように使い分けていくかがポイントだと思います。

　個人的な意見ですがこれを機会に今，話題になっている日本企業の生産性の低さの改善に結び付けてはいかがでしょうか？　即ち，一定時間自宅での勤務が定着すれば，①本社間接部門のスペースに空きができ，その分家賃を削減で

きます。②また，フリーアドレスの採用により一人当たりの利用効率化が図れます。③そして事務処理のペーパーレス化です。一人々々に PC とスマホを用意する必要はありますが，コピー機の数を減らし，コストのかかる紙代が劇的に下がります。④また，思い切って役員の個室を廃止し，平場に降りてもらってはいかがでしょう？　上下のコミュニケーションが劇的によくなることうけあいです。一度，費用対効果の計算をお勧めします。特に家賃の高い東京に本社機能を持っている企業の場合，一考の余地があります。

　次に，世界を驚かせたのが 2022 年 2 月に起こった，ロシアによるウクライナへの侵攻です。2014 年のクリミア半島への侵攻とは違い，今回は西側諸国の対応が早く，当初プーチン大統領が考えていた数週間では終わらず，1 年半が経過した今でも戦いは続いており，いつ収束するかわかりません。誰かが「戦争というのは行き着くとこまで行かないと終わらない」と言っていましたがまさにその通りです。ウクライナ紛争は世界中に大きな影響を与えています。世界有数の小麦生産国であるウクライナの小麦生産が半分まで減少し，これをきっかけに世界中の小麦の価格が大幅に上がってしまいました。ロシアがヨーロッパにパイプラインを通して輸出していた天然ガスの供給も止まりました。天然ガスの全量をロシアに頼っていたドイツは大変に困り，最後までロシアへの制裁強化に消極的でした。ウクライナから 8 千キロも離れている日本にも大きな影響を与え，生活の根幹である食料と燃料はロシアの侵攻前と比較し大幅に上がっています。現在，世界中がサプライチェーンのネットワークで結ばれており，どこかでヒト，モノ，カネ，のパイプラインの流れが詰まってしまうと，問題は紛争当事国に留まらず世界中に影響を与えてしまうということの証明です。

　米国をはじめヨーロッパ主要国の物価も高騰し，各国の中央銀行は過熱した景気を冷やすため金利を順次上げています。米国の FRB は 2022 年 3 月から利上げを開始し，現在，政策金利は 5.25％です。一方，日本（日銀）は 2022 年 12 月，それまで 0.25％程度に抑えてきた長期金利の上限を 0.5％に引き上げましたが主要国の中では唯一日本のみが金融緩和政策を継続しています。ドル

と円の金利差が拡大した結果，為替は円安に振れ，現在 145 円近辺を上下しています。インフレ圧力が強まる中，いずれ日本も利上げせざるを得ないでしょう。

このように全世界で物価が底上げされるという大きな環境変化のなかで，本書のテーマにどのような影響を与えるのか，正直わかりませんがはっきりしているのはもとには戻らないということです。日本が資本主義社会のなかで企業が維持されていく限り，企業活動の根幹である財務会計，税務会計の基本は変わりません。財務会計と税務会計，それはコインの裏表といってよく，切り離して考えることはできません。われわれは，日々膨大な量の取引に囲まれて仕事をしています。すべての取引を簿記のルールに従って仕訳に落とし込み，整理をして試算表に集計し，決算書を作成します。そして決算書をベースに税務申告書を作成していくことになります。前回の繰り返しになりますが，定期的に業務の棚卸をし，環境の変化に合わせ，不必要と思われる業務は思い切って削り，時間を捻出し，業務の付加価値を高めるのに使ってください。

今回，新版三訂版を発刊するにあたり，財務会計，税務会計及び管理会計の各分野で事業環境の変化やルール改正にあわせ，情報をアップデートしました。新版三訂版では財務会計の分野として，2026 年度から基準改定が予定されているリース会計を取り上げました。この改定で国際財務報告基準（IFRS）と日本基準の主要な差異は解消されます。これにより日本と欧米の会計基準の違いはのれんの償却を除き，ほぼなくなり比較可能性が高まるといえます。現在は公開草案の段階（2023 年 8 月執筆時点）ですが長年の懸案事項であったため，今回取り上げることとしました（詳細は本編第 4 章，「固定資産管理」を参照）。

尚，今回の改訂と直接関係ありませんが，2021 年に岸田内閣が誕生してから「新しい資本主義」という考え方の導入が話題になっています。「新しい資本主義」とはかつて小泉内閣が採用した「新自由主義」と呼ばれた政策に対応するものです。「新自由主義」が過度に実行された結果，所得の配分にばらつきが発生しています。特に中間所得層が影響を受けている中で新型コロナのパ

ンデミック，ウクライナ紛争が発生し，物価高・円安などのさらなる経済的困難が加速されるリスクが増加しているという意見があります。これらの課題を乗り切るための解決策として中間所得層をターゲットにした「所得の再分配政策」を提唱しているのではないかと考えられます。即ち「構造的な賃上げ」を政策の中心に据え，成長と分配の好循環を持続的に実現しようというものです。一般論としては理解できても具体的な政策に落とし込まれていないので，その可否についてコメントできませんが，問題提起としては個人的に興味があります。今後も注意深く見ていきたいと思います。

　そして税務会計では2023年10月から新しくインボイス制度が導入されました。現行の請求書に登録番号や税率・税額を追加した「適格請求書（インボイス）」を導入する制度です。これにより曖昧だった項目別の消費税率が明確になり，国税庁にとっては消費税の正確な把握がし易くなります（詳細は本編第15章「消費税申告・インボイス制度」を参照）。

　繰り返しになりますが，本書は一見，日々の細かい業務の処理について言及されているように思われますが，それだけではありません。「神は細部に宿る」という言葉があります。日々の作業を通して出会う取引（仕訳）の中には必ず経理・財務及び税務の本質的なテーマが入っています。それらの中で常識的に考えて「これは何かおかしい」と感じたらおかしいのです。この感性を磨き，仕事に生かしてください。

　われわれ執筆者としてはこれまでと同様，読者諸氏の手許においていただき，問題点の掘り起こしや，解決のヒントをつかむなど，業務の交通整理に使っていただければ望外の喜びです。

2024年2月

監修者　石田　正

新版三訂版の発行にあたって

　近年，ビジネスの海外・他業種展開が進み，経理・財務部門の役割もかつてないほど広がり，その重要性も高まっています。そして経理・財務部門で働く方たちも「会計・財務の専門家」というよりは，事業部門に密着した「ビジネス・パートナー」であり，経営トップによる暴走の「防波堤」としての役割も求められています。

　「経理・財務」という用語は，かつてこの書籍の監修者であった故金児昭先生が考え出した造語です。金児先生は信越化学工業株式会社のCFOとしての職務や公職など多忙な中，経理・財務教育に情熱を傾けられ，100冊を超える書籍を出版された「スーパーCFO」でした。金児先生の「経理・財務」という用語には，いわゆる会計の世界よりずっと広い「経済・経営・理財・ファイナンス」という考え方が含まれています。金児先生は，「『経理・財務』は企業の中のあらゆる部門・人間を知り，常に企業全体のことを念頭に置き，数値・係数管理を通じて企業の成長性・安全性を確保し，事業部門の経営執行に参画・バックアップをモットーにする。一方で，『にくまれ役』を買って出ることで経営トップが変な方向に走らないようにする『ワクチン』のような役割を果たさなければならない。」と常々唱えておられました。

　さて，経理・財務部門で働く方は，簿記・会計基準・コーポレートファイナンス・法人税法などの「理論」を勉強しつつ，実際の業務を通じて「実務」をマスターし，仕事を覚えていくことが多いと思います。「理論」については世の中に多くの書籍が出回っていますが，「実務」は各社各様で言わば「秘伝のタレ」のようなもので，経理・財務部門の外の方には窺い知ることのない世界でした。

　ところが，2005年に経済産業省主導で，我が国の優良企業の経理・財務実務担当者が参画し，経理・財務の実務について，汎用的な業務手順（プロセス）をフローチャート等で「見える化」し，各業務に求められるスキルを機能別・

網羅的に整理した「経理・財務サービス・スキルスタンダード（FASS：Finance & Accounting（Service）Skill Standard）」というものが策定されました。さらに日本 CFO 協会がこの FASS に沿って検定試験（FASS 検定）を実施しており，2023 年 9 月末日現在で累計約 8 万人の方々が受験されています。これによって，汎用的な「実務」を経理・財務部門の外の方も学習することができるようになったのです。

　本書は，FASS の章立てに沿って，誰もが，汎用的な経理・財務の理論と実務双方を学習できるように工夫したテキストブックです。さらに，FASS 検定試験を受験する方にとってもその対策になるよう心がけました。

　「経理・財務」をマスターするには，「鳥の目」・「虫の目」・「魚の目」の 3 つの目を持つ必要があります。鳥は高いところから獲物を狙う目を持っています。つまり，大所高所から全体を俯瞰するマクロの目が鳥の目です。一方，虫の目とは，地面に近いところで，即ち現場で足元を見つめる目です。つまり，現場で細かいところまで対応できるミクロの目です。最後に，魚は潮の流れを読む目をもっています。つまり，世の中の流れや時代のトレンドをみる目です。

　本書を読むにあたっては，序章でまず「鳥の目」を，1 章以下各章で，「虫の目」を身につけていただきたいと願っています。「魚の目」については，各章のコラムで，最近のトピックスなどを載せていますが，結局は，読者の皆さんが常に世の中の動きにアンテナを立て，継続的にウォッチしていくことが大切だと思います。本書を通じて皆さんが「経理・財務」を 3 つの目で見ることができるようになり，よい仕事につながっていければ，執筆者としてこの上ない喜びです。

　なお，新版三訂版では，2021 年の 9 月から 2023 年 8 月までの会計基準，税制改正その他関連する法律等の改廃を反映し，所要の見直しを行いました。

　さらに，FASS 検定の試験範囲の見直しに合わせて，消費税インボイス制度・電子帳簿保存法等の対応を行いました。

　末筆になりますが，初版から監修いただいた，一般社団法人日本 CFO 協会

元最高顧問の故金児昭先生，同協会主任研究委員の石田正先生に感謝申し上げると同時に，本書の執筆を勧めていただいたジャスネット・コミュニケーションズ株式会社の皆様，そして，本書をFASS検定の推薦図書に取り上げていただいた，日本CFO協会の谷口宏専務理事をはじめとする多くの皆様に厚く御礼を申し上げます。また，初版発行以来，本書の出版に大きなサポートをしていただきました税務経理協会の大坪克行代表取締役社長及び大川晋一郎さんはじめ編集担当の皆様にこの場を借りて改めて御礼申し上げます。

2024 年 2 月
執筆者一同

目　次

上巻の内容

本書の使用方法

　本書は，経理・財務部門で実際に業務を遂行しているスタッフの方のための経理・財務業務テキストブックです。日常業務には慣れてきたが，もう少し深く業務を理解したいという方を対象に執筆しました。

　本書で掲載されている項目については，経済産業省が2004年に編纂[注1]した「経理・財務サービス　スキルスタンダード」（以下「スキルスタンダード」と言います）のうち主に「非定型業務」以外の項目を取り上げています。従って，日常発生する経理・財務業務に関しては概ね網羅されているものと考えていただいてかまいません。スキルスタンダードと本書がカバーした項目の比較は次表のとおりです。

　「スキルスタンダード」は経済産業省のホームページで公開されています[注2]が，実務経験が浅い方にとってはこれを読むだけでは理解が進まないのが実状です。

　そこで，本書では，「スキルスタンダード」をより深く理解できるよう，主に次の4つの視点からの切り口で解説することとしました。

1. 業務の流れ

　各経理・財務業務の流れを，主に「スキルスタンダード」の業務プロセス・業務フローに沿って解説をしています。特に実務上重要な業務フローについては，「スキルスタンダード」で公開されているフロー図も追記しました。

2. 会計上のポイント

　実務遂行にあたって重要な会計上の論点を取り上げて解説をしています。なお，会計基準等については，2023年8月末日時点で有効となっている会計基準等に基づいています。

3. 税務上のポイント

　実務遂行にあたって重要な税務上の論点を取り上げて解説をしています。なお，2023 年 8 月末日時点での法律等に基づいています。

4. 内部統制上のポイント

　業務フローの適正性や資産・負債等の評価は適切な内部統制システムに裏打ちされていなければなりません。内部統制の実務上重要となる論点について，解説をしています。

　本書は項目順に読んでいくことで知識の習得ができますが，さらに，上記の 4 つのポイント別に横断的に読んでいくことでも理解が深められるように工夫してあります。

　一方で，本書は FASS 検定（経理・財務スキル検定）B クラス以上の取得を希望されている方のニーズに合致するようにも執筆しました。

　FASS 検定 B クラスは，下表にもあるとおり，「経理・財務分野のほとんどの業務を理解し，業務を遂行できるスキルをもっている」と評価されるレベルです。本書を通じて，FASS 検定範囲の項目につき，知識習得が可能です。

【FASS 検定のスコアと評価】

レベル	スコア	評　価
A	689 点〜	・経理・財務分野について，業務全体を正確に理解し，自信をもって経理・財務部門の業務を遂行できるスキルをもっている。
B	641〜688 点	・経理・財務分野のほとんどの業務を理解し，業務を遂行できるスキルをもっている。分野によって，知識の正確さに個人差があるものの，業務を妨げるようなことはなく，適切に対応できるスキルをもっている。
C	561〜640 点	・経理・財務分野について，日常の業務を行うための基本的なスキルが身についている。 ・自己の経験以外の業務への対応力について，差が見られる。 ・日常の業務であれば，業務を理解して，支障なく対応できるスキルをもっている。

| D | 441〜560点 | ・分野によって，知識の正確性に差があり，不十分な部分も多いが，支援を受けながら，最低限の業務を行うスキルをもっている。 |
| E | 〜440点 | ・経理・財務分野について，部分的にしか理解できない。業務には，役立たない。 |

　ただし，FASS検定を受験される方は，他に検定対策として問題演習等を行う必要があります。本書は，検定対策用の受験参考書ではありませんので，例えば，日本CFO協会が企画した『経理・財務スキル検定公式学習ガイド』（株式会社CFO本部発行）又は『キャリアアップを目指す人のための「経理・財務」実務マニュアルワークブック』（税務経理協会）（以下，「ワークブック」と言います）を併用されることをお薦めします。また，FASS検定の範囲外の項目は学習しなくてもよいかというと必ずしもそういう訳ではありません。例えば，「2. 買掛債務管理」，「3. 在庫管理」，「6. 原価管理」は業務としては非常に密接に関連していますので，「6. 原価管理」は検定の対象外ではありますが，本項も一読されることをお薦めします。

　本書は経理・財務業務の全般を扱っているため，各項目の深度はそれほど深いものではありませんが，上巻・下巻全てをお読みいただいた後には頭の中に鳥瞰図ができあがっていることでしょう。この鳥瞰図を持って改めて皆様の業務をふり返ってみると自分が担当する業務の位置付けや関連業務の意義など新たな発見があることを願ってやみません。

（注1）その後2007年に「スキルスタンダード」は内部統制関連業務について，内容が拡充されています。

（注2）経理・財務サービス　スキルスタンダードの公開

　　　下記経済産業省のホームページから，各経理・財務業務を可視化した資料類が入手できます。業務の構築・見直し等に活用できますので，是非ご覧ください。

　☞　https://www.meti.go.jp/policy/servicepolicy/contents/management_support/files/keiri-zaimu.html

▶鳥瞰図：経理・財務業務の全体像を整理。

▶業務マップ：各業務・機能・プロセスを一覧表に整理。

▶プロセスマップ：各業務・機能・プロセスをフローチャートに整理（業務マップに対応）。

▶スキルディクショナリ（知識）：各業務・機能の遂行に必要な知識を整理（業務マップに対応）

▶スキルサマリ（知識）：知識ごとのレベルを定義。

▶スキルディクショナリ（行動）：業務横断的に必要な「行動」を定義。

▶スキルサマリ（行動）：行動ごとのレベルを定義。

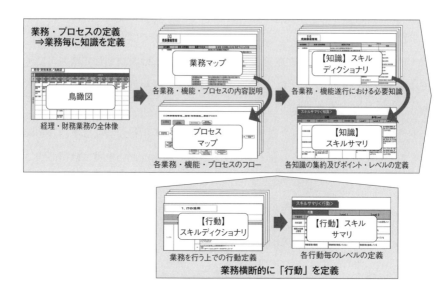

(出所）経済産業省サービス政策課『「経理・財務サービス　スキルスタンダード」の作成について−ダイジェスト版−』3頁より。

【本書の範囲】

	項　目	分　野	「スキルスタンダード」の範囲	FASS検定の試験範囲	「ワークブック」の範囲	本書の範囲
1	売掛債権管理	経理業務	○	○	○	○
2	買掛債務管理		○	○	○	○
3	在庫管理		○	○	○	○
4	固定資産管理		○	○	○	○
5	ソフトウェア・クラウドサービス管理		○	○	○	○
6	原価管理		○	×	○	○
7	経費管理		○	×	○	○
8	月次業績管理		○	○	○	○
9	単体決算業務		○	○	○	○
10	連結決算業務		○	○	○	○
11	ディスクロージャー（外部開示）		○	○	○	○
12	中長期計画管理		○	×	○	○
13	年次予算管理		○	×	○	○
14	税効果会計業務	税務業務	○	○	○	○
15	消費税申告・インボイス制度		○	○	（注1）	○
16	法人税等申告・電子帳簿保存法		○	○	（注1）	○
17	グループ通算制度		○	○	○	○
18	税務調査対応		○	○	○	○
19	現金出納管理	財務業務	○	○	○	○
20	手形・小切手管理		○	○	○	○
21	有価証券管理		○	○	○	○
22	債務保証管理		○	○	○	○
23	貸付金管理		○	○	○	○
24	借入金管理		○	○	○	○
25	社債管理		○	○	○	○
26	デリバティブ取引管理		○	○	○	○
27	外貨建取引管理		○	○	○	○
28	資金管理		○	○	○	○
29	資産流動化業務	非定型業務	○	×	×	×
30	企業買収		○	×	×	×
31	会社分割		○	×	×	×
32	解散・清算		○	×	×	×
33	株式公開		○	×	×	×
34	株式発行増資		○	×	×	×
35	資本政策		○	×	×	×
36	ストック・オプション		○	×	×	×
37	内部統制	内部統制	○	（注2）	（注3）	○

（注1）ワークブック（初版）においては、インボイス制度・電子帳簿保存法は未対応。

（注2）FASS検定においては、内部統制については、業務処理統制がオプション問題として提供されている。

（注3）ワークブック（初版）においては、内部統制については上記の各業務分野の中において出題している場合がある。

法令等の略称

【あ】

IFRS	国際財務報告基準

【か】

外貨建取引等会計処理基準	外貨建取引等会計処理基準（企業会計審議会）
外貨建取引等実務指針	外貨建取引等の会計処理に関する実務指針（企業制度委員会報告第 4 号）
開示府令	企業内容等の開示に関する内閣府令
外為法	外国為替及び外国貿易法
過年度遡及会計基準	会計上の変更及び誤謬の訂正に関する会計基準（企業会計基準第 24 号）
金商法	金融商品取引法
金融商品会計基準	金融商品に関する会計基準（企業会計基準第 10 号）
金融商品会計基準実務指針	金融商品会計に関する実務指針（会計制度委員会報告第 14 号）
金融商品会計Ｑ＆Ａ	金融商品会計に関するＱ＆Ａ（会計制度委員会）
研究開発費等会計基準	研究開発費等に係る会計基準（企業会計審議会）
研究開発費等会計基準実務指針	研究開発費及びソフトウェアの会計処理に関する実務指針（会計制度委員会報告第 12 号）
減損会計基準	固定資産の減損に係る会計基準（企業会計審議会）

減損会計基準適用指針	固定資産の減損に係る会計基準の適用指針（企業会計基準適用指針第6号）

【さ】

財務諸表等規則	財務諸表の用語，様式及び作成方法に関する規則（内閣府令）
財務諸表等規則ガイドライン	「財務諸表の用語，様式及び作成方法に関する規則」の取扱いに関する留意事項について（金融庁総務企画局）
時価算定会計基準	時価の算定に関する会計基準（企業会計基準第30号）
時価算定会計基準適用指針	時価の算定に関する会計基準の適用指針（企業会計基準適用指針第31号）
自己株式等会計基準	自己株式及び準備金の額の減少等に関する会計基準（企業会計基準第1号）
資産除去債務会計基準	資産除去債務に関する会計基準（企業会計基準第18号）
資産除去債務会計基準適用指針	資産除去債務に関する会計基準の適用指針（企業会計基準適用指針第21号）
下請法	下請代金支払遅延等防止法
四半期財務諸表会計基準	四半期財務諸表に関する会計基準（企業会計基準第12号）
四半期財務諸表等規則	四半期財務諸表の用語，様式及び作成方法に関する規則（内閣府令）
四半期財務諸表等規則ガイドライン	「四半期財務諸表の用語，様式及び作成方法に関する規則」の取扱いに関する留意事項について（金融庁総務企画局）

四半期連結財務諸表規則	四半期連結財務諸表の用語，様式及び作成方法に関する規則（内閣府令）
四半期連結財務諸表規則ガイドライン	「四半期連結財務諸表の用語，様式及び作成方法に関する規則」の取扱いに関する留意事項について（金融庁総務企画局）
収益認識会計基準	収益認識に関する会計基準（企業会計基準第29号）
収益認識会計基準適用指針	収益認識に関する会計基準の適用指針（企業会計基準適用指針第30号）
租特法	租税特別措置法

【た】

棚卸資産評価会計基準	棚卸資産の評価に関する会計基準（企業会計基準第9号）
中間財務諸表等規則	中間財務諸表の用語，様式及び作成方法に関する規則（内閣府令）
中間財務諸表等規則ガイドライン	「中間財務諸表の用語，様式及び作成方法に関する規則」の取扱いに関する留意事項について（金融庁総務企画局）
中間連結財務諸表規則	中間連結財務諸表の用語，様式及び作成方法に関する規則（内閣府令）
中間連結財務諸表規則ガイドライン	「中間連結財務諸表の用語，様式及び作成方法に関する規則」の取扱いに関する留意事項について（金融庁総務企画局）
中小企業会計指針	中小企業の会計に関する指針（日本公認会計士協会・日本税理士会連合会・日本商工会議所・企業会計基準委員会）

中小会計要領　　　　　　　　　　　中小企業の会計に関する基本要領（中小
　　　　　　　　　　　　　　　　　　企業の会計に関する検討会）

【は】

包括利益会計基準　　　　　　　　　包括利益の表示に関する会計基準（企業
　　　　　　　　　　　　　　　　　　会計基準第 25 号）

法基通　　　　　　　　　　　　　　　法人税基本通達

【ら】

リース会計基準　　　　　　　　　　リース取引に関する会計基準（企業会計
　　　　　　　　　　　　　　　　　　基準第 13 号）

リース会計基準適用指針　　　　　　リース取引に関する会計基準の適用指
　　　　　　　　　　　　　　　　　　針（企業会計基準適用指針第 16 号）

連結財務諸表規則　　　　　　　　　連結財務諸表の用語，様式及び作成方
　　　　　　　　　　　　　　　　　　法に関する規則（内閣府令）

連結財務諸表規則ガイドライン　　　「連結財務諸表の用語，様式及び作成方
　　　　　　　　　　　　　　　　　　法に関する規則」の取扱いに関する留
　　　　　　　　　　　　　　　　　　意事項について（金融庁総務企画局）

16. 法人税等申告・電子帳簿保存法

　法人税は会社のもうけ（利益）に対してかかる税金です。決算に基づいて税額を計算・申告し，納税します。

　法人税は，消費税と並んで，日常の経理業務との関連性が高いことから，経理・財務スタッフにとって重要性の高い税金です。

　会社に関わる税金としては，他に法人税と同時に決算に基づいて計算・申告する税金として，地方法人税，消費税，事業税，特別法人事業税および法人住民税（都道府県，市町村）があります。

　そのほか会社を取り巻く税金には，給与や報酬の支払時に源泉徴収する源泉所得税，契約書等の文書作成時に印紙を貼付する印紙税，償却資産等の固定資産の保有に対して課税される固定資産税，事業所の床面積や給与に課税される事業所税等があります。

◆ 業務の流れ

1. 税務業務日常対応

　帳票書類の確認，今後の取引の事前情報収集等により，契約内容や役務提供完了日等の事実関係を確認します。確認後税務処理の検討を行い，必要に応じて担当部門にアドバイスをします。

　税務処理に不明確な点がある場合には，所轄税務署や顧問税理士に確認をします。

Column 19　税務チェックのポイント

　期中の会計処理にあたって税務の観点から特に注意すべきポイントは以下のとおりである。

① 税務上の交際費や寄附金に該当する支出

　交際費や寄附金以外の科目で費用処理した支出のうち，接待，供応（交際費）や利益供与（寄附金）を目的としたものはないか。

② 収益と費用の対応

　請負工事収入と下請会社への請負費等，収益と費用がひも付き関係（売上と売上原価の関係）にある取引は，収益と費用の両方を計上しているか。特に売上計上が翌期となるものに対応する仕入が在庫計上されているか。

③ 販管費の期間対応

　当期に対応する販管費は期間対応原則により適正に計上されているか。

　特に期末直前に費用計上している取引は，期末までに債務確定等の事実が生じているか。

④ 資産性と費用性

　固定資産に計上すべきものを費用処理していないか。

⑤ 消費税処理の妥当性

　個々の経理処理に係る消費税の処理は適正か（消費税の処理を誤まれば本体価格が変わる）。

2. 法人税中間申告・納付

(1) 法人税中間申告

　事業年度が6カ月を超える法人は，原則として，事業年度開始の日以後6カ月を経過した日から2カ月以内に法人税・地方法人税の中間申告を行う必要があります。中間申告の方法は「**仮決算による中間申告**」と「**前年度実績による予定申告**」の2種類があり，いずれかの方法により中間申告書を作成し，検証

の上，所轄税務署長に提出します。

　地方税（法人住民税，法人事業税）や特別法人事業税も法人税と同様の処理をします。

　なお，大法人については電子申告の方法で申告しなければならないこととされています（column 21 参照）。

(2) 法人税中間納付

　中間申告書の提出期限までに申告税額を納付するため，納付書を作成します。納付書の内容の検証後，支払依頼書を作成し，納付書とともに出納担当に回付して支払を依頼します。出納担当は，受領した支払依頼書に基づき，支払処理を行い，記帳担当は支払事実を踏まえた上で法人税決済取引金額を会計帳簿に記帳します。中間申告の納税は，国税分は国に，地方税（特別法人事業税を含む）分は都道府県，市町村に，それぞれ納付します。なお，国税，地方税ともに電子納税により納付することが可能です。

KEYWORD

▶**法人住民税**：都道府県や市町村が，そこに事務所を置く法人に対して，地域社会への費用負担として課す地方税。法人税の計算上，損金不算入となる。法人住民税は，法人税額を課税標準として計算する法人税割と資本金等の金額・従業員数の区分に応じ課税される均等割額の合計である。

▶**地方法人税**：地方交付税の財源を確保することを目的として，法人住民税法人税割の税率を引き下げて創設された国税。所得税額控除等を適用しないで計算した基準法人税額を課税標準として課され，法人税の計算上，損金不算入となる。税率は 10.3％である。

▶**法人事業税**：都道府県が，法人が行う事業に対して課す地方税。法人税の計算上，申告書を提出した期の損金に算入される。資本金が 1 億円超の法人については，利益に基づく課税のほか，事業活動規模をあらわす指標に基づく課税（外

形標準課税）がされる。

▶外形標準課税：資本金１億円超の法人（電気供給業を除く。）の法人事業税は，所得を基準として課税する所得割，法人の生み出した付加価値（報酬給与額，純支払利子及び純支払賃借料）を基準として課税する付加価値割，資本金等の金額を基準として課税する資本割の３つに分けて課税される。法人事業税の外形標準課税とは，このうち付加価値割と資本割のことをいう。P/L 上は，所得割は所得に対して課税されるものであるので，税引前当期純利益の次に法人税，住民税及び事業税に含めて表示するが，付加価値割と資本割は，所得に対応する税金ではないので原則として販売費及び一般管理費に含めて表示する。

▶付加価値割：付加価値割とは，収益配分額に単年度損益（繰越欠損金控除前の法人事業税の所得金額）を加算したもの。

収益配分額は，①報酬給与額，②純支払利子（支払利子－受取利子），③純支払賃借料（支払賃借料－受取賃借料）の合計額である。なお，報酬給与額が収益配分額の 70％超の場合は，雇用安定控除額（その超過額相当額）を控除することとされている。

▶特別法人事業税：地域間の税源偏在を是正するための措置として，法人事業税の税率を引き下げて創設された国税。同趣旨の地方法人特別税の後継の税目。事業税と一緒に，事業税を課税標準として課税され，申告書を提出した期の損金に算入される。

Column 20 複数の都道府県・市町村に事業所がある場合の
地方税の計算

法人事業税，法人住民税は，事業所等が所在する都道府県，市町村において課税される。複数の都道府県，市町村に事業所等を有する法人の法人事業税と法人住民税法人税割額は，課税標準額の総額を一定の基準で按分して関係地方団体ごとの課税標準額を計算し，これにその地方団体が定める税率を乗じて税額を算定する。この一定の基準を分割基準という。

分割基準には以下のものを使用する。

税目	事業の区分	分割基準
法人事業税	製造業以外（※）	課税標準額の1/2は事業所等の数，残り1/2は従業者の数
	製造業	従業者の数
	倉庫業・ガス供給業	有形固定資産の価額
法人住民税法人税割	－	従業者の数

（※）電気供給業，鉄道事業・軌道事業を除く。

3. 法人税確定申告・納付

(1) 法人税確定申告

　法人は，原則として，事業年度終了の日の翌日から2カ月以内に確定した決算に基づいて法人税・地方法人税の**確定申告**を行う必要があります。

　確定申告書を作成し終えたら，検証の上，所轄税務署長に提出します。

　地方税（法人住民税，法人事業税）や特別法人事業税も法人税と同様に，申告書を作成して所轄の都道府県税事務所，市役所に提出します。なお，地方法人税は法人税の申告書（別表一（一）等）の下部が地方法人税の申告書となっており，法人税と一体として申告します。

　なお，大法人については電子申告の方法で申告しなければならないこととされています（column 21参照）。

(2) 法人税確定納付

　確定申告書を提出した法人は，確定申告書の提出期限までに申告税額を**納付**するため，納付書を作成します。

　納付書の内容の検証後，支払依頼書を作成し，納付書とともに出納担当に回付して支払を依頼します。出納担当は，受領した支払依頼書に基づき，支払処理を行い，記帳担当は支払事実を踏まえた上で法人税決済取引金額を会計帳簿に計上します。確定申告の納税は，国税分は国に，地方税（特別法人事業税を含む）分

は都道府県，市町村に，それぞれ納付します。なお，国税，地方税ともに電子納税により納付することが可能です。

◆ 税務上のポイント

1. 法人税の計算の仕方

法人税は以下の計算式により計算します。

課税所得 × 法人税率 − 税額控除額 = 法人税額

(1) 課税所得の計算

課税所得は，企業会計上の利益に，法人税法や租税特別措置法に基づき所定の項目を加算・減算することによって計算します。

課税所得 = 企業会計上の利益 + 加算項目 − 減算項目

課税所得の計算の考え方は以下のとおりです。

● 企業会計上の利益を計算する際には費用として計上されているが，税法上の費用（これを「損金」といいます。）として処理することが認められていない金額（加算項目）については，法人税の所得を計算する際に利益にプラスする。

● 反対に，企業会計上の利益を計算する際に収益として計上されているが，税法上の収益（これを「益金」といいます。）には該当しない金額（減算項目）については所得を計算する際に利益からマイナスする。

【税務調整の考え方】

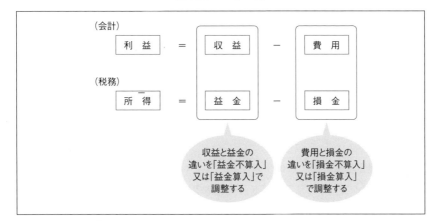

KEYWORD

▶益金と損金

　益金は税法上の収益，損金は税法上の費用を意味する。益金≠企業会計上の収益，損金≠企業会計上の費用である。

　課税所得は，両者の不一致額を当期純利益に加算，減算して調整することにより計算する。

　益金と損金の定義については，法人税法22条に次の内容が規定されている。

①益金

　当事業年度の益金の額に算入すべき金額は，別段の定めがあるものを除き，次の金額とする。

　(a) 資産の販売

　(b) 有償又は無償による資産の譲渡又は役務の提供

　　　※贈与，無利息貸付利息なども含まれる

　(c) 無償による資産の譲受け

　　　※受贈益，債務免除益等を指す

　(d) その他の取引で資本等取引以外のものに係る収益の額

②損金

　当事業年度の損金の額に算入すべき金額は，別段の定めがあるものを除き，次の金額とする。

　　⒜ 当期の収益に係る売上原価，完成工事原価その他これらに準ずる原価の額

　　⒝ 当期の販売費，一般管理費その他の費用（償却費以外の費用で期末までに債務の確定しないものを除く）の額

　　⒞ 当期の損失の額で資本等取引以外の取引に係るもの

▶債務確定基準

　上記②⒝にあるように，販売費・一般管理費が「損金」となるためには債務が確定していることが要件となる。これを債務確定基準という。引当金のような債務が確定していないものは，原則として損金にはならない。

▶法人税法 22 条の別段の定め

　企業会計の収益・費用であっても，法人税法の益金・損金にならないもの，即ち不一致項目は，「別段の定め」で規定されることになる。法人税法の条文のほとんどは，この「別段の定め」が規定されているともいえる。

　主な加算項目・減算項目は以下のとおりである。

	損金不算入項目	益金算入項目
加算項目	会社決算上は費用となるが，法人税の計算上は損金とならないもの ○法人税，地方法人税 ○住民税 ○減価償却の償却超過額 ○交際費・寄附金の損金不算入額 ○役員賞与 ○各種引当金の繰入額　　　　　　　等	会社決算上は収益とはならず，法人税の計算上は益金となるもの ○準備金の戻入額 　　　　　　　　　　　　　　　等

	益金不算入項目	損金算入項目
減算項目	会社決算上は収益となるが，法人税の計算上は収益とならないもの ○受取配当金の益金不算入額 ○法人税・地方法人税・住民税の還付金額 　　　　　　　　　　　　　　　等	会社決算上は費用とはならず，法人税の計算上は費用となるもの ○準備金の繰入額 ○収用の場合の特別控除額 　　　　　　　　　　　　　　　等

▶損金経理

　法人が確定した決算（株主総会等で承認を受けた決算書）において費用又は損失として経理することを損金経理という。

次の費用は，損金経理しなければ損金算入が認められないこととされている。

○　減価償却資産の償却費

○　少額減価償却資産の償却費

○　一括償却資産の償却費

○　使用人兼務役員の使用人分賞与　等

(2) 法人税率

法人税率（普通法人）は以下のとおりです。

【普通法人の法人税率及び地方法人税率】

区　分		法人税率		地方法人税率 （注3）
		原則	特例（注2）	
資本金1億円以下 （注1）	年800万円以下	19%	15%	基準法人税額 （注4）の10.3%
	年800万円超	23.2%	23.2%	
資本金1億円超				

(注1) 次の法人等は「資本金1億円超」と同じ税率。

　①相互会社

　②次の一の大法人による完全支配関係がある法人

　　(a) 資本金の額又は出資金の額が5億円以上である法人

　　(b) 相互会社

　③完全支配関係がある複数の大法人に発行済株式等の全部を保有されている法人

(注2) 租特法により，一定の中小企業者等には，年800万円以下の税率が15%に下げられています。

(注3) 法人税を納める義務がある法人は地方法人税も納税義務者となります。

(注4) 基準法人税額は所得税額控除，外国税額控除等を適用しないで計算した法人税額です。

(3) 税額控除額

税額控除とは，課税所得金額に税率をかけて計算した本来の法人税額からさらに税額を直接マイナスして，納付する税額を減らす制度です。

税額控除には，二重課税を排除する目的から設けられているものと，雇用促進等の特定の政策目的を推進するために設けられているものとがあります。

【税額控除の種類】

区分	種類	内容
二重課税を排除する目的で設けられている税額控除	所得税額控除	利子，配当等に係る源泉所得税を控除
	外国税額控除	内国法人が納付する外国法人税を控除
特定の政策目的を実現するために設けられている税額控除	試験研究費に係る税額控除，賃上げ促進税制など	産業競争力のアップ，雇用者への給与支給額のアップなど特定の政策目標の達成を促すために実施。通常は法人税額の20％が上限。

KEYWORD

▶青色申告

　わが国の法人税は，会社が自ら税法に従って所得金額と税額を正しく計算し納税するという申告納税制度を採っている。この申告方法には，白色の申告用紙を使う白色申告と青色の申告用紙を使う青色申告とがある。

　青色申告をするためには，事前に税務署長の承認を受け，法人税法の定める帳簿書類（所定の事項を記載した仕訳帳，総勘定元帳その他必要な帳簿，棚卸表，貸借対照表・損益計算書，取引の裏付となる証ひょう書類等）を備え付けて保存することが必要である。青色申告の承認を受けていない場合は白色申告となり，白色申告の場合は，簡易な帳簿の作成，取引関係書類及び決算関係書類の保存が義務付けられている。

　青色申告法人は，次のような特典を受けることができる。

- 欠損金の繰越控除
- 欠損金の繰戻しによる法人税額の還付
- 租税特別措置法に基づく特別償却，割増償却
- 租税特別措置法に基づく税額控除
- 推計による更正・決定の禁止，更正通知書への更正の理由の付記等

▶欠損金の繰越控除

　欠損金とは，法人税の各事業年度の所得計算において，損金の額が益金の額を超える場合の，その超える部分の金額をいう。

> 各事業年度開始の日前9年以内に開始した事業年度で，青色申告書を提出した事業年度に生じた欠損金額は，その各事業年度の所得金額の計算上損金の額に算入される（平成30年（2018年）4月1日以後に開始する事業年度において生じた欠損金の繰越期間は10年）。これを欠損金の繰越控除という。ただし，中小法人等以外の法人は，繰越控除をする事業年度の繰越控除前の所得の金額に対して50/100を乗じた金額が控除限度額とされる。

2. 法人税申告書

　法人税申告書には様々なものがありますが，実務上重要なものとして，**別表一，別表四，別表五（一）**が挙げられます。

① 別表一

　別表四で算定した課税所得から法人税率を乗じて法人税額を計算する申告書になります。税額控除があれば，ここで差し引きます。地方法人税もここで計算します。

② 別表四

　この明細書は，法人の決算上の当期純利益の金額又は当期純損失の金額を基に，税法上の調整（加算・減算）を行い，所得金額等を求めることを目的とした様式です。

　別表四では大きく，「留保」・「社外流出」に分けて表記します。

　「留保」とは，企業会計の利益と法人税法上の課税所得の認識の時期のズレによるもので，税効果会計上，「一時差異」と呼ばれるものが該当します。

　一方，「社外流出」とは，企業会計上は収益・費用として認識されるが，法人税法上は益金・損金として認識されないズレで，税効果会計上，「永久差異」と呼ばれるものが該当します。

　この別表四は，税務上の「損益計算書」の役目を有するものです。

③ 別表五（一）

　この明細書は，別表四の加算・減算項目のうち処分が留保されたものの残高（利益積立金）等を表すものです。

　税法上の利益積立金額及び資本金等の額の期中における異動の状況を記入し，期末における同金額を計算するために作成します。よって，この別表五（一）は，税務上の「貸借対照表」の性格を有するものです。

3. 中間申告・納付

(1) 中間申告書の提出期限・納期限

　事業年度が６カ月を超える普通法人は，原則として，事業年度開始の日以後６カ月を経過した日から２カ月以内に，**中間申告書**を提出し，納付しなければなりません。

　例えば，３月決算の会社の場合の中間申告書の提出期限は11月末日（土日にあたる場合はその翌日）となります。

(2) 中間申告の方法

　中間申告は「前年度実績による予定申告」と「仮決算による中間申告」の２つの方法からの選択適用が可能となっています。

① 前年度実績による予定申告

　前事業年度の法人税額を基礎として以下の算式により計算した法人税額を中間分の法人税額として申告する方法です。

> （算式）前事業年度の確定法人税額÷前事業年度月数×6
>
> 　　　　（10万円以下の場合は予定申告不要）

※ 前事業年度の法人税額とは特定同族会社の留保金課税や所得税額等の税額控除を適用した後の法人税額となります。また，土地の譲渡等に係る法人税額（土地重課），使途秘匿金に対する追加税額が含まれている場合には，その法人税額からそれらの税額を控除した後の法人税額となります。

　実務上，前年度実績による予定申告を行う場合には，税務署から予定申告金額が記載された予定申告の案内が郵送又は電子で送付されてきますので，これに基づいて申告・納付を行うこととなり，確定申告に比べれば事務負荷は少なくてすみます。

② 仮決算による中間申告

(a) 概　要

　事業年度開始の日から6カ月を1事業年度とみなして仮決算を行い，当該期間の課税標準である所得の金額又は欠損金額により納付すべき法人税額を計算して中間申告する方法です。

　この方法は，上記①の前年度実績による予定申告額よりも税額が少額になる場合のみ選択することができます。

　また，仮決算による中間申告を選択した場合には，納付すべき法人税額が10万円以下の場合でも申告納付が必要になります。

(b) 処理上の注意点

　所得税法の規定により源泉徴収された利子又は配当等に係る所得税は，法人税の確定申告の場合は，納付すべき法人税額から控除することができ，控除しきれない所得税額は還付されることになります。

　しかし，仮決算による中間申告の場合は，納付すべき法人税額から控除することはできますが，控除しきれない所得税額の還付は認められません。

　減価償却の方法や棚卸資産の評価方法等の継続適用を条件とされているものについては，中間申告と確定申告でその処理方法を変更することはできませんが，次の項目については適用の変更が認められています。

　　○　　仮決算で行わなかった特別償却や圧縮記帳について，確定申告で適用を受けること。

　　○　　中間申告で適用を受けなかった税額控除や受取配当等の益金不算入の規定について，確定申告で適用を受けること。

⒞ 仮決算による中間申告のメリット

　前期と比較して業績が低迷しているような場合，季節要因により下期に所得が上がる傾向にある企業の場合には，仮決算による中間申告を行うことによって，前年度実績による予定申告よりも納税額を減少させることが可能となりますので，資金繰りを考えた場合には大きなメリットがあります。

　ただし，仮決算による中間申告の場合，確定申告と同様の別表の作成が必要となるため，作成に要するコストや手間が上記のメリットに見合うかどうかを検討することが重要になります。

⒟ 仮決算による中間申告書の提出の制限

　以下のいずれかに該当する場合には仮決算による中間申告書の提出はできません。

　　a 前年度実績による予定申告の上記算式（前頁）により計算した額が10万円以下の場合

　　b 仮決算により計算した中間納付額が，前年度実績による予定申告の上記算式により計算した額を超える場合

③ 中間申告書を提出期限までに提出しない場合

　提出期限内に中間申告書の提出がない場合，その提出期限において「前年度実績による予定申告」がなされたものとみなされます。よって，無申告加算税は課されませんが，提出期限後に「仮決算による中間申告」を行うことは認められません。

4. 確定申告・納付
⑴ 確定申告書の提出期限・納期限

　法人は，原則として各事業年度終了の日の翌日から2カ月以内に，所轄税務署長に対して確定した決算に基づいて**確定申告書**を提出し，法人税を納付しなければなりません。例えば3月決算の会社の場合は5月末日（土日にあたる場合

はその翌日）が申告・納付期限となります。

　ただし，以下の場合には，提出期限を延長することができます。

① 定款の定め等により事業年度終了後２カ月以内に定時総会が招集されない

　　常況にある場合（申請要）

　→　１カ月延長

② 会計監査人設置会社で定款等の定めにより事業年度終了後３カ月以内に定

　　時総会が招集されない常況にある場合等（申請要）

　→　４カ月を超えない範囲内で税務署長が指定する月数の延長

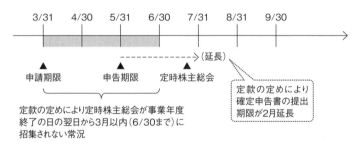

③ 特別の事情により事業年度終了後３カ月以内に定時総会が招集されない常

　　況にある場合（申請要）

　→　税務署長が指定する月数の延長

④ 災害その他やむを得ない理由により決算が確定しない場合（申請要）

　→　税務署長が指定した期日まで延長

　※その他，広域災害の場合等には別途特例が設けられています。

　提出期限の延長の承認を受けている法人にあっては，延長された提出期限が

納期限となります。ただし，この場合には③のケースを除き，事業年度終了の

日の翌日以後２カ月を経過した日から延長された期間までの「利子税」を支払

う必要があります。

　よって実務上は事業年度終了の日の翌日から2カ月以内に見込額を納付することが一般的です。なお，この場合の利子税は延滞税とは異なり，損金に算入され，通常利子税の利率は延滞税の利率より低いです。

⑵ 確定申告書を提出期限までに提出しない場合

　正当な理由なく提出期限内に確定申告書の提出をしない場合には，「無申告加算税」が課されます。無申告加算税の税額は，確定した税額の15/100（50万円超相当額につき，さらに5/100加算。ただし，自主的に期限後に提出した場合には5/100）に相当する金額となります。

⑶ 申告書の添付書類

　法人税の申告書には，以下の書類の添付が必要となります。また，各種特例を受ける場合には，これら以外にも添付書類が必要になりますので添付漏れがないよう注意が必要です。

① 貸借対照表

② 損益計算書

③ 株主資本等変動計算書

④ 勘定科目内訳明細書

⑤ 事業概況書

⑥ 適用額明細書（法人税関係の租税特別措置のうち税額又は所得の金額を減少させる特例の適用を受ける場合）

経済社会の ICT 化等が進展する中，大法人は令和 2 年（2020 年）4 月 1 日以後開始する事業年度から電子申告が義務化された。概要は以下のとおりである。電子申告の義務化の対象となる法人が e-Tax により法定申告期限までに申告書を提出せず，書面で提出した場合には原則として無申告として（提出がなかったものとして）扱われる。

項 目	内 容
電子申告の義務化の対象となる法人	内国法人のうち，その事業年度開始の時において資本金の額又は出資金の額（以下「資本金の額等」といいます）が 1 億円を超える法人，通算法人，相互会社，投資法人及び特定目的会社
対象税目	法人税，地方法人税，消費税及び地方消費税，法人住民税，法人事業税，特別法人事業税（注）
対象手続き	確定申告書，予定申告書，仮決算の中間申告書，修正申告書及び還付申告書
対象書類	申告書及び申告書に添付すべきものとされている書類の全て（財務諸表，勘定科目内訳書，消費税申告書付表などの添付書類を含む）

（注）資本金 1 億円以下の通算法人は法人税及び地方法人税のみ対象

5. 源泉所得税

(1) 源泉所得税とは

　利子，配当，個人に対する給与や報酬等の一定の支払いの際，その支払者は所得税および復興特別所得税（以下，合わせて「所得税」といいます。）を支払額から差し引いて源泉徴収し，税務署に納付することが義務付けられています。源泉所得税とは，この源泉徴収される所得税のことをいいます。

　会社は源泉徴収義務者と呼ばれ，所得税法に基づいて源泉徴収する義務を負っていますので，源泉徴収すべき金額が不足していたり，源泉徴収をしなかったりすれば，不納付加算税等のペナルティを課される場合があります。

(2) 給与に係る源泉徴収事務

会社が行う給与の源泉徴収事務の流れは概ね以下のとおりです。

【給与の源泉徴収事務】

① 毎月の源泉徴収	給与から所得税を天引きし，翌月10日までに納付 ※給与の支給人員が常時10人未満の会社は，あらかじめ申請をして承認を受ければ年2回7月と1月に半年分をまとめて納税する納期の特例を受けることができる。
② 年末調整	12月に各社員の1年間の給与総額を確定して所得税を計算し，過不足額を精算
③ 法定調書の提出	給与所得の源泉徴収票を作成し，翌年1月31日までに1部を受給者（社員等）に交付。1部を源泉徴収義務者（会社）の所轄税務署に提出（支払金額が役員は150万円超，従業員は500万円超のもののみ）。同内容の給与支払報告書を社員等の住所地の市役所等に提出。

(3) 利子，配当，報酬等の源泉徴収

所得税の源泉徴収が必要となる支払いには，従業員や役員の給与・退職金以外にも，たとえば以下のようなものがあります。

種類	源泉徴収税率
利子（法人に対する支払いの場合）	15.315％
配当（大口株主以外の法人に対する支払いの場合）	（上場株式等の配当）15.315％ （非上場株式の配当）20.42％
原稿料，講演料等	支払金額100万円以下 10.21％ （100万円超の部分は20.42％）
弁護士，税理士等の報酬	支払金額100万円以下 10.21％ （100万円超の部分は20.42％）
司法書士の報酬	（支払金額－10,000円）×10.21％
非居住者や外国法人に対する国内源泉所得の支払い	不動産の賃料等 20.42％ 土地等の譲渡対価 10.21％ 人的役務の提供事業の対価 20.42％　　など

6. 固定資産税

固定資産税とは，土地，建物及び事業用の償却資産に対して市町村から課税される税金です。税率は，固定資産税評価額の1.4％（標準税率）で，都市計画地域にある土地及び建物については，固定資産税とあわせて都市計画税0.3％

（制限税率）が課税されます。

(1) 固定資産税申告

　償却資産に課される固定資産税は，特に**償却資産税**と呼ばれることがあります。

　償却資産税は，その償却資産の所在する市町村（東京23区の場合は都税事務所）に対し，毎年1月1日現在に所有している償却資産の内容（取得年月，取得価額，耐用年数等）を，1月31日までに申告しなければならないことになっています（土地・建物については，原則として申告をする必要はありません）。

(2) 固定資産税納付

　市町村から送られてきた固定資産税の課税通知書は，土地・建物の名寄帳や償却資産税の申告書等と照合して内容を確認の上，出納担当者が納付期限までに納付し，記帳担当者が記帳します。

　固定資産税の納付は，地方税法では4月，7月，12月，2月に分割して納付することとなっています（市町村の条例でこれと異なる納期を定めることができ，例えば東京都（23区）は6月，9月，12月，2月となっています）。

　なお，土地・建物については，その土地・建物が所在する市町村ごとに課税台帳の閲覧をすることができます。

7. 事業所税

　事業所税とは，都市環境の整備及び改善に関する事業に要する費用に充てるための目的税で，一部の都市部市町村と東京都23区で課税される市町村税です。

　事業所税の概要は以下のとおりです。

【事業所税の概要】

税額	（資産割）事業所等の床面積（㎡）×600円 （従業者割）従業者給与総額×税率0.25% ※免税点（床面積1,000㎡または従業者数100人）を超える場合に課税される。
申告・納税	事業年度終了の日から2カ月以内に申告・納税

事業所税は，通常，決算においてその年度分の申告額を計算して未払計上します。ただし，法人税の計算上は，実際に申告した年度で損金算入されるため，未払計上した年度では加算調整します。

◆ 内部統制上のポイント

1. 税務業務日常対応

(1) 日常の経理処理上の注意点

　日常の経理処理の誤りが法人税額の算定誤りにもつながる可能性があるので，担当者は申告業務に影響を与える事項については，あらかじめ取引内容を帳票書類から確認することが必要です。

　また，担当者は取引内容に不明点がある場合には，関係部門に問い合わせを実施し，内容を確認の上，必要に応じて対応策を検討します。

(2) 税法の解釈

　担当者は，会計制度変更や税制改正等に伴い，税務処理に影響を及ぼす可能性のある事項について，税務処理方法を検討の上，税務署や顧問税理士に確認をする必要があります。

2. 法人税確定申告・納付

(1) 法人税申告額の算定

　税制改正に伴う申告調整項目等の範囲の変更が反映されないことが，所得金額・欠損金額又は法人税額の算定誤りにつながる可能性があるため，担当者は，財務省や国税庁等から税制改正に関する資料を入手して内容を確認し，申告調整項目等の範囲の変更に伴い，税額算定方法の変更がないか確認をすることが必要です。

(2) 税額算定過程上の注意点

税額算定過程において，金額の集計誤りや処理の失念による法人税額の誤りを防ぐため，担当者は，自社の税額算定における申告調整対象項目をリスト化し，算定内訳の項目が当該リストと一致し，漏れがないことを確認する必要があります。

また，税額算定過程において，金額の集計誤りや処理漏れにより，法人税額の誤りを防ぐため，担当者は，税額算定結果を前事業年度の税額算定結果及び見込の税額と比較し，差異が生じている場合にはその原因を分析する必要があります。

Column 22　国税庁が公表している申告書チェックリストの活用

国税庁では，納税者の税務コンプライアンスを向上させるための取組みとして，資本金1億円以上の法人等を対象とした**申告書確認表（いわゆるチェックリスト）** を作成・公表している。

このチェックリストは，国税当局が申告書のチェックや税務調査の結果から，誤りが生じやすいと考える事項を取りまとめたものである。納税者がこのチェックリストを使って申告書の自主点検を行うことにより，申告誤りや税務処理の誤りを未然に防止することを狙っている。

税務リスクの軽減を図り，税務コンプライアンスを向上させるためには，こうしたチェックリストを活用することも重要である。

---

(3) 納付手続き上の注意点

法人税の納付書の記載金額を誤り，過大納付又は過少納付により附帯税が科されることを防ぐため，担当者は，法人税納付手続きにおいて，納付書の記載金額を申告書の納付金額と突合し，確認する必要があります。

3. 未払法人税等の計上

　計上金額の誤りや漏れを防ぐため，申告額算定結果を上司が承認します。特に，法人税等の確定納付額に対して数パーセント程度の金額を未払法人税等に上乗せしてまるめた数字で計上する場合（タックスクッション）は，適切なクッション額になっているかどうかに留意する必要があります。

◆ 電子帳簿保存法

1. 電子帳簿保存法の概要

　電子帳簿保存法とは，法人税法等で保存が義務付けられている帳簿・書類を電子データで保存するためのルール等を定めた法律です。1998 年に施行され，その後，幾度もの改正を経て，2022 年 1 月 1 日より施行された改正では，電子取引に関するデータ保存の義務化が盛り込まれたことから大きな関心を集めました。

　電子帳簿保存法の内容は，以下のように①電子帳簿等保存，②スキャナ保存，③電子取引データ保存の 3 種類に分けられます。

　電子帳簿保存法への対応は，経理のエビデンスをどのように保存するかという問題ですから，経理事務の業務フローにも深くかかわってきます。経理事務の ICT 化に対応しつつ，内部統制の有効性が損なわれないように維持していくことがポイントになります。

【電子帳簿保存法の 3 つの保存区分】

①国税関係帳簿書類の電磁的記録による保存制度（電子帳簿等保存制度）	任意適用	自己が最初から一貫してコンピュータで作成した帳簿（仕訳帳，総勘定元帳等），国税関係書類（領収書，見積書，請求書等）を電子データで保存できる制度
②スキャナ保存制度	任意適用	紙で授受した国税関係書類（決算関係書類を除く）をスキャナ装置でスキャンして保存できる制度
③電子取引の取引情報に係る電磁的記録の保存制度（電子取引データ保存）	強制適用	取引情報の授受を電子データで行った場合に，その電子データを保存しなければならない制度

2. 電子帳簿等保存制度

電子帳簿等保存制度は，パソコンで法人税法上保存が必要な帳簿，書類を作成した場合に，一定の要件の下，その帳簿，書類をプリントアウトせずデータのまま保存することができる制度です。

（適用要件）

・システムの説明書やディスプレイ等を備え付けていること

・税務職員からのデータの「ダウンロードの求め」に応じることができること

【データで保存することができる帳簿・書類】

・会計ソフトで作成した仕訳帳，総勘定元帳，経費帳，売上帳，仕入帳などの帳簿

・会計ソフトで作成した損益計算書，貸借対照表などの決算関係書類

・コンピュータで作成した見積書，請求書，納品書，領収書などを取引相手に紙で渡したときの書類の控え

また，あらかじめ届出書を提出し，訂正削除履歴が残るシステムを利用するなどの「優良な電子帳簿」の要件を満たして保存した場合は，後からその電子帳簿に関連する過少申告が判明しても過少申告加算税が5％軽減される措置を受けることができます。

【優良な電子帳簿の適用要件】

要　　件	帳簿		書類
	優良	一般	
記録事項の訂正・削除を行った場合には，これらの事実及び内容を確認できる電子計算機処理システムを使用すること	○	−	−
通常の業務処理期間を経過した後に入力を行った場合には，その事実を確認できる電子計算機処理システムを使用すること	○	−	−
電子化した帳簿の記録事項とその帳簿に関連する他の帳簿の記録事項との間において，相互にその関連性を確認できること	○	−	−
システム関係書類等（システム概要書，システム仕様書，操作説明書，事務処理マニュアル等）を備え付けること	○	○	○

保存場所に，電子計算機，プログラム，ディスプレイ，プリンタ及びこれらの操作マニュアルを備え付け，記録事項を画面・書面に整然とした形式及び明瞭な状態で速やかに出力できるようにしておくこと	○	○	○
次の検索要件を満たすこと ①取引年月日，取引金額，取引先により検索できること ②日付又は金額の範囲指定により検索できること ③2以上の任意の記録項目を組み合わせた条件により検索できること	○ ※1	−	− ※3
税務職員による質問検査権に基づく電子データのダウンロードの求めに応じることができるようにしておくこと	− ※1	○ ※2	○ ※3

※1 ダウンロードの求めに応じることができるようにしている場合には，検索要件②③は不要。

※2 「優良」欄の要件を全て満たしているときは不要。

※3 取引年月日その他の日付により検索ができる機能及びその範囲を指定して条件を設定することができる機能を確保している場合には，ダウンロードの求めに応じることができるようにしておくことの要件が不要。

3. スキャナ保存制度

　スキャナ保存制度とは，一定の保存要件の下で紙の領収書・請求書などの原本を保存する代わりに，スマートフォンやスキャナで読み取った電子データを保存することができる制度です。

　棚卸表，貸借対照表及び損益計算書ならびに計算，整理又は決算に関して作成されたその他の決算関係書類以外の国税関係書類がスキャナ保存の対象となります。契約書，見積書，注文書，納品書，検収書，請求書，領収書など取引先から紙で受け取った書類，自社が作成して取引先に紙で渡した書類が対象になります。

　スキャナ保存を始めるための特別な手続きはなく，任意のタイミングで始められますが，スキャナ保存を開始した日（スキャナ保存をやめる場合はやめた日）については明確にしておく必要があります。また，スキャナ保存を始めた日より前に作成・受領した重要書類（過去分重要書類）をスキャナ保存する場合は，あらかじめ税務署に届出書を提出する必要があります。

　なお，保存要件を満たすシステムについては，公益社団法人日本文書情報マ

ネジメント協会（以下「JIIMA（ジーマ）」という。）が，電子帳簿保存法における要件適合性の確認（認証）を行い，要件を満たすものをホームページで公表しています。

【スキャナ保存の要件】

	重要書類	一般書類
	契約書，納品書，請求書，領収書など（資金や物の流れに直結・連動する書類）	見積書，注文書，検収書など（資金や物の流れに直結・連動しない書類）
入力期間の制限	早期入力方式又は業務処理サイクル方式で入力 【早期入力方式】 作成又は受領後速やかに（概ね7営業日以内） 【業務処理サイクル方式】（事務処理規程を定めた場合） 業務処理サイクル（最長2カ月以内）を経過した後，速やか（概ね7営業日以内）に入力	【適時入力方式】 事務責任者の定めがある事務処理規程を定めた場合は入力期間制限なし
一定の解像度による読み取り	解像度200dpi相当以上で読み取ること	
カラー映像による読み取り	赤色，緑色及び青色の階調が各256階調以上で読み取ること	グレースケールでの保存可
タイムスタンプの付与	入力期間内に一の入力単位ごとのスキャナデータにタイムスタンプを付すこと	
ヴァージョン管理	スキャナデータについて訂正・削除の事実やその内容を確認することができるシステム等又は訂正・削除を行うことができるシステム等を使用すること	
帳簿との相互関連誌の確保	スキャナデータとそのデータに関連する帳簿の記載事項との間の関連性を確認できること	
見読可能装置等の備付け	14インチ以上のカラーディスプレイ，カラープリンタ，操作説明書を備え付けること	
整然・明瞭出力	次の状態で速やかに出力できるようにすること ①整然とした形式，②書類と同程度に明瞭，③拡大・縮小して出力できる，④4ポイントの文字を認識可能	
システム概要書等の備付け	システム概要書，システム仕様書，操作説明書，スキャナ保存の手順，担当部署等を備え付けること	
検索機能の確保	次の要件による検索ができるようにすること ①取引年月日その他の日付，取引金額，取引先での検索 ②日付又は金額に係る記録項目について範囲を指定しての検索 ③2以上の任意の記録項目を組み合わせての検索	

4. 電子取引データ保存制度

(1) 電子取引データの保存方法

　注文書，契約書，送り状，領収書，見積書，請求書などに相当する取引情報の受領又は交付を電磁的方式により行うことを電子取引といい，電子取引を行った場合は，一定の保存要件にしたがって，その取引情報に係る電子データを保存しなければなりません。ただし，一定の要件に該当する場合は猶予措置があります。

　電子取引とは，例えば以下のような取引です。

【電子取引の例】

・電子メールに請求書，領収書等の PDF ファイル等のデータ添付して授受
・インターネットのホームページから請求書，領収書等をダウンロード又はホームページ上に表示される請求書，領収書等のスクリーンショットを利用
・電子請求書や電子領収書の授受に係るクラウドサービスを利用
・クレジットカードの利用明細データ，交通系ICカードによる支払データ，スマートフォンアプリによる決済データ等を活用したクラウドサービスを利用
・特定の取引に係る EDI システムやインターネットバンキングの利用
・ペーパーレス化された FAX 機能を持つ複合機を利用
・請求書や領収書等のデータを DVD 等の記録媒体を介して受領

　電子データ保存の保存要件は以下のとおりです。なお，ファイル形式は問われないため，PDF に変換したものやスクリーンショットで保存してよいとされています。

【電子データ保存の保存要件】

真実性の要件の確保	次のいずれかの措置により，改ざん防止のための措置をとること ①送信者によるタイムスタンプの付与 ②受信者によるタイムスタンプの付与 ③訂正・削除の履歴が確認できるか，又は訂正・削除できないシステムを利用 ④訂正及び削除の防止に関する事務処理規程の備付け
検索機能の確保	①日付・金額・取引先で検索できるようにすること ②日付，金額については範囲指定で検索できること ③日付・金額・取引先の2以上の任意の組み合わせで検索できること
可視性の要件の確保	①システム概要書を備付けること ②ディスプレイ，プリンタ等の見読可能装置等を備付けること

(2) 消費税法上の取扱い

電子取引データ保存制度は，法人税の証憑に係るルールです。消費税に係る保存義務者が行う電子取引の取引情報に係る電磁的記録の保存については，その保存の有無が税額計算に影響を及ぼすことなどが勘案され，電子インボイスも書面に出力して保存することにより，仕入税額控除の適用が可能であるとされています。

(3) 取引データを改ざん等した場合

電子取引により授受した取引データを削除，改ざんするなどして，売上除外や経費の水増しが行われた場合のほか，保存された取引データの内容が事業実態を表していないような場合（架空取引等）も重加算税の対象となります。

ズバリ，ここが実務ポイント！

▶法人税の申告・納付は，結局日頃の経理処理とつながることから，日常の仕訳においても，税務上の取扱いはどうなるかを意識し，税法等の根拠を確認して記帳を行うという姿勢が大切。

▶税制改正は毎年あるため，改正内容を把握し，改正項目の適用開始時期がいつからか，廃止制度の適用期限がいつまでなのか，確認を怠らないようにすること。

17. グループ通算制度

　法人税は法人単位での申告が原則です。しかし，事業の規模が大きくなると，意思決定のスピードアップ，独立した業績管理等の様々な目的から，子会社を設ける場合があります。100％子会社の場合は，親会社と一体的な事業展開をしており，会社内部の一組織である支店と同じように見ることができる場合も少なくありません。

　ところで，企業グループのある事業が黒字の場合，支店方式であれば他の赤字部門の利益と相殺できるのに，子会社方式を採用すると相殺ができず，その利益に対して個別に申告・納税しなければならないというのは，制度としてバランスが悪いのではないかとも考えられます。別の言い方をすれば，企業が支店方式を選択するか，それとも子会社方式を選択するかの意思決定を行うにあたって税制が干渉しないようにするための措置が必要であるといえます。

　こうした観点から 2002 年に連結納税制度が創設されました。別法人であっても経済的一体性がある企業グループについては，一つのグループとして申告することを選択できるようになり，連結グループ内の企業の所得と欠損を通算することにより，グループ全体の所得が圧縮され，税負担が軽減されるメリットがありました。

【連結納税制度における連結グループ内の所得と欠損の通算】

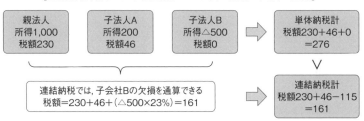

一方で，連結納税制度の適用による申告事務負担が重く，特に，グループ全体の取りまとめを行う親会社の事務手間が大きいものとなっていました。また，過去の申告誤りや税務調査に伴う修正申告などが生じるとグループ全体での再計算となり，修正事由とは関係のない企業まで影響が及び非常な労力がかかり，さらに課税庁においても事務負担が増大していました。

　このため，企業グループ内における損益通算を可能とする基本的な枠組みは維持しつつ，損益通算の方法を簡素化し，修正等が生じた場合の納税者及び課税庁の事務負担の軽減を図ること，加えて，連結納税制度と組織再編税制では様々な違いがあり，課税の中立性が損なわれているとの指摘なども踏まえ，グループ経営の多様化に対応した中立性・公平性の観点から見直しの検討がなされました。

　この結果，2022年4月1日以後開始事業年度からグループ通算制度へと模様替えされました。

　グループ通算制度は，従来の連結納税制度の仕組みを基本的に踏襲しています。連結納税制度は親法人が納税主体でしたが，グループ通算制度では親法人及び各子法人が納税主体となるのが特徴です。

【連結納税制度とグループ通算制度の概要比較】

	連結納税制度	グループ通算制度
制度の強制具合	選択適用	同左
適用対象	親法人（内国法人）と完全支配関係のある全ての子法人（外国法人等を除く）	同左
申告	親法人が申告する。大法人は電子申告が義務。	各法人が個別に申告する。資本金額にかかわらず，各法人とも電子申告が義務。
納税	親法人が納税する（連帯納付義務あり）	各法人が個別に納税する（連帯納付義務あり）
中小法人の判定	親法人の資本金額により判定	グループ内に1社でも大法人等がある場合には，中小法人には該当しない

修正申告	親法人が修正申告を行う。修正申告，更正等の場合はグループ全体で再計算が必要。	各法人が個別に修正申告を行う。修正申告，更正等の場合はその法人のみ再計算する（損益通算額を当初申告額に固定するためグループ内の他社には影響しない）。
地方税	事業税，特別法人事業税及び法人住民税は損益通算がないものとして各法人毎に個別計算	同左

【連結納税制度とグループ通算制度の計算構造】

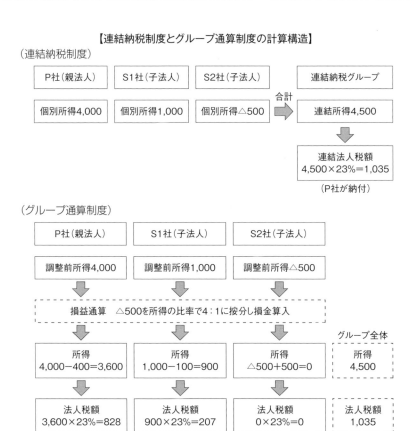

（連結納税制度）

P社（親法人）　S1社（子法人）　S2社（子法人）　　　連結納税グループ

個別所得4,000　個別所得1,000　個別所得△500　合計→　連結所得4,500

連結法人税額
4,500×23%＝1,035

（P社が納付）

（グループ通算制度）

P社（親法人）　S1社（子法人）　S2社（子法人）

調整前所得4,000　調整前所得1,000　調整前所得△500

損益通算　△500を所得の比率で4：1に按分し損金算入

グループ全体

所得
4,000−400＝3,600　所得
1,000−100＝900　所得
△500＋500＝0　所得
4,500

法人税額
3,600×23%＝828　法人税額
900×23%＝207　法人税額
0×23%＝0　法人税額
1,035

（P社が申告・納付）　（S1社が申告・納付）　（S2社が申告）

◆ 業務の流れ

グループ通算申告業務は，以下の流れで進めます。

1. 事前準備

グループ通算申告業務では，親法人は，個別申告と同様の作業を行った上で，さらにグループ全体の税額計算等に係る事務もしなければなりません。また，各子法人の協力が不可欠です。このため，事前準備として次の事項を行っておきます。

(1) 決算日程を踏まえて，下記事項を考慮したスケジュールの作成

・各子法人の申告データの親法人への報告期限

・親法人における税額計算の作業日程

・各子法人への税額計算結果の通知日

・見込納付，確定納付の実施日程

・見込納付後，確定納付までに税額計算データの訂正がある場合は，データ訂正までの報告期限及び親法人における税額再計算の作業日程

・申告書の提出日程

・親法人及び各子法人間の税負担額の精算日程　　　　　　　　　　　など

(2) 親法人及び各子法人における連絡窓口の担当部署，担当者の決定

(3) 子法人向け事務処理マニュアルの作成及び事前説明

必要があれば子法人の状況に応じて，親法人が主体となって教育，サポートを行います。

(4) 顧問税理士とのスケジュール調整，作業の連携の確認　　　　　　　など

2．データ収集

親法人の単体での申告データを準備しつつ，同時並行で各子法人の申告デー
タを収集します。1社でも申告データの収集が遅れるとグループ全体での税額
計算の作業も遅れることになるので，期限内に収集できるようにします。また，
収集された各子法人のデータに関して，齟齬がないか親法人にてチェックを行
います。

3．税額計算

親法人及び各子法人の単体での申告データが揃ったら，親法人において損益
通算などグループ全体計算を行います。その後，各子法人へ税額を通知します。

4．申告・納付

親法人及び各子法人は，申告期限（原則，決算日から2ヵ月以内。国税庁長官の
承認を受けた場合，決算日から4ヵ月以内）までに確定申告書を提出し，法人税額
を納付します。また，必要に応じて，親法人及び各子法人間において，税負担
額の精算を行います。

◆ 税務上のポイント

1．グループ通算制度適用のメリットとデメリット

グループ通算制度を適用するかどうかは納税者の選択に委ねられています。
制度の適用を選択した場合には，適用する子法人を任意に選択することはでき
ず，親法人と完全支配関係にある内国法人の子法人はすべて例外なく，グルー
プ通算制度の対象としなければなりません。また，一度，グループ通算制度の
適用を選択すると適用を取りやめることは原則としてできません。グループ通
算制度を適用するかどうかの判断にあたっては，メリット，デメリットを勘案
して検討します。通常の単体申告と比較しての主なメリットとデメリットは次
のとおりです。

【メリットとデメリット】

メリット	・グループ内の損益通算, 繰越欠損金の利用による節税効果（法人税のみ）がある。 ・制度開始時に子法人の有する資産に含み損がある場合, 含み損を損金算入できるケースがある。
デメリット	・作業の負荷が大きい。 ・制度適用前の繰越欠損金が切り捨てられる場合がある。 ・制度開始時に子法人の有する資産に含み益がある場合, 含み益に課税されるケースがある。 ・制度からの離脱, 取りやめ時に一定の保有資産については時価評価が必要となるケースがある。 ・時価評価をするケースにおいて手間とコストがかかる。 ・制度を選択すると, 特別な理由がない限り継続適用しなければならない。

2. グループ通算制度の親法人となることができる法人

内国法人である普通法人又は協同組合等に限られています。清算中の法人などは除かれています。

3. グループ通算制度の対象となる子法人の範囲

完全支配関係のある内国法人が適用対象となります。国外にある子法人や国内にあっても外国法人を介在して完全支配関係がある子法人などは範囲から除かれています。また, 租税回避を排除するため, 一部の子法人だけを適用対象とすることはできません。

完全支配関係とは, 100％支配関係の子会社や孫会社のほか, これらの子会社の持分と親会社の持分とを合計すると100％になるような子会社も完全支配関係にあるものとされます。

【グループ通算制度の範囲】

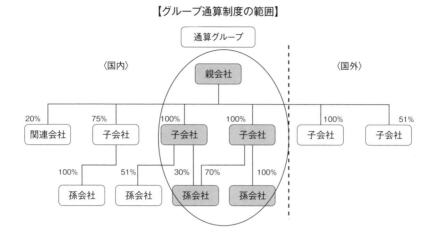

4. グループ通算制度の仕組み

(1) 適用方法

① 申請

　グループ通算制度を適用しようとする場合には，同一の通算グループとなる法人のすべての連名で，通算制度の承認の申請書を親法人となる法人の納税地の所轄税務署長を経由して，国税庁長官に提出することとされています。提出期限は，原則として，親法人となる法人の通算制度の適用を受けようとする最初の事業年度開始の日の3ヵ月前の日とされています（例えば，3月決算法人の場合は前年の12月末日まで）。

② 申請の却下

　親法人となることができる法人又は子法人となることができる法人のいずれかがその申請を行っていない場合や所得の金額等の計算が適正に行われ難いと認められる場合等に国税庁長官は承認申請を却下することができます。

③ 承認

最初の事業年度開始の日の前日までに，その承認又は却下の処分がなかった
ときは，その開始の日に承認があったものとみなされます。

なお，青色申告の承認の取消処分の通知を受けた場合には，その通知を受け
た日からグループ通算制度の承認の効力を失うこととなります。また，親法
人が解散したこと，子法人が親法人との間に完全支配関係を有しなくなったこ
となど一定の事実が生じた場合にも，それぞれ一定の日においてグループ通算
制度の承認の効力を失うこととなります。

④ 取りやめ

やむを得ない事情があるときは，国税庁長官の承認を受けてグループ通算制
度の適用をやめることができます。やむを得ない事情があるときとは，例えば，
グループ通算制度の適用を継続することにより事務負担が著しく過重になると
認められる場合をいい，単に税負担が軽減されるなどの理由で取りやめる場合
はこれに該当しないこととされています。

取りやめの申請は，連名で行うこととされており，個々の法人がその申請を
行うことはできません。親法人に対してこの申請が承認された場合には，その
承認を受けた日の属する親法人の事業年度終了の時において，親法人及び子法
人のすべてが取りやめることとなります。

(2) 事業年度

事業年度は親法人の事業年度開始の日から終了の日までの期間です。決算期
が異なる子法人の場合，当該子法人の事業年度とすることはできません。子法
人の事業年度は，必ずしも親法人の事業年度と一致させる必要はありませんが，
一致させない場合には，親法人の事業年度に合わせて子法人の事業年度を区切
り，申告事務手続を行わなければならなくなります。このような事務の煩雑を
避けるため，子法人の事業年度を親法人の事業年度に一致させておくのが望ま
しいです。

(3) 所得金額・法人税額の計算

計算構造の概要は次のとおりです。

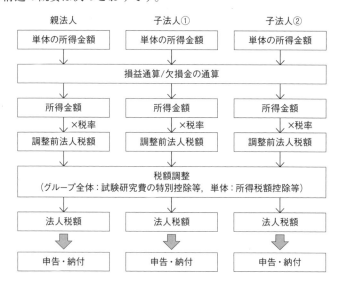

① 単体の所得金額

通常の単体申告と同様に計算しますが，一部の項目についてはグループ通算制度の内容を加味して計算を行います（交際費等の損金不算入など）。また，完全支配関係のあるグループが存在するため，グループ法人税制（後述 5. 参照）の適用もあります（グループ間の寄附金など）。

② 損益通算

欠損法人の欠損金額を所得法人の所得金額と損益通算します。

【損益通算の例】

	親法人	子法人①	子法人②	合計
損益通算前の所得	300	100	△ 80	320
損益通算	△ 60	△ 20	80	0
所得金額	240	80	0	320

次の流れで損益通算を行います。

（Step1）欠損法人と所得法人にグルーピングします。

　　　・欠損法人：子法人②

　　　・所得法人：親法人，子法人①

（Step2）欠損金額と所得金額の合計を算出します。

　　　・欠損金額：（子法人②）80

　　　・所得金額：（親法人）300 ＋（子法人①）100 ＝ 400

（Step3）欠損金額を所得法人の所得金額の比で按分し，按分された欠損金額
　　　は所得法人で損金算入します。

　　　・親法人における損金算入額：80 × 300/400 ＝ 60

　　　・子法人①における損金算入額：80 × 100/400 ＝ 20

（Step4）損金算入された金額の合計額を欠損法人の欠損金額の比で按分し，
　　　按分した金額を欠損法人において益金算入します。

　　　・子法人②における益金算入額：80 × 80/80 ＝ 80

（Step5）損益通算前の所得から損益通算額を加減算し，所得金額を求めます。

　　　・親法人の所得金額：300 － 60 ＝ 240

　　　・子法人①の所得金額：100 － 20 ＝ 80

　　　・子法人②の所得金額：△80 ＋ 80 ＝ 0

・損益通算の遮断措置

　グループ内の法人に修正等があった場合には，損益通算に用いる通算前所得
及び通算前欠損を当初申告額に固定することにより，原則として，その修正等
があった法人以外の他の法人への影響を遮断し，その修正等があった法人の申
告のみが是正されます。

【遮断措置の例】

	親法人	子法人①	子法人②	合計
当初申告の損益通算前の所得	300	100	△80	320
当初申告の損益通算	△60	△20	80	0
修正申告による所得の増加分			20	20
所得金額	240	80	20	340

③ 欠損金の通算

　損益通算の結果，翌期以降に繰り越す欠損金が残った場合，基本的に繰越欠損金の共有ができ，グループ全体の所得から控除できます。グループ全体で使用できるのは制度開始後や加入後に発生した繰越欠損金です。制度開始前や加入前に発生した繰越欠損金などは，その法人の所得を上限に控除が認められます。このようにグループ通算制度では繰越欠損金を2種類に分けています。

項目	内容
非特定欠損金	グループ全体で使用可能な繰越欠損金をいいます。制度開始後や加入後に生じた繰越欠損金で特定欠損金以外のものが該当します。
特定欠損金	自社の所得金額を限度として使用可能な繰越欠損金をいいます。制度開始前や加入前に生じた繰越欠損金などが該当します。

　なお，連結納税制度からグループ通算制度に移行した場合には，特定連結欠損金個別帰属額は特定欠損金とみなされ，非特定連結欠損金個別帰属額は非特定欠損金とみなされることとされています。

・欠損金の繰越控除額の計算

　欠損金の控除計算は基本的に連結納税制度と同様に，古い年度から順に控除します。同一発生事業年度に特定欠損金と非特定欠損金とがある場合には，特定欠損金の損金算入が優先されます。

　非特定欠損金は，グループ全体の非特定欠損金の合計額が，過年度において損金算入された欠損金及び特定欠損金を控除した後の損金算入限度額の比で配分されます。

繰越欠損金の損金算入限度額は，各法人の欠損金の繰越控除等適用前の所得金額の50%相当額を合計した金額とされます。グループ内のすべての法人が中小法人に該当すれば100%相当額となります。

・欠損金の通算の遮断措置
　他の法人に修正等が生じた場合には，欠損金の通算に用いる金額を当初申告額に固定することにより，その法人への影響が遮断されます。

・遮断措置の不適用
　グループ全体では所得金額がないにもかかわらず，当初申告額に固定することにより所得金額が発生する法人が生ずることのないようにするため，一定の要件に該当する場合には，遮断措置を適用せずにグループ全体で再計算されます。
　また，遮断措置の濫用を防止するため，一定の場合には，税務署長はグループ全体で再計算をすることができます。

④ 税率
　法人税の税率は，各法人の区分に応じた税率が適用されます。
　原則として，普通法人である通算法人は23.2%，協同組合等である通算法人は19%の税率が適用されます。
　グループ内のすべての法人が中小法人に該当すれば，中小法人の軽減税率が適用されます。

⑤ 法人税額の計算
　（Step1）各法人ともに損益通算等後の所得金額に法人税率を乗じて調整前法人税額を計算します。
　（Step2）調整前法人税額からグループ全体での税額控除，単体での税額控除を反映し，法人税額を求めます。
　　　　　なお，企業経営の実態を踏まえ，外国税額控除や試験研究費の特別

控除は，連結納税制度のときと同様，グループ全体で税額控除額を計算します。

⑥ 各個別制度の取扱い

項　　目	内　　容
受取配当金の益金不算入	株式等の区分判定については，完全支配関係がある他の法人を含む持株比率で判定します。 関連法人株式等に係る負債利子控除額を，負債利子総額の10％を上限とする特例は，各法人の負債利子の合計額を各法人の関連法人配当等の額の比で按分した金額とされます。 グループ通算制度を適用している法人については，短期保有株式等の判定を各法人で行います。
外国子会社配当等の益金不算入	外国子会社から受ける配当等の益金不算入規定の適用がある外国子会社の判定は，原則として，グループ全体で保有するその外国法人の株式の保有割合が25％以上であるか否かにより行います。
寄附金の損金不算入	寄附金の損金算入限度額の計算を各法人で行います。
交際費等の損金不算入	グループ通算制度適用法人以外の法人と同様に適用されます。 ただし，グループ内のいずれかの法人の期末の資本金の額等が100億円を超える場合には，損金不算入額は支出する交際費等の額の全額となります。 また，グループ内のいずれかの法人の期末の資本金の額等が1億円を超える場合には，中小法人に係る800万円の定額控除限度額の特例の対象外とされます。なお，定額控除限度額は各法人の支出交際費等の額の比で按分します。
貸倒引当金	グループ内の他の通算法人に対して有する金銭債権は，貸倒引当金の繰入限度額の計算の基礎となる金銭債権には含まれません。
所得税額控除	計算を各法人で行います。
外国税額控除	外国税額の控除の計算は，各法人の所得金額，国外所得金額，法人税額の合計額を用いて行います。 過年度の計算要素に変動があった場合，再計算後過不足額があっても修正申告等を行う必要はなく，過不足額は進行事業年度で調整することになります。
試験研究費の特別控除	一般試験研究費の額に係る税額控除の計算は，グループを一体として計算した税額控除限度額と控除上限額とのうちいずれか少ない金額を法人の調整前法人税額の比で按分します。

(4) 申告等

① 確定申告書の提出期限

原則として，各事業年度終了の日の翌日から2ヵ月以内に確定申告書を提出する必要があります。ただし，提出期限の延長の特例を受ける場合には，すべ

ての法人につきその期限が原則として2ヵ月間延長されます（3月決算法人の場合は7月末日が申告期限となります）。

　提出期限の延長の特例を受けるためには，親法人がその適用を受けようとする事業年度終了の日の翌日から45日以内に，申請書を親法人の納税地の所轄税務署長に提出する必要があります。親法人が提出期限の延長を受けた場合には，子法人の確定申告書の提出期限についても延長されたものとみなされます。子法人は，この申請書を提出することができません。

② 確定申告書の提出

　グループ通算制度においては，グループ内の各法人を納税単位として，各法人が法人税額の計算を行い，本店又は主たる事務所の所在地の所轄税務署長宛てに申告書を提出します。また，事業年度開始の時における資本金の額等が1億円超であるか否かにかかわらず，e-Tax により確定申告書を提出することになります。

　なお，親法人が子法人の法人税の申告に関する事項の処理として，親法人の電子署名を用いた方法等による子法人の申告書記載事項の提供により，子法人はe-Tax により確定申告を行ったことになります。

③ 納付

　各法人は，申告書の提出期限までに申告書に記載した法人税額を納付しなければなりません。確定申告書の提出期限の延長の特例を受けている場合には，法人税の納付期限についても延長することが認められています。なお，確定申告書に係る法人税の納付期限が延長される場合には，その延長された期間の日数に応じて，利子税が課されます。

　また，法人税を滞納した法人がある場合には，他の法人のすべてはその法人税の全額について納付する必要があります。この連帯納付の責任には限度額は設けられていません。

④ 通算税効果額

通算税効果額とは，損益通算等によって減少する法人税等に相当する金額をグループ法人間で授受される金額をいいます。

通算税効果額をグループ内で精算するかどうかは任意となっております。実務上は授受を行うのが通常です。その場合は，親会社が合理的な基準を用いて計算することになり（例えば，損益通算により減少する所得金額について法人税率を乗じて算出された金額を通算税効果額とする方法），各子法人に通知することになります。通算税効果額は，益金及び損金に算入しないこととされています。

⑤ 中間申告・納付

事業年度開始の日以後 6 ヵ月を経過した日から 2 ヵ月以内に，所轄税務署長に対し，中間申告書を提出しなければなりません（3 月決算法人の場合は 11 月末日が申告期限となります）。

前期実績に基づく予定申告については，法人の前期実績基準額が 10 万円を超えるときは，中間申告書を提出する必要があります。

予定申告に代えて仮決算に基づく中間申告を行おうとするときは，グループ内のすべての法人が仮決算に基づく中間申告書を提出する必要があります。ただし，グループ内のすべての法人の仮決算に基づく中間申告の法人税額の合計額が，前期実績基準額の合計額を超える場合等には，グループ内のすべての法人について，仮決算に基づく中間申告を行うことができません。

納付は，中間申告書の提出期限までに各法人が行います。

(5) 開始時・加入時・離脱時の資産の時価評価

グループ通算制度の適用開始，加入及び離脱時において，一定の場合には，資産の時価評価課税や欠損金の切捨て等の制限があります。

① 時価評価が除外される法人

開始時，加入時に伴う資産の時価評価について，次の法人は対象外とされて

います。

開始時	・いずれかの子法人との間に完全支配関係の継続が見込まれる親法人 ・親法人との間に完全支配関係の継続が見込まれる子法人
加入時	・通算グループ内の新設法人 ・適格株式交換等により加入した株式交換等完全子法人 ・適格組織再編成と同様の要件として次の要件（加入直前に支配関係がある場合には，（a）の各要件）のすべてに該当する法人 　（a）親法人との間の完全支配関係の継続要件，加入法人の従業者継続要件，加入法人の主要事業継続要件 　（b）親法人又は他の法人と共同で事業を行う場合に該当する一定の要件

② 開始前・加入前の欠損金の切捨て等

　時価評価される法人のグループ通算制度の適用開始前，加入前において生じた欠損金は，原則として，切り捨てられます。

　時価評価が除外される法人（親法人との間の支配関係が5年超の法人等一定の法人を除く）のグループ通算制度の適用開始前，加入前の欠損金及び資産の含み損等については，次のとおり欠損金の切捨てのほか，支配関係発生日以後5年を経過する日と効力発生日以後3年を経過する日とのいずれか早い日まで一定の金額を損金不算入又は損益通算の対象外とする等の制限が行われます。

　・支配関係発生後に新たな事業を開始した場合には，支配関係発生前に生じた欠損金及び支配関係発生前から有する一定の資産の開始，加入前の実現損からなる欠損金額は切り捨てられるとともに，支配関係発生前から有する一定の資産の開始後，加入後の実現損に係る金額は損金不算入とされます。

　・多額の償却費が生ずる事業年度にグループ内で生じた欠損金については，損益通算の対象外とされた上で，特定欠損金とされます。

　・上記のいずれにも該当しない場合には，グループ内で生じた欠損金のうち，支配関係発生前から有する一定の資産の実現損からなる欠損金については，損益通算の対象外とされた上で，特定欠損金とされます。

③ 離脱時

　グループから離脱した法人が主要な事業を継続することが見込まれていない

場合等には，その離脱直前の時に有する一定の資産については，離脱直前の事業年度において，時価評価により評価損益の計上が行われます。

④ 時価評価資産の範囲

時価評価の対象となる資産は，次のとおりです。

- ・固定資産
- ・棚卸資産たる土地（土地の上に存する権利を含む）
- ・有価証券（売買目的有価証券，償還有価証券を除く）
- ・金銭債権
- ・繰延資産

ただし，これらの資産のうち帳簿価額が1,000万円未満などグループ通算制度の開始，加入，離脱のそれぞれの場合に応じた一定の資産が対象外とされています。

(6) 地方税の取扱い

住民税，事業税の地方税は，グループ通算制度は適用されません。法人税における損益通算や繰越欠損金の通算などについてはなかったものとして調整計算されます。

法人税について申告期限の延長特例を適用した場合，地方税も申告期限の延長の手続きを各法人にて行う必要があります。住民税については法人税の延長処分に係る事業年度終了の日から22日以内に届出を，事業税については事業年度終了の日から45日以内に申請をする必要があります。

また，法人税においてはグループ全社が電子申告義務化の対象となりますが，地方税の申告においては，個々の法人ごとに資本金の額等が1億円超か否かで電子申告の義務が判定されます。

(7) 消費税等の取扱い

消費税等については，グループ通算制度は適用されません。

ただし，消費税等の課税期間は，原則として法人税の事業年度とされています。

また，法人税は e-Tax により確定申告書を提出することになりますが，消費税等は事業年度の開始の時の資本金の額等が 1 億円超か否かで電子申告の義務が判定されます。

5. グループ法人税制

100％支配関係がある企業グループに適用される税制として，グループ法人税制というのもあります。グループ法人税制は納税者の意思とは関わりなく強制適用される点に特徴があります。

(1) グループ法人税制の適用対象法人

グループ法人税制は，完全支配関係のある内国法人を対象としています。この完全支配関係とは，①一の者（法人・個人を問わない）が法人の発行済株式等の全部を直接もしくは間接に保有する関係（親子会社関係）及び②一の者との間に当事者間の完全支配関係がある法人相互の関係（兄弟会社関係）をいいます。

一の者は個人の場合と法人の場合がありますが，個人の場合は，その者の親族（6 親等内の血族，配偶者及び 3 親等内の姻族），事実婚の関係にある者などがその個人に含まれます。

グループ法人税制の対象となる場合には，グループの系統図を確定申告書に添付して，その全体像を明示することになっています。

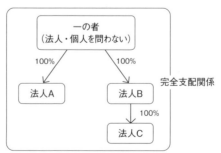

【完全支配関係のある内国法人】

(2) グループ法人税制の主な内容

① 100％グループ内の法人間の資産の譲渡取引等

　内国法人が譲渡損益調整資産を完全支配関係がある他の内国法人に譲渡した場合には，その資産に係る譲渡利益額（又は譲渡損失額）に相当する金額は，その譲渡した事業年度の所得の金額の計算上，損金の額（譲渡損失の場合は益金の額）に算入し，課税が繰り延べられることとされています。

　譲渡損益調整資産とは，次の資産をいいます。ただし，譲渡直前の帳簿価額が1,000万円未満（一定の単位区分で判定）のものは対象外とされます。

　・固定資産

　・土地（土地の上に存する権利を含み，固定資産に該当するものを除く）

　・有価証券（譲渡側，譲受側においての売買目的有価証券を除く）

　・金銭債権

　・繰延資産

② 100％グループ内の法人間の寄附

　100％グループ内の内国法人の寄附金について，寄附金を支出した法人においてはその寄附金を全額損金不算入とするとともに，受領した法人においては寄附金の全額を益金不算入とします。

　ただし，次の金額を利益積立金額及び寄附直前の子会社株式の税務上の帳簿価額に加算するという申告調整が必要になります。

> （子会社が受けた益金不算入の対象となる受贈益の額×持合割合）
> 　　－（子会社が支出した損金不算入の対象となる寄附金の額×持株割合）

③ 大法人の100％子法人に対する中小企業向け特例措置の不適用

　親法人の資本金の額等が5億円以上（会社法上の大会社）の場合等は，その100％子法人等には，以下に掲げる中小企業特例は適用できません。

　・法人税の軽減税率

　・特定同族会社の特別税率の不適用

・貸倒引当金の法定繰入率

・交際費等の損金不算入制度における定額控除制度

・欠損金の繰戻しによる還付制度

◆ 会計上のポイント

1. 法人税等の表示

　通常の単体申告の場合と同様に各法人にて法人税等を計上します。また，通算税効果額についても法人税等に準ずるものとして取り扱います。

【仕訳例（通算税効果額を授受する場合）】

	親法人	子法人①	子法人②	合計
損益通算前の所得	300	100	△80	320
損益通算	△60	△20	80	0
所得金額	240	80	0	320
法人税額（税率：23%）	55	18	0	73

（注）本例においては地方税は考慮していない。

	借方		貸方	
親法人	法人税，住民税及び事業税 未収入金（対子法人①）（*2）	69 5	未払法人税等（*1） 未払金（対子法人②）（*3）	55 19
子法人①	法人税，住民税及び事業税	23	未払法人税等（*4） 未払金（*2）	18 5
子法人②	未収入金（*3）	19	法人税，住民税及び事業税	19

（*1）所得金額 240 ×税率 23% ≒ 55
（*2）損益通算 20 ×税率 23% ≒ 5
（*3）損益通算 80 ×税率 23% ≒ 19
（*4）所得金額 80 ×税率 23% ≒ 18

　連結財務諸表においては，連結会社間の債権・債務を相殺しますので，未収入金・未払金は相殺されます。

2. 税効果会計

　グループ通算制度においては，各会社が納税申告を行うことから納税申告書

の作成主体は各会社となります。しかし，グループの一体性に着目し，グループ通算制度を適用するグループ全体が課税される単位になると考えられるため，連結財務諸表においては，グループ内のすべての納税申告書の作成主体を一つに束ねた単位に対して税効果会計を適用することとしています。

　また，グループ通算制度は住民税及び事業税を適用対象としていません。そのため，法人税及び地方法人税と区別して，税効果会計を適用し，税金の種類ごとに算定します。

(1) 回収可能性の判断

① 個別財務諸表

　繰延税金資産の回収可能性の判断に関する手順について，グループ通算制度特有の定めとしては次のとおりです。

- ・将来加算一時差異の解消見込額と相殺し切れなかった将来減算一時差異の解消見込額を将来の一時差異等加減算前通算前所得の見積額と解消見込年度ごとに相殺し，損益通算による益金算入見積額と解消見込年度ごとに相殺します。
- ・相殺し切れなかった解消見込額は，非特定繰越欠損金として翌年度以降の損金算入のスケジューリングに従って回収が見込まれる金額と相殺します。

　繰越欠損金については，特定繰越欠損金と非特定繰越欠損金ごとに，その繰越期間にわたって，将来の課税所得の見積額（税務上の繰越欠損金控除前）に基づき，税務上の繰越欠損金の控除見込年度ごとに損金算入限度額計算及び翌期繰越欠損金額の算定手続に従って損金算入のスケジューリングを行い，回収が見込まれる金額を繰延税金資産として計上します。

　また，企業の分類については，グループ全体の分類と会社の分類をそれぞれ判定します。なお，会社の分類は損益通算や欠損金の通算を考慮せず自社の通

算前所得又は通算前欠損金に基づいて判定します。将来減算一時差異に係る繰延税金資産の回収可能性の判断については，グループ全体の分類が，会社の分類と同じか上位にある場合はグループ全体の分類に応じた判断を行います。

② 連結財務諸表

　繰延税金資産の回収可能性の判断に関する手順や企業の分類に関する取扱いについても，グループ全体で判断を行います。個別財務諸表において計上した繰延税金資産の合計額との差額は，連結上修正することとされています。

(2) 表示
① 個別財務諸表

　会社で計上した繰延税金資産及び繰延税金負債について，同一納税主体の繰延税金資産と繰延税金負債は，双方を相殺して表示し，異なる納税主体の繰延税金資産と繰延税金負債は，双方を相殺せずに表示します。

③ 連結財務諸表

　会社は異なる納税主体となりますが，連結財務諸表においてはグループ全体に対して税効果会計を適用することとしていることから，法人税及び地方法人税に係る繰延税金資産及び繰延税金負債は，グループ全体の繰延税金資産の合計と繰延税金負債の合計を相殺して，連結貸借対照表の投資その他の資産の区分又は固定負債の区分に表示します。

3. 注　記

　「グループ通算制度を適用する場合の会計処理及び開示に関する取扱い」（実務対応報告第 42 号 2021 年 8 月 12 日）に従って，法人税及び地方法人税の会計処理又はこれらに関する税効果会計の会計処理並びに開示を行っている旨を記載します。

　連結財務諸表及び個別財務諸表における繰延税金資産及び繰延税金負債の発

生原因別の主な内訳等の注記については，その内訳を税金の種類ごとに法人税及び地方法人税と住民税及び事業税を区分せずに，税金全体で注記することとしています。

　グループ通算制度を適用している場合，連帯納付義務を負うとされていますが，この連帯納付義務については，偶発債務としての注記を要しないとされています。

👉 ズバリ，ここが実務ポイント！

▶グループ通算制度は納税者の選択による任意適用だが，一度適用すると個別申告には原則として戻れない。メリット，デメリットを踏まえて，適用するか否かの検討をする必要がある。

▶グループ通算制度を適用する場合は，親法人が中心となって，子法人の協力を仰ぎつつ，税額計算，申告，納付，会計処理など手続き漏れのないようグループ管理が大切になる。

18. 税務調査対応

　税務調査は，税務申告が税法に従って適正に行われているかどうかをチェックするため税務署等が行う調査です。即ち，適正・公正な課税の実現を目的としているといえます。

　税務調査には大きく分けて，悪質な納税者を取り締まる「**強制調査**」と通常の「**任意調査**」の二つがあります。

(1) 強制調査

　強制調査とは，悪質な脱税行為が疑われる場合に，国税犯則取締法に基づいて強制的に行われる調査です。告発することも視野に入れて裁判所の令状のもとで，国税局の査察部が一種の犯罪捜査として行います。調査の結果，法人税法等の租税法違反があれば，調査対象者は被疑者として検察庁に告発され，裁判所の司法判断を仰ぐこととなります。

(2) 任意調査

　任意調査とは，国税通則法に基づいて行われる調査で，納税者から提出された税務申告書について，法令を適正に適用して，税額等が正しく計算されているかどうか確認するために行われるものです。税務調査は納税地を所轄する税務署（大規模な法人の場合は国税局）が行います。

　調査の対象となる税目は，国税の場合，一般的には，法人税，消費税，源泉所得税，印紙税等です。地方税の場合は，資本金が1億円超の外形標準課税の対象となる法人の場合は都道府県税事務所によって事業税の調査が，また，事業所税の調査が市町村（東京23区の場合は都税事務所）によって行われることがあります。

　「任意調査」の「任意」とは，強制的に行われるものではなく，税務署から

のいわば「お願い」によって行われる調査という意味ですが，そうはいっても納税者には税務署の調査に対して**受忍義務**（税務調査に応じる義務）が課せられており，税務調査を拒否することはできません。

◆ 業務の流れ

以下，一般的な任意調査のケースについて，調査前，調査時，調査後に分けて，業務の流れを見ていきましょう。

1. 調査前の対応

(1) 事前通知

税務調査にあたっては，原則として，税務署から会社及び税理士の双方に対し，電話等により次の事項が事前通知されます。

- ・実地調査を行う旨
- ・調査の開始日時，場所
- ・調査の目的
- ・調査対象税目，課題期間
- ・調査の対象となる帳簿書類その他の物件等

(2) 調査日程の決定

調査日程については，顧問税理士や社内の業務上の都合等で，変更を希望する場合は，税務署にその旨申し出ます。

(3) 税務調査が実施されることについての社内周知

税務調査が実施されることを社内に周知します。特に関係する部門には，調査官からの質問にスムーズに対応できるよう，調査期間中，随時連絡をとれるように調整しておきます。

なお，調査期間中に調査官が使用する会議室等の部屋を確保しておくように

します。

⑷ 事前に準備しておく資料

税務署から依頼されることが想定される資料を用意しておきます。

一般的には，次のような書類があります。

【事前に準備しておくとよい資料】

---

① 会社の概況に関する説明書

　　会社案内，登記簿謄本，組織図，製品カタログ，株主名簿等

② 帳簿書類

　　総勘定元帳，補助元帳，各種集計表等

③ 証憑書類

　　見積書，請求書，領収書，納品書等の証憑類，契約書

④ その他

　　社内稟議書，株主総会・取締役会議事録，社内規程，給与台帳等人事・
　　給与関係資料，子会社関係資料等

⑸ 過年度指摘事項・資料の確認

過年度の調査で指摘を受けた事項や過年度の調査の際に提出した資料等について確認しておきます。

また，前回指摘事項の改善状況等については，説明できるように準備しておきます。

2. 調査時の対応

調査を受ける際は，次のような点に注意します。

⑴ 会社概要等の説明

通常，税務調査の開始時には，会社側から調査官に対して会社概要，経理の状況等について説明をします。

(2) 調　査

調査官の依頼・質問には誠実に対応します。調査官から依頼を受けた書類を提示し，質問に対して回答します。質問を受けた場合には，まずその質問の内容を正確に確認して，回答を急ぐ必要はありませんので，必要があれば，即答はせずにいったん預かり，顧問税理士や関係先に確認，調整した上で正確かつ適切に回答をするようにします。

また，調査期間中に，調査官から誤解に基づく指摘を受けた場合には，曖昧にせず，必ず是正する事が必要です。

(3) 現場確認

調査官から現場確認の依頼を受けた場合には，必要に応じて現場責任者を手配し，同行して立会います。

3. 調査後の対応

調査の終了後，更正，決定等をすべきと認められない場合には，更正決定等をすべきと認められない旨を記載した書面が交付されます。

また，更正，決定等をすべきと認められる場合には，調査官からその調査内容（誤りの内容，金額，理由）に関する説明，合わせて**修正申告又は期限後申告**の勧奨があります。

指摘事項については，顧問税理士と相談しながら社内でよく検討・調整をした上で対応を決定します。

会社の明らかなミスである場合には**修正申告**をしますが，調査官と会社との間で，事実関係の認定について認識の違いに基づく指摘があった場合や税法の法令・通達の解釈等での意見の相違に基づく指摘があった場合には，調査官から修正申告することを勧められても，安易に応じるべきではありません。

修正申告に応じなかった場合，税務署長が強制的に税額等の**更正**の処分をし，追徴課税をすることがありますが，この場合には不服申立ての救済措置の手続が用意されています。

逆に，調査官の指摘を納得できないにもかかわらず，修正申告をしてしまうと，救済措置の適用を受けることができなくなってしまいます（ただし，更正の請求はできます）。

KEYWORD

▶**修正申告**：修正申告とは，すでに提出した申告書に記載した税額が過少だった場合等に，法人が自発的に申告内容の修正をする申告をいう。税務調査の結果，調査官から修正申告するよう指導を受ける場合がある。なお，修正申告の対象となるのは税額等の増額変更の場合だけで，減額変更の場合は「更正の請求」という手続をすることとなる。

▶**期限後申告**：期限後申告とは，法定の申告期限内に申告しなかった場合に申告期限を過ぎてから行う申告をいう。

▶**更正**：更正とは，納税者が申告した課税標準等や税額等が税務署の調査結果と異なる場合に，税務署長が，その調査により課税標準等又は税額等を確定する処分をいう。修正申告は法人が行う手続であるのに対して，更正は税務署長が行うものであるという違いがある。また，修正申告は自発的な修正であるため，救済措置は用意されてないが，更正は税務署長による行政処分であるので，不服申立て（税務署長への異議申立て，国税不服審判所への審査請求）による救済措置の手続が用意されている。

▶**決定**：決定とは，申告書を提出しなければならない法人が申告書を提出しなかった場合に，税務署長がその調査により課税標準等や税額等を確定する処分をいう。決定も更正と同じく税務署長による行政処分であるため，不服申立てができる。

◆ 税務上のポイント

1. 調査の種類

　一口に調査といっても，以下のように色々な種類の調査があります。

【調査の種類】

種類	内　容
準備調査	税務署内で行われる机上の調査。納税者には直接関係しない。
呼出調査	文書で納税者を税務署に呼び出して質問をする調査
実地調査	調査官が会社に出向いて行う調査。実務上，単に「調査」という場合には，この実地調査を指す場合が多い。
現況調査	無予告で行われる実地調査で，いわゆる「抜き打ち調査」。現金商売などの場合に行われることがある。
反面調査	調査対象会社の取引先等に対して行う取引事実を確認するための調査
銀行調査	調査対象会社の取引銀行に対し取引の内容を調べるために行う調査

2. 調査対象期間

　税務調査の対象期間は過去3年分ということがよく言われますが，法令にこのような定めがあるわけではありません。ただし，調査の事前通知の際に，納税者に対し調査対象期間を通知しなければならないことになっています。

　国税通則法には，税務署長が更正・決定を行うことができる期間（これを除斥期間といいます）は法定申告期限から次の年数に限ることになっていますから，調査の対象期間は，一般的なケースでは最大で5年間，偽りがあった場合等の悪質なケースでは最大で7年間遡ることが可能であるということになります。

区　分	通常の過少申告・無申告の場合	脱税の場合
更　正	5 年	7 年
決　定	5 年	7 年

※ 法人税の純損失等の金額に係る更正は 9 年（平成 30 年（2018 年）4 月 1 日以後開始
　　事業年度に生じたものは 10 年）

※ 移転価格税制に係る法人税の更正，決定等は 6 年

3. 調査は拒否できるか

　会社が税務調査を完全に断ることはできません。一般の実地調査は，いわゆ
る任意調査と呼ばれるものですが，そうはいっても法人税法には調査官に質問
検査権があることが明記され，これに対し納税者は調査を受けることについて
受忍義務があるとされており，調査を受ける義務があるからです。

　しかし，税務署から実地調査をしたい旨の電話がかかってきて，調査日時を
告げられた場合，業務の繁忙等を理由に，別の日で日程を調整することは問題
ありません。顧問税理士がいる場合には，税理士の日程を調整する必要もあり
ます。

4. 附帯税

　税務調査の結果，修正申告や更正によって追徴税額が発生した場合，いわば
ペナルティとして次のような附帯税が課されます。

　附帯税は基本的にはペナルティの性格を有するものですから，これを納付し
た場合も，法人税法の計算上，損金不算入となります（利子税のみ損金算入可）。

【附帯税】

種　類	趣　旨	未納税額・増差税額に対する税率
延滞税	税額の納付遅延に係る利息	当初2カ月は原則年率7.3％，その後は年率14.6％（※1）
利子税	申告期限の延長の承認を受けた場合に延長された期間に係る利息	原則年率7.3％（※2）
過少申告加算税	申告が過少だったことに対するペナルティ	10％（追徴税額50万円又は期限内申告税額相当額のいずれか多い金額を超える部分については15％）
無申告加算税	無申告だったことに対するペナルティ	15％（追徴税額50万円超の部分については20％。過去5年内に無申告加算税又は重加算税が課されたことがある場合は10％加算。更正又は決定があることを予知しないで自主的に期限後申告した場合は5％）
不納付加算税	源泉徴収すべき源泉所得税を源泉徴収しなかった場合のペナルティ	10％（納税の告知があることを予知しないで自主納付した場合は5％）
重加算税	以下のような隠蔽又は仮装の事実がある場合に，過少申告加算税又は無申告加算税に代えて課されるペナルティ ・二重帳簿の作成 ・帳簿書類の破棄，隠匿，改ざん，虚偽記載等・売上除外，架空経費の計上，棚卸資産の除外，他人名義の使用 ・簿外資産に係る利息収入の計上除外等	・過少申告加算税又は不納付加算税に代えて課される場合35％（注） ・無申告加算税に代えて課される場合40％（注） （注）過去5年以内に無申告加算税又は重加算税が課されたことがある場合は10％加算。
過怠税	印紙税を納付しなかったことによる本税の追徴とペナルティ。 印紙を貼付していない場合と印紙に消印をしていなかった場合の両方に課されます。	・印紙不貼付の場合：不貼付額又は不足額の3倍相当額 ・印紙不消印の場合：不消印印紙の額面相当額

（※1）原則的な率と次の率の低い方が適用されます。
　　　・当初2カ月→延滞税特例基準割合＋1％
　　　・2カ月経過後→延滞税特例基準割合＋7.3％
　　　なお延滞税特例基準割合とは，短期貸出約定平均金利をベースに計算した平均貸付割合（財務大臣が告示した割合）に1％を加算した割合をいいます。

（※2）原則的な率と利子税基準割合のいずれか低い方が適用されます。
　　　なお，利子税基準割合とは，短期貸出約定平均金利をベースに計算した平均貸付割合（財務大臣が告示した割合）に0.5％を加算した割合をいいます。

（※3）上の表は国税に係るものですが，地方税にも国税と同様に次のような附帯金があります。

・延滞金
・過少申告加算金
・不申告加算金
・重加算金

5. 税務調査後の手続の流れ

税務調査後の手続の流れは次の図のようになります。

【税務調査後の流れ】

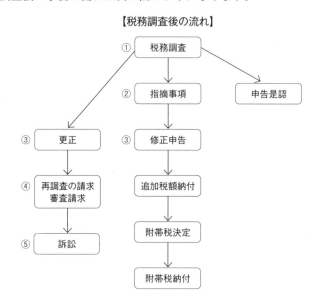

① 任意調査の場合，会社の規模にもよりますが，2〜3日（大会社の場合はこの限りでない）で実地調査を終了し，その後，申告が適正であれば申告是認ということになりますが，そうでない場合には，調査官から会社に対して指摘事項が伝えられることになります。会社としては，これに対し，会社としての考え方を調査官に対して説明することになります。

② 指摘事項のうち，経理の単純ミスなど，明らかに間違った処理を会社がしていたものについては，修正申告することになります。修正申告をした場合には，本来納付すべきであった税額（本税）を修正申告書の提出までに納付します。その後，いわばペナルティとして，過少申告加算税，重加算税，

延滞税等の附帯税について税務署から課税決定を受けることになりますので，これを追加納付することになります。

③ 一方，調査官の指摘事項について，会社と調査官との間で法令の解釈や事実の認定に隔たりがあり，会社として受け入れることができない場合もあります。この場合には，修正申告に応じないことを検討します。会社が修正申告に応じなかった場合，税務署は，その判断によって更正を行うことになります。更正は税務署が職権で強制的に課税処分を行うものですから，これに対しては，「再調査の請求」，「審査請求」及び「訴訟」という救済措置が用意されています。

④ **再調査の請求**は，更正処分をした税務署長に対してその処分に不服を申し立てるもの，「**審査請求**」は税務署長が行った処分に不服がある場合に国税不服審判所長に対してその処分の取消しや変更を求めて不服を申し立てるものです。「審査請求」は「再調査の請求」を経ずに行うことができ，また，「再調査の請求」に対する税務署長の判断になお不服があるときにも行うことができます。税務署長はもちろんのこと，国税不服審判所は国税庁の内部の組織ですから，「再調査の請求」も「審査請求」も国税庁という行政組織に対して不服を申し立てるものです。

⑤ 国税不服審判所の判断になお不服がある場合には，裁判所に訴訟を提起することができます。なお，「審査請求」を経ずに裁判所に対して直接訴訟提起することは認められていません。

6. 修正申告と更正

　修正内容が固まったら法人税・地方法人税及び消費税の修正申告をします。また，これら国税の修正申告と併せて法人事業税及び法人住民税（都道府県・市町村）の修正申告もする必要があります。

　前述のとおり，明らかな会社のミスについては修正申告をする必要がありますが，会社として納得のいかない指摘事項については，修正申告に応じるかどうか慎重に検討しなければなりません。なぜなら，修正申告はあくまでも自主

的に修正内容を申告するものであるため，その後の救済措置は用意されていないからです。

他方，税務署による更正は，強制的な行政処分ですので，更正をする理由を明らかにしなければ，税務署は更正をしてはいけないことになっています。

Column 23 隠蔽又は仮装があった場合

　税務調査の結果，「隠蔽又は仮装」に該当する事実があると，重加算税が課されたり，金額が大きく悪質な場合には青色申告の承認が取り消されたりすることもある。

　「隠蔽又は仮装」とは，例えば次のような不正行為のことである。どのようなケースが隠蔽又は仮装に当たるかについては，国税庁から公表されている「法人税の重加算税の取扱いについて（事務運営指針）」に詳しく記載されている。

- いわゆる二重帳簿を作成していた
- 帳簿書類を改ざん，偽造したり，帳簿書類への虚偽記載をしたり，相手方と示し合わせて虚偽の証憑書類を作成したりする等の仮装の経理を行っていた
- 帳簿書類の作成又は帳簿書類への記録をせず，売上その他の収入を脱ろうしたり，棚卸資産の除外をしていた
- 損金算入・税額控除の要件とされる証明書その他の書類を改ざんしたり，虚偽の申請に基づいて証明書等の交付を受けていた　　等

◆ 会計上のポイント

　税務調査を受けて修正申告をした場合，過年度に係る追加の納税が発生します。ここでは，その納税額の会計処理について見ていきます。

　法人税等の追徴税額等の取扱いは，「法人税，住民税及び事業税等に関する

会計基準」（企業会計基準第27号）や中小企業会計指針に規定があります。

　法人税等の更正，決定等によって，追徴税額（利子税を除く加算税を含みます）及び還付税額が生じた場合には，損益計算書上は「法人税，住民税及び事業税」の次に，例えば「法人税等追徴税額」や「法人税等還付税額」などのような，その内容を示す名称の科目で記載することになっています。

　ただし，これらの金額の重要性が乏しいと認められる場合には，「法人税，住民税及び事業税」に含めて表示することができます。

　なお，更正，決定等の内容が過年度遡及会計基準で定められている誤謬に該当し，しかも，重要性があると認められる場合は，修正再表示の対象となるケースも考えられます。

　また，追徴税額のうち未納付額は，貸借対照表上，「未払法人税等」に含めて表示し，還付されることが確定しているもの及び還付額を合理的に見積もることが可能な還付税額のうち未収額については，重要性が乏しい場合を除いて，貸借対照表上「未収還付法人税等」の科目で表示します。

> ☞ **ズバリ，ここが実務ポイント！**
>
> ▶実務上，税務上の取扱いが明確でないグレーゾーン事案は必ず出てくるもの。日頃から，税務を意識した証拠書類・疎明資料を作成，整理，保管しておくこと。そして会社としての考え方や判断の根拠の記録が重要。
>
> ▶実際の税務調査の時には，調査官には誠実な対応をしつつ，会社の経理処理の考え方への理解を求めていくと同時に，理屈に合わない要求に対しては毅然とした態度を取ることも重要。

19. 現金出納管理

現金・預金は，支払手段という性格から不正や誤謬等を招きやすいものです。特に，現金・預金の着服といった不正等を予防するために，適切な管理を行うことが必要となります。

◆ 業務の流れ

現金出納管理は，大きく下記の業務に大別されます。
- ●銀行振込入出金：銀行振込を通じた入出金業務
- ●小口現金管理：小口現金制度を通じた現金管理業務
- ●現預金残高管理：現金・預金の残高管理業務

1. 銀行振込入出金
⑴ 銀行振込入金

かつては，顧客から現金や小切手等の現物を受け取ることが多かったため，不正・誤謬の機会がより多かったのですが，昨今では，ファームバンキングやインターネットバンキング等の発展により，銀行振込を利用するのが一般的です。経理・財務部門において，入金事実の確認から入金内容の確認，伝票の計上を行う必要があります。

KEYWORD

▶**銀行振込**：銀行振込は為替（かわせ）と呼ばれる。国内に振り込む場合を国内為替，海外へ振り込む場合を外国為替という。 支払の際，支払人が受取人の

指定した銀行口座に資金を移動させることになるが，両者の銀行が同じ場合には銀行の本支店間で資金決済が行われる。違う場合は間に日本銀行が介在し，日銀ネットとよばれる銀行間の決済システムにより，処理が行われる。

▶ファームバンキング：企業のコンピューターや端末機と銀行のコンピューターをデータ通信回線で接続し，各種銀行取引をオンラインで行うシステムをいう。預金残高照会，入出金照会，口座振込・振替等の基本的な手続に加え，複数銀行への総合振込，給与振込，外国為替送金等の機能を利用することができる。

▶インターネットバンキング：ファームバンキングのような専用回線ではなく，インターネットを経由した各種銀行取引をいい，専用のソフトは不要である。

① 入金情報入手

担当者はファームバンキング等経由による情報や銀行振込入金明細書を入手することにより，取引銀行口座への入金事実を漏れなく確認します。

② 入金仮計上

入金事実を確認後，仮受金勘定にて入金計上処理を行い，伝票計上を承認します。

③ 入金内容確認

期日別債権残高，入金予定日，支払通知書，自社からの請求，銀行振込明細，各証憑書類等から入金内容を確認し入金消込みを行い，該当部門に通知します。

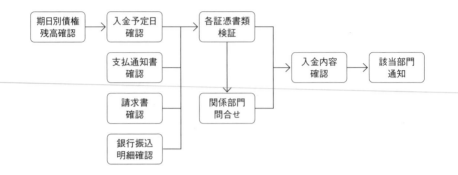

【入金内容確認フロー】

(2) 銀行振込支払

　支払に関しても，昨今は主に銀行振込で行うケースが増えてきました。経理・財務部門においては，担当部からの支払依頼の受付から，**支払精査**，支払依頼に基づく支払の実行，伝票の計上を行っていく必要があります。

① 支払精査

　関係部門からの支払依頼があった際に，関係書類の内容を確認・精査し，支払先・支払金額・支払時期・支払方法・勘定科目・消費税区分等の妥当性を検証し，振込依頼を作成します。この手続により実体のない支払の実行を防ぎ，また処理誤りを防止することができます。

【支払精査フロー】

```
支払依頼書
確認
入荷証憑
書類確認          各証憑書類          支払妥当性
                  検証                検証                       支払承認      振込依頼
契約書                                                                       作成
確認              関係部門            勘定科目
                  問合せ              妥当性確認
請求書
確認
```

② 支払実行

　支払精査手続を経て作成された振込依頼に基づき，指定された支払日に指定銀行口座に振込処理を行います。支払処理の漏れ・誤り等がないよう，支払依頼データと最終的な振込データを突合します。

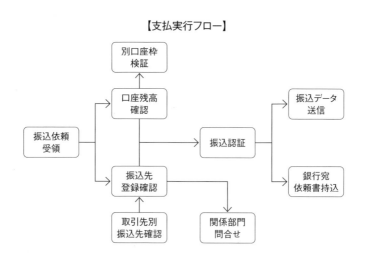

【支払実行フロー】

③ 支払計上

　支払の事実を踏まえ，支払の計上を漏れや誤りなく仕訳として計上します。

2. 小口現金管理

　支払手続は，本社経理・財務部門の出納担当を通すのが原則ですが，会社規模の拡大により全ての支払を本社経由で行うのは非効率となってきます。その場合各部門・支店・工場等に少額経費の支払の機能を移管し，**小口現金**をあらかじめ渡しておき支払・管理をさせる小口現金管理を行わせることが一般的です。

　しかし最近内部統制の強化・経理業務効率化の観点等により，小口現金制度を廃止している会社も増えてきています。また，クラウドでの領収書やレシート等の画像保管能力も拡大しており，経費精算システムや法人カードを導入す

ることで小口現金管理から立替経費精算へ移行する会社も増えてきています。

(1) 補充手続

担当者は不必要な小口現金の補充が行われないよう，対象期間における支払証憑書類と現金請求額を突合し，社内規程等で定められた使途，保有限度等を確認し，その支払内容及び適切支給額を確認します。

(2) 補充実施

小口現金の必要補充額の小口現金出納口座への振込（預金払出）の依頼を行います。

(3) 支払実行

必要補充額を小口現金口座に振込むとともに，支払時に作成された支払伝票に基づき，適正な経理仕訳を計上します。

(4) 小口現金出納帳管理

小口現金担当者は，小口現金の入出金の都度，証憑書類と突合し，その内容を正しく小口現金出納帳に記帳します。

(5) 残高管理

「3. 現預金残高管理」の項参照。

【小口補充フロー】

KEYWORD

▶**小口現金制度**には，定額資金前渡制度（インプレスト・システム）と随時補給制度の２つの管理方法があります。

①**定額資金前渡制度**：各部門や支店等（小口現金担当）に前渡しする小口現金を一定額に決め，一定期間ごと本社の経理・財務部門（出納担当）に支払報告書等で当該期間の出金の報告をしてもらい，使用分だけ補充を請求して，補充後は当初の一定額の現金が小口現金担当の手元にあるようにする方法。この方法においては，補充する現金と支払証憑等との突合が容易で，かつ小口現金担当者からの報告による本社経理部の事務負荷減少という効果もあり実務上採用されている。

②**随時補給制度**：各部門や支店等の必要に応じて随時に小口現金を補給する方法。この方法では，小口現金担当の保有する現金残高が絶えず変動し，報告タイミングも不定期であることから，定額資金前渡制度と比較して管理上非効率という欠点がある。

---

3. 現預金残高管理

(1) 現金残高管理

① 現金出納帳管理

担当者は手元現金について，入出金に関する証憑書類と突合し，漏れや誤りなく現金出納帳に記帳します。

② 現金残高照合

担当者は日々の現金出納業務終了後に手元現金の実際残高の確認を行い，**金種表**を用いて現金出納帳残高との照合を行い，一致を確認します。不一致の場合は下記の手続を通して原因を究明します。

・金銭出納帳と入出金伝票，得意先元帳，仕入先元帳等の突合により，記帳漏れや二重記帳がないか調べます。

・入出金伝票と領収書等の突合により，起票漏れがないか調べます。

・原始証憑がない入出金がないか調べます。

【現金残高照合フロー】

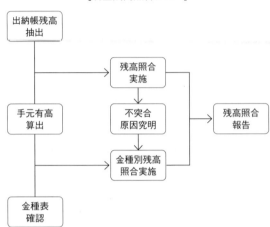

⑵ **預金残高管理**

① 預金台帳管理

　担当者は会社が保有する銀行口座について，入出金に関する証憑書類と突合し，漏れや誤りなく預金台帳に記帳します。

② 預金残高照合

　担当者は定期的に銀行預金残高と預金台帳残高の照合を行い，一致を確認します。不一致の場合**預金残高調整表**等を用いて原因を究明します。

　また決算期には金融機関より残高証明書を入手し，預金台帳と照合し残高を確認します。

③ 使用口座管理

　担当者は定期的に取引口座の利用状況を確認し，使用頻度の低い口座については口座維持管理コスト，金融機関とのリレーション等を勘案し，廃止・統合

の可否を検討します。

KEYWORD

▶**金種表**：手許現金の有り高を確認するために金種ごとに作成する整理表。現金出納帳との差異を把握するにあたっての根拠となる。

▶**預金残高調整表**：銀行の預金残高と帳簿上の残高（預金台帳上の残高）とは，本来一致するはずであるが，様々な事情から一致しない場合がある。そこで，会社では，一定期日に銀行から当座預金口座の残高証明書を取り寄せ，当座預金勘定との一致を確認する作業を行う。不一致がある場合，その不一致の原因を明らかにし，適切に修正する必要があるが，その際に作成される一覧表が預金残高調整表（銀行勘定調整表）である。不一致の原因は，主に次の４つのケースがある。

1. 銀行側で入金処理済，会社側で入金未処理のケース

　（例）得意先からの当座振込があったものの，銀行からの通知が未達のため会社側で未処理のような場合

2. 銀行側で出金処理済，会社側で出金未処理のケース

　（例）自動引落等があったものの，銀行からの通知が未達のため会社側で未処理のような場合

3. 会社側で入金処理済，銀行側で入金未処理のケース

　（例）時間外預入，未取立小切手（会社が他人振出小切手の取立てを銀行に依頼し，帳簿上入金処理を行ったが，銀行では取立てが完了していないため未処理の小切手）　等

4. 会社側で出金処理済，銀行側で出金未処理のケース

　（例）未渡小切手（会社が小切手を振り出し，帳簿上出金処理を行ったが，その小切手を取引先にまだ渡していないため，銀行側では未処理の小切手）　等

◆ 会計上のポイント

1. 勘定科目の留意点（現金勘定）

　経理上の現金には通貨（紙幣・硬貨）のみならず，要求があり次第いつでも通貨に交換可能な下記の通貨代用証券も含まれます。

(1) 通貨代用証券とは

① **他人振出の小切手**：他人の当座預金から振り出された小切手

② **送金小切手**：銀行経由の送金手段として銀行が交付する小切手

③ **送金為替手形**：銀行経由の送金手段として銀行が振込に対して交付する為替手形

④ **預金手形**：銀行が預金者のサービスとして現金の代用として交付する証券で，自己宛て小切手。トラベラーズ・チェック等。

⑤ **支払期限の到来した公社債の利札**：利札は，公社債の券面にあらかじめ刷り込まれた半年分の利息の受取証

⑥ **配当金領収書**：株式の利益配当として交付される領収書

⑦ **普通為替証書**：普通為替による送金の際に発行される証書。受取人はこの証書と引換えにゆうちょ銀行又は郵便局で現金を受領する。

⑧ **定額小為替証書**：ゆうちょ銀行が提供する送金・決済サービスの一つ。50円から1,000円まで12種類があり，受け取った定額小為替は郵便局やゆうちょ銀行の窓口で換金できる。

(2) 現金とまぎらわしいもの

① **郵便切手・収入印紙**：いわゆる金券ですが，使途が指定されていますので，支払手段たる現金として扱いません。経理上も，購入時点で費用処理（切手：「通信費」勘定，収入印紙：「租税公課」勘定）し，決算時未使用分を「貯蔵品」又は「消耗品」勘定に計上します。

② **自己振出小切手**：商品等の代金決済のために一旦振り出した小切手を，売

掛金等の回収にあたり得意先から受け入れた場合に生じます。経理処理としては，一旦減少させた当座預金を戻すという意味で，「当座預金」勘定を使用します。

③ 先日付小切手：小切手には通常振出日の日付を記載するが，時には振出日よりも数日先の日付を記載した小切手が振り出されることがあります。これを先日付小切手と呼び，「受取先日付小切手」勘定又は「受取手形」勘定で処理します。

④ 不渡小切手：他人が振り出した小切手を預金に入金後，振出人の当座預金残高にそれに見合う金額がないため，銀行より換金できないと，小切手が受取人に返金された場合の小切手。「不渡小切手」勘定又は「不渡手形」勘定で処理をします。

2. 現金過不足の処理

現金実査の結果，実際の現金残高と帳簿残高が一致しないことがあります。原因が直ちに解明できない場合，帳簿残高を実際の現金残高に合わせるために使用される勘定科目が「現金過不足」勘定です。

(1) 現金過不足の管理

実際の現金残高と帳簿残高との間に不一致が発生した場合は，速やかに上席者に報告し，その承認に基づき下記の手順で原因究明を行います。

① 金銭出納帳と入出金伝票，得意先元帳，仕入先元帳などの突合により，記帳漏れや二重記帳がないかどうか調べます。

② 入出金伝票と領収書等の原始証憑の突合により，起票漏れがないかどうか調べます。

③ 原始証憑がない入出金がないかどうか調べます。

現金過不足事故については，担当者個人の問題ではなく，企業全体のリスクとして捉える必要があります。不一致が頻繁に発生する場合は，実査の回数を増やしたり，担当者を増やす等内部牽制がきく役割分担を考えたりするなど抜

本的な対応が必要です。特にレジを扱うビジネスの場合は，レジ担当者に特別のトレーニングが必要となります。また処分内容も規定化するなど「見える化」を行い，現金過不足事故が発生しないような環境作りを行うことが大切です。

⑵ 現金過不足の経理処理

① 実査時

・ 実際の現金残高が帳簿残高よりも多い場合

（借）現　　金　×××　　（貸）現金過不足　×××

・ 実際の現金残高が帳簿残高よりも少ない場合

（借）現金過不足　×××　　（貸）現　　金　×××

② 原因判明時：適切な科目に振り替えます。

例えば，通信費の記帳漏れであることが判明した場合

（借）通　信　費　×××　　（貸）現金過不足　×××

③ 期末になっても原因が判明しない場合：雑損失又は雑収入に振り替えます。

・ 現金過不足勘定が借方に残っている場合

（借）雑　損　失　×××　　（貸）現金過不足　×××

・ 現金過不足勘定が貸方に残っている場合

（借）現金過不足　×××　　（貸）雑　収　入　×××

3. 預金の会計処理

⑴ 原　則

　預金は金銭債権として，会社計算規則，金融商品会計基準等に基づき会計処理を行います。預金は通常，設定時に貸借対照表に計上し，使用時・解約時に

貸借対照表から外します。通常，時価は存在しないため，評価は行いません。

(2) 預金の分類・種類

　預金とは，銀行・信託銀行・信用金庫等の金融機関に預ける預金を指しますが，郵便貯金，農協（JAバンク），漁協（JFマリンバンク）においては「預金」ではなく，「貯金」と称します。下記のような種類があり，これらの種類ごとに記帳します。また一般的には，銀行口座ごとに，補助科目を設定して管理します。

① **普通預金**：現金の出し入れが自由な有利息の預金で，キャッシュカードにより引出し・預入れができるとともに，ATM機で振込みもできるものです。

② **当座預金**：事業者，法人等が手形や小切手の支払を決済するための口座で，無利息です。

③ **定期預金**：満期日又は据置期間を設定し，満期日まで，又は据置期間中の払戻をしない条件で一定の金額を預け入れる預金のことです。

④ **通知預金**：概ね1週間から1カ月未満の期間の預入れに適した預金。通常，7日間の据置期間が定められ，それ以降の希望日の2日前までに予告（通知）して払い戻します。

⑤ **定期積金**：一定期間，毎月の一定期日に，一定金額を預け（払込み・積立て），満期日に給付金を受け取る預金を言います。

⑥ **納税準備預金**：納税に充てる資金を預け入れる預金。納税資金の計画的な貯蓄及び本預金からの口座振替による納税を推奨するため，預金利息は非課税とされていますが，納税以外の目的で使用する場合は課税されます。

⑦ **外貨預金**：アメリカドル，ユーロ，オーストラリアドル等外国通貨建ての預金の総称。日本と外国との金利差を期待できる上，外国為替相場で円安・外貨高が進む局面では，円に換算した元本が増え，為替差益を見込めます。逆に預金時より円高が進むと，為替差損が生じるリスクがあります。

⑧ **譲渡性預金**：銀行がそれに対して無記名の預金証書を発行する特別の定期預金をいい，預金者がこれを金融市場で自由に譲渡できることからその名

があります。

(3) 表　示

　決算日の翌日から起算して 1 年以内に現金化できると認められるものは，「流動資産の部」に表示し，それ以外のものは，「投資その他の資産」の部に表示します（ワン・イヤー・ルール）。

◆ 税務上のポイント

1. 法人税

(1) 預金利息の計上時期

　原則：発生主義により計上します。

　容認：金融・保険業以外の一般事業法人にあっては，支払日が 1 年以内の一定の期間ごとに到来するものについては，継続適用を前提に**利払日基準**（現金主義）での収益計上を認めています。実務上採用されている基準です。

(2) 現金過不足

　飲食店等現金を頻繁に扱うビジネスでは，現金過不足について，件数が少なかったり金額が少額である場合は，実務上雑損失・雑収入を，税務上も容認してくれるケースもあるようですが，同族会社等で頻繁に発生したり，金額が大きい場合等は，容認されず，「役員給与（賞与）」認定を受けるケースも見られますので，留意が必要です。

(3) ペイオフによる預金切捨て損失の扱い

① ペイオフ

　ペイオフとは，金融機関が万一破綻したときに預金者を保護するため，金融機関が加入している預金保険機構が，預金者に一定額の保険金を支払う仕組みのことです。我が国では，2010 年 9 月 10 日，日本振興銀行㈱が経営破綻し，

初のペイオフが発動されました。

② 預金保護の範囲

　預金保険制度により，当座預金や利息の付かない普通預金等（決済用預金）は，全額保護されます。定期預金や利息の付く普通預金等（一般預金等）は，預金者1人当たり，1金融機関ごとに合算され，元本1,000万円までとその利息等が保護されます。それを超える部分は，破綻した金融機関の残余財産の状況に応じて支払われるため，一部支払われない可能性があります。

【預金保護の範囲】

	預金などの分類		保護の範囲
預金保険の対象預金等	決済用預金	当座預金・利息のつかない普通預金など	全額保護
	一般預金等	利息のつく普通預金・定期預金・定期積金・元本補てん契約のある金銭信託（ビッグなどの貸付信託を含みます）・金融債（保護預り専用商品に限ります）など	合算して元本1,000万円までと破綻日までの利息等を保護 1,000万円を超える部分は，破たん金融機関の財産の状況に応じて支払われます（一部カットされる場合があります）。
預金保険の対象外預金等	外貨預金，譲渡性預金，金融債（募集債及び保護預り契約が終了したもの）など		保護対象外 破たん金融機関の財産の状況に応じて支払われます（一部カットされる場合があります）。

（出所）預金保険機構ホームページより

③ ペイオフによる預金切捨て損失の法人税上の取扱い

　従来，金融機関に預け入れられた預金は，貸倒引当金の計上や預金の貸倒損失が想定されていませんでしたが，日本振興銀行㈱の破綻に伴い，2011年2月預金保険機構から国税庁宛ての照会文書の回答が示されました。

これによると，金融機関が破綻し民事再生法において再生手続開始の申立てが行われた場合は，保護対象となっていない部分の50％に相当する金額に達するまでの金額を，貸倒引当金として再生手続開始の申立てがあった日の属する事業年度の損金の額に算入することができる，とされました。

2. 消費税

(1) 現金・預金

　現金や預金の受入，払出行為は対価を得て行われる資産の譲渡等には該当しないため，課税対象外となり，消費税は課されません。

(2) 預金利息の受入

　国内事務所における預貯金等の預金利息は，「利子を対価とする金銭等の貸付け」として非課税取引に該当し，消費税は課されません。

(3) 現金過不足

　現金過不足で生じた内容不明の収益・費用は，事業性をもつものではないことから，課税対象外となり，消費税はかかりません。ただし内容が判明したものについては，それぞれの費用・収益に基づき判断を行います。

(4) 送金・為替・振込手数料

　国内送金に係るものは課税仕入れとなり，消費税が課されますが，海外送金に係るものは「外国為替に係る役務の提供」として非課税取引となり，消費税は課されません。

3. 源泉所得税等

(1) 預金利息に係る源泉所得税等

　内国法人が預貯金の利子を受ける場合には，所得税及び復興特別所得税の源泉徴収の対象となり，これらの収益の支払者が15.315％を源泉徴収しますので，

税額分が控除された金額が入金になります。この 15.315% の所得税等は法人の確定申告において，所得税額控除として法人税額から控除されます。

会計処理上は，下記のように仕訳を行います。

（例）普通預金利子 1,000 円（うち 15.315% は源泉徴収され，ネットで 847 円入金）

（借）普通預金	847	（貸）受取利息	1,000
法人税,住民税及び事業税	153		

収益は源泉前の金額で認識（グロスアップ）し，源泉所得税等は「法人税，住民税及び事業税」勘定もしくは「前払税金」勘定に計上します。

Column 24 暗号資産の会計・税務処理

最近法人においてもビットコイン等の暗号資産（注）を保有することが増えている。これを受けて企業会計基準委員会が暗号資産の会計処理について下記のとおり公表した（2018 年 3 月 14 日　実務対応報告第 38 号「資金決済法における仮想通貨の会計処理等に関する当面の扱い」）。本指針では，交換業者・利用者双方の会計処理を定めているが，ここでは，利用者の処理に絞って紹介する。
（注）2019 年 5 月 31 日に資金決済法・金商法が改正され，「仮想通貨」は「暗号資産」に呼称が変更されている。

1. 利用者が保有する暗号資産の会計処理
（1）暗号資産の範囲
　資金決済法に定める「暗号資産」がその対象となる。円やドルなどの法定通貨や電子マネー，ポイント等はここには含まれない。

(2) 期末における暗号資産の評価

	評価額	評価差額	前期以前の損失処理額
①活発な市場が存在する場合	市場価格	差額は当期の損益として処理	戻入れを行わない（切放し法）
②活発な市場が存在しない場合	取得原価	―	―
③活発な市場が存在しない場合で，かつ，期末における処分見込額が取得原価を下回る場合	処分見込額	差額は当期の損益として処理	戻入れを行わない（切放し法）

・活発な市場が存在する場合とは，「継続的に価格情報が提供される程度に暗号資産取引所・暗号資産販売所において十分な数量及び頻度で取引が行われる場合」をいう。

・市場価格として，暗号資産取引所・暗号資産販売所で取引対象とされている暗号資産の取引価格を用いるときは，保有暗号資産の種類ごとに，通常使用する自己の取引実績の最も大きい暗号資産取引所・暗号資産販売所の取引価格又は気配値等を用いる。

(3) 暗号資産の売却損益の認識時点

暗号資産の売買の合意が成立した時点において認識する（約定日基準）。

2. 開示

(1) 表示

暗号資産の売却を行う場合は，純額（売却収入―売却原価）をP/Lに表示する。

(2) 注記事項

期末に保有する暗号資産のB/S価額の合計額，暗号資産の種類ごとの保有数量及びB/S価額（活発な市場が存在する暗号資産と活発な市場が存在しない暗号資産の別に）

3. 法人税

令和元年度（2019年度）税制改正で暗号資産の取扱いが明確化された。

(1) 期末評価

法人が期末に保有する暗号資産について，以下の区分に応じたそれぞれの方法により評価した金額を期末における評価額とし，①については評価損益を計上する。

①活発な市場が存在する暗号資産（市場暗号資産）…時価法（翌期洗替）

※その市場暗号資産を自己の計算において保有する場合に限る。

なお，令和5年度（2023年度）税制改正で，一定の自己発行暗号資産については，時価法の対象から除外された。

②活発な市場が存在しない暗号資産…原価法

　※会計と異なり，処分見込額での評価は認められない。

(2) 譲渡損益

　・計上日…譲渡に係る契約をした日（約定日基準）

　・譲渡原価の算出方法…移動平均法又は総平均法

　　※一定の届出がない場合は，移動平均法（法定算出方式）

(3) 暗号資産の信用取引

　・期末に決済されていないものがある場合は，みなし決済損益額を計上する（翌期洗替）。

4. 消費税

　暗号資産の譲渡は非課税，課税売上割合の計算上も「支払手段」として計算に含めない。

◆ 内部統制上のポイント

1. 統制環境

(1) 公私混同の排除

　小規模の会社では，経営者の現金と会社の現金とが混同しているケースがありますので，厳格に公私混同を排除する必要があります。

(2) 職務権限規定・現預金管理規程等の整備

　諸規程の整備により，収納・出納管理責任者・担当者の権限，手続を明確化しておく必要があります。

2. リスクの評価と対応

(1) 現金出納管理のリスクの評価

　現金等の入出金には次のようなリスクがあります。

・ 現金過不足

・ 二重払い

・ 領収書を偽造し，収入金額を着服する。

・ 現金・預金の着服

・ 取引先と共謀し，架空取引の請求書の支払を行わせる

・ 小切手の不正発行による横領

(2) 現金出納管理のリスクの対応

① 職務の分離と相互検証

　内部統制上，資産の保管者，承認者，帳簿の記入者を分けることは重要です。現金等の保管者たる出納担当者には，下記の業務の兼務はさせるべきではありません。

・ 支払，支払承認

・ 請求書の発行

・ 売掛債権・買掛債務管理

・ 現金出納帳の記帳

② 領収書の厳重管理

　領収書についても現金同様，保管，発行，承認の担当者を分けて管理する必要があります。未使用の領収書用紙は経理・財務部門の出納責任者が保管し，必要に応じて営業部門に交付します。また領収書は連番管理を行い，管理簿を作成します。また書損じの領収書について，破棄するのではなく，適切な管理下で保管する必要があります。

　さらに，領収書に押印する印鑑も登記印を使用し，主要な取引先にはその印鑑を届出するなど，偽造を防止する必要があります。

3. 統制活動

(1) 現金出納業務マニュアルの整備・運用の徹底

諸規程に盛り込まれない業務手順のようなものについては，業務マニュアルを整備し，それに基づく運用を徹底していく必要があります。

(2) 出納担当者の定期的なローテーション

出納担当者を1名に長期にわたり担当させることは，横領等の不正を生じさせやすいため，担当者を定期的にローテーションで入れ替えるのが望ましいでしょう。

4. 情報と伝達

現金事故が起きた場合は速やかな対応が必要です。非常時のコミュニケーションルートも確保しておく必要があります。

5. モニタリング

(1) 現金・預金残高と帳簿との照合・実査

現場においては，現金取扱者以外の者が現金・預金残高と帳簿との照合を行い，定期的に実査を行うことで牽制をきかせる必要があります。

(2) 支払先（ベンダー）登録先の実査

インターネットバンキングやファームバンキングでは，あらかじめ支払先（ベンダー）の口座情報を登録するマスターがあります。定期的に登録した支払先をリストアップして見直し，取引が終了したものは削除して，常に生きた情報だけを登録するように心がけましょう。また不明な支払先がないか，抜き打ちで実査をすることも重要です。

6. ITへの対応

(1) 銀行振込の推進

　不正予防という観点からは，売上代金等を現金等ではなく，銀行振込に変更してもらうのがベストです。不正・盗難・紛失の防止だけでなく，銀行サイドでの入金記録が可能となり効率性も向上します。

(2) インターネットバンキングにおけるパスワード等の保管

　インターネットバンキングの普及により現金出納業務の効率化が進んだものの，一方でフィッシングやハッキング等のリスクもあります。特にパスワード等の管理には留意し，使用者を制限したり，定期的にパスワードを変更する必要があります。

☞ ズバリ，ここが実務ポイント！

▶現金預金は不正等のリスクが高いため，厳重な管理体制を組むことが必要。現金を会社に置かないことで，経理業務の効率化，内部統制の強化が図れる。

▶現金過不足は頻度・金額によっては税務上否認されることがあるので，留意のこと。

20. 手形・小切手管理

手形とは，記載された金額を，記載された期日に，記載された場所で支払うことを約束した証書であり，振出時に資金がなくても手形を振り出すことができます。中長期的な信用売買を行う点では売掛金と同じですが，支払期日に資金を準備できなかった場合には「不渡り」となり，6カ月以内に二度の不渡りを出すと銀行取引停止処分を受けますので，売掛金よりも資金回収の確実性は高いと言えます。しかし，近年印紙税の負担，盗難・紛失，偽造のリスク，物理的な手渡しの煩雑さ等の要因により手形取引は減少しており，代わって，銀行振込が決済手段の主流となっています。

一方，**小切手**は，小切手法に基づき，銀行等の支払場所において，持ち主（又は名宛人。以下同じ）に対し作成者（振出人）の預貯金口座から券面に記載された金額の支払を約束する証券で，広く支払手段として用いられています。小切手の振出にあたっては，銀行と当座勘定取引契約を締結しなければなりません。口座開設には，銀行の審査が必要となります。これは，小切手は現金同様の経済価値を持つ証券であり，振出人にその決済責任を担いうる経済的な信用が求められるからです。

◆ 業務の流れ

手形・小切手管理には，次の業務があります。

- **受取手形**：手形の受取・決済，残高管理，割引・裏書・不渡等の業務
- **小切手入手**：小切手の受取・決済，残高管理の業務
- **支払手形**：手形の振出・決済，残高管理の業務
- **小切手振出**：小切手の振出・決済，残高管理の業務

1. 受取手形

　販売代金等を手形で受け取る場合，経理・財務部門では下記の業務が発生します。

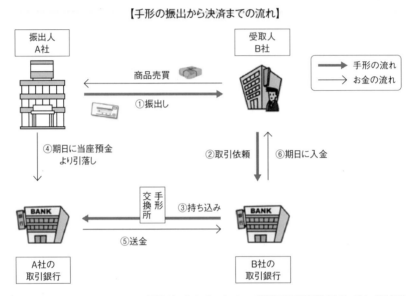

【手形の振出から決済までの流れ】

（出所：ジャスネットコミュニケーションズ㈱「経理の実務学校テキスト　現金・預金」より）

(1) 受取手形入手

　手形取引を実施する場合には現金化できないリスクへの対処につき以下の点に留意する必要があります。

・相手企業の財務内容等の確認（与信調査等）

・決済までの期間の明確化（長すぎないサイト）

・裏書の連続性の確認（形式的に受取人から最後の裏書の被裏書人まで切れ目なく連続していること）

　手形を受け取る場合には，**手形要件**が適切に具備されているかを確認し，**裏書**があった場合は裏書の要件を確認し，法的に有効なものであるかどうかを確かめる。一方で領収書を交付，受取手形台帳を更新し，受取手形仕訳を起票

します。

　また，手形の現物は，不正や盗難・紛失等の事故に備えて金庫へ保管するなど厳重に管理します。手形には，**約束手形**と**為替手形**があります。

KEYWORD

▶**手形要件**：手形用紙に記載されなければ，手形として有効に成立し得ない必要的記載事項のこと。一部の記載要件の欠けた白地手形は，原則として，その後どのような記載をされても振出人に対抗できないため，受け取った手形が白地の場合は，銀行に持ち込む前に自社で補充する必要がある。しかし後々トラブルになることを避けるために，受取時に記載漏れがないかチェックする必要がある。

▶**裏書**：受取手形は満期日に，手形債務者から手形代金を受け取るのが建前であるが，満期日前に，その手形の裏面に必要事項を記入，署名捺印し，手形を他人に譲渡することがきる。これを手形の裏書という。

▶**約束手形**：振出人が，自ら一定の金額を一定の期日に支払うことを約束する手形をいう。

▶**為替手形**：発行者（振出人）が，第三者（支払者）に対して，手形所持人に一定の金額を支払うことを委託した手形をいう。

---

① 領収確認

　担当者は営業債権を手形で受領する際には，顧客別債権管理台帳と手形金額を突合確認した上で，領収書を作成します。

② 手形回収

　担当者は，手形の受領にあたっては，法律に定める手形要件が充足されているかを確認し，手形を回収します。

③ 手形仮計上

　担当者は，受取手形の計上を，漏れや誤りなく仕訳して計上します。

④ 受取手形内容精査

　手形受領時には，担当者は手形の内容について，取引先からの支払通知，自社の発行した請求書等各種証憑書類を検証し，確認します。

　また担当者は月次に受取手形管理台帳と顧客別債権管理台帳を突合し，正しく債権の消込みが行われていることを確認します。

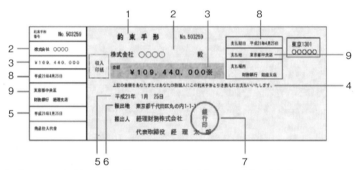

1. 約束手形であることを示す文字	統一手形用紙には，はじめから印刷されています。
2. 受取人の名称	手形を渡す相手を記載します。
3. 手形金額	チェックライターで刻印するか，漢数字で記載します。
4. 支払い約束文句	振出人が手形の所持人に対して手形金額の支払いを約束する文言です。
5. 振出日	手形を振り出した日付を記載します。
6. 振出地	通常，法人の所在地です。
7. 振出人の記名・押印	一般的には記名・押印。（法律上は署名でも可。）
8. 支払期日	支払日（満期日）を記載します。
9. 支払地	支払義務を負う人の所在地（通常は，支払場所として銀行名まで記載。）です。

・**印紙**：手形作成者（振出人）は，印紙税の納税義務者となることから所定の印紙が貼付けられ，消印されているかを確認する。
・**訂正**：訂正がある場合は，2本線で訂正されているか，訂正箇所が正しく記載されているか，訂正印が押されているか等を確認する。なお，手形金額の訂正は実務上認められていないことに留意。

（出所：ジャスネットコミュニケーションズ(株)「経理の実務学校テキスト　現金・預金」より）

(2) 受取手形決済

① 手形取立

　担当者は手形の取立漏れが発生しないよう，受取手形管理台帳により期日管理を確実に行い，取引銀行に取立依頼を実施します。

【手形取立フロー】

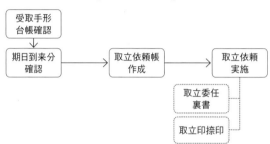

② 入金計上

　手形決済時には，取立事実を踏まえ，入金仕訳を計上します。また月次に受取手形管理台帳と会計帳簿を突合し，計上に漏れや誤りがないかどうか確認します。

(3) 受取手形残高管理

① 受取手形台帳管理

　担当者は手形の受領，取立，決済，割引の際にそれぞれの証憑書類と受取手形管理台帳を突合し，確認します。

② 受取手形期日管理

　担当者は，受取手形の取立漏れが発生しないように，期日別に受取手形管理台帳の残高明細を確認します。

③ 現物照合

　受取手形現物は金庫等にて厳重な管理を行うとともに，毎月，受取手形管理

台帳と現物を照合し，不一致分は徹底的に原因を究明します。

⑷ 手形割引

① 割引手形

　割引実行にあたっては，担当者は手形割引による利息コストと借入による利息コストとを比較考量し，より有利な資金調達方法を選択します。

② 入金計上

　担当者は手形割引事実を踏まえ，入金仕訳を計上します。

KEYWORD

▶**割引**：受取手形は満期日に，手形債務者から手形代金を受け取るのが建前であるが，満期日前に，取引銀行等に買い取ってもらうことを手形の割引という。この場合，割引料として利息相当分を手形金額から差し引かれる。

【手形割引フロー】

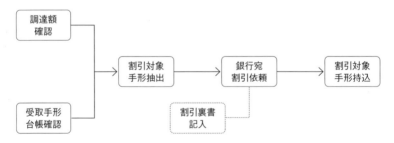

⑸ 不渡り対応

① 不渡り確認

　担当者は，手形決済日には銀行口座への入金状況を確認し，決済対象となる

手形が漏れなく決済されているか確認します。

② 債権保全策策定

　受取手形の**不渡り**が発生した場合，速やかに事実を確認するとともに，各部門と協議の上**債権保全策**を策定，被害の拡大を抑制するよう努める必要があります。債権保全策としては次のような方法があります。

・未払いの債務があるときは，支払をストップします。

・商品の引渡しが完了していない場合は，その商品の引渡しをストップします。

・留置権を行使できる商品等がある場合は，これを確保します。

・担保がある場合は，担保物を処分したり，保証先に請求します。

KEYWORD

▶**不渡り**：不渡りとは，手形・小切手が支払のため呈示されたにもかかわらず，何らかの理由で支払銀行が支払を拒絶したことを言う。不渡りの種類は手形交換所規則に基づき次のとおりであるが，通常「不渡り」とは，1号不渡りを指す。

● **0号不渡り**：形式不備・呈示期間経過後・期日未到来など振出人（又は引受人）の信用に関係のないもの

● **1号不渡り**：取引なし・支払資金の不足など振出人（又は引受人）の信用に関係するもの

● **2号不渡り**：契約不履行・偽造・詐取・盗難・紛失等

　1号不渡りを出すと，手形交換所規則に基づく「不渡り処分」を受け，全金融機関に通知される。6カ月以内に2度の1号不渡りを出すと「銀行取引停止」の処分を受け，この処分を受けると，金融機関と当座預金取引・貸出取引（融資を受けること）が2年間できなくなり，事実上倒産に至る。手形が不渡りになった時には，手形を振り出した者又は自分より前の裏書人に遡求して支払を求めることができる。ただし裏書人に対する請求は，手形が呈示期間内（支払期日＋2銀行営業日）内に銀行へ呈示されていた場合に限られる。

【債権保全フロー】

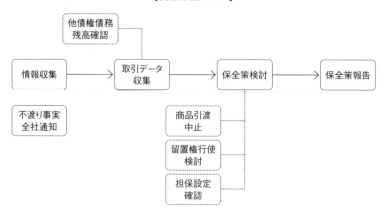

Column 26 受取手形の事故と対策

　盗難・紛失等により手形の呈示ができない場合，手形上の権利は失われていないものの，それを行使することはできない。そのため，手形の振出人に再度手形の発行を依頼する必要があるが，盗難・紛失のあった手形がどこかで流通し，何も知らない善意の第三者が適法かつ重大な過失なしに手形を入手（善意取得），その手形を呈示した場合は，債務者は支払に応じなければならない。従って，下記のような手続をとって，その手形を無効にする必要がある。

・振出人経由で支払銀行へ事故届を提出
・警察に遺失届を提出
・支払地の簡易裁判所へ公示催告の申立
・裁判所より「除権決定」を受け，手形の無効を宣言

受取手形のジャンプ

　受取手形のジャンプ（手形の更改）とは，振出人の資金不足等の理由で，満期日の延長された手形に更改することを言う。手形の更改を依頼されるということ

は，その取引先は資金繰りが切迫している可能性が高いため，慎重な判断が必要である。手形のジャンプの依頼はまず断ることが原則である。また可能な限り取引縮小・停止も併せて講じる必要があろう。しかし，諸事情により断れない場合は，担保をとるようにして債権保全を考える必要がある。

2. 小切手入手

　販売代金等を小切手で受け取る場合，経理・財務部門では下記の業務が発生します。

【小切手の振出から決済までの流れ】

（出所：ジャスネットコミュニケーションズ(株)「経理の実務学校テキスト　現金・預金」より）

(1) 小切手入手

　小切手を収受した場合には，**小切手要件**が適切に具備されているかを確認し，法的に有効なものであるかどうかを確かめます。一方で領収書を交付，小切手台帳を更新し，預金仕訳（**先日付小切手**の場合は「**受取手形**」勘定）を起票します。また，**小切手の呈示**までは，小切手の現物は，不正や盗難・紛失等の事故に備えて金庫へ保管するなど厳重に管理します。

▶**小切手要件：**小切手も手形同様，用紙に記載されなければ，有効に成立し得ない必要的記載事項（小切手要件）が存在する。通常実務では銀行統一小切手用紙を用いる。

▶**先日付小切手：**小切手には通常振出日の日付を記載するが，資金繰りに窮したり，手形の代わりのような形として，時には振出日より数日先の日付を記載した小切手を振り出すことがある。これを先日付小切手と言い，経済実態として手形と同様の性質をもつこととなる。

▶**小切手の呈示：**小切手を資金化するためには，取引銀行への持込（呈示）が必要で，支払呈示期間は，振出日以後 10 日以内となっている（末日が休日のときは翌営業日）。

① 領収確認

　担当者は，営業債権を小切手で受領する際には，顧客別債権管理台帳と小切手金額を突合確認した上で，領収書を作成します。

② 小切手入手

　担当者は小切手の受領にあたっては，小切手要件が充足されているかを確認し，小切手を受領します。

③ 預金勘定計上

　担当者は小切手の入手を，漏れや誤りなく仕訳して計上します。

④ 先日付小切手計上

　担当者は先日付小切手入手時には，先日付小切手の入手を漏れや誤りなく仕訳して計上します。

⑤ 小切手内容確認

　小切手受領時には，担当者は小切手の内容について，取引先からの支払通知，自社の発行した請求書など各証憑書類を検証し，確認します。

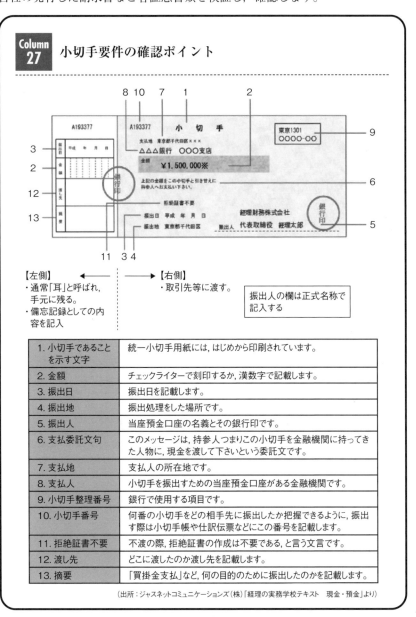

Column 27　小切手要件の確認ポイント

【左側】
・通常「耳」と呼ばれ，手元に残る。
・備忘記録としての内容を記入

【右側】
・取引先等に渡す。

振出人の欄は正式名称で記入する

1. 小切手であることを示す文字	統一小切手用紙には，はじめから印刷されています。
2. 金額	チェックライターで刻印するか，漢数字で記載します。
3. 振出日	振出日を記載します。
4. 振出地	振出処理をした場所です。
5. 振出人	当座預金口座の名義とその銀行印です。
6. 支払委託文句	このメッセージは，持参人つまりこの小切手を金融機関に持ってきた人物に，現金を渡して下さいという委託文です。
7. 支払地	支払人の所在地です。
8. 支払人	小切手を振出すための当座預金口座がある金融機関です。
9. 小切手整理番号	銀行で使用する項目です。
10. 小切手番号	何番の小切手をどの相手先に振出したか把握できるように，振出す際は小切手帳や仕訳伝票などにこの番号を記載します。
11. 拒絶証書不要	不渡の際，拒絶証書の作成は不要である，と言う文言です。
12. 渡し先	どこに渡したのか渡し先を記載します。
13. 摘要	「買掛金支払」など，何の目的のために振出したのかを記載します。

（出所：ジャスネットコミュニケーションズ(株)「経理の実務学校テキスト　現金・預金」より）

【小切手内容精査フロー】

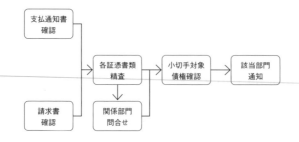

⑵ 先日付小切手残高管理

① 小切手台帳管理

　担当者は先日付小切手の受領，取立等の際にそれぞれの証憑書類と先日付小切手管理台帳を突合し，確認します。

② 小切手現物照合

　小切手現物は金庫等にて厳重に管理を行うとともに，毎月管理台帳と現物を照合し，不一致分は徹底的に原因を究明します。

3. 支払手形

　仕入代金等を手形で支払う場合，経理・財務部門では下記の業務が発生します。

⑴ 支払手形振出

① 支払精査

　担当者は，手形振出に際し，支払内容につき，契約書，請求書等証憑書類を突合し，正しく実体取引が存在することを確認します。

② 支払手形発行

　担当者は手形振出にあたり，契約書，請求書等証憑書類を突合し，手形要件

が漏れや誤りなく充足されているかを確認し，手形を発行します。

③ 支払手形計上

担当者は手形発行の事実を踏まえ，支払手形仕訳を計上します。

④ 領収確認

担当者は受領した領収書につき，宛名書き，金額，領収印，領収日付を確認し，その有効性を確認します。

【支払手形振出フロー】

(2) 支払手形決済

支払期日までに当座預金口座に残高が不足していないかを確認し，期日当日には決済事実を確認，手形決済仕訳の会計伝票を記帳するとともに，支払手形台帳を更新します。

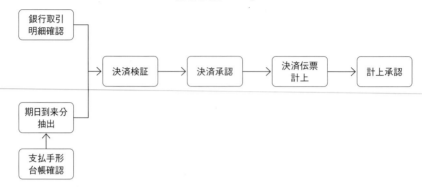

【手形決済フロー】

(3) 支払手形残高管理

① 支払手形台帳管理

担当者は，支払手形の発行，決済の際に，それぞれの証憑書類と支払手形管理台帳を突合し，記載内容，金額を確認します。

② 支払手形期日管理

担当者は，支払手形が漏れなく決済されるように期日別に支払手形管理台帳の残高明細を確認します。

③ 手形帳管理

担当者は，支払手形の振出済分については，毎月支払手形管理台帳と手形帳を照合し，未使用分が存在することを確認します。

4. 小切手振出

仕入代金等を小切手で支払う場合，経理・財務部門では下記の業務が発生します。

(1) 小切手振出

支払内容を精査し，小切手要件を確認した後，小切手を振り出します。小切

手の振出とともに会計伝票を計上します。また，小切手の振出に際し，購買先より領収書を入手し，小切手台帳の管理を行います。また，小切手帳についても，不正・盗難等が発生しないよう厳重に管理を行います。

① 支払精査

担当者は小切手振出に際し，支払内容につき，契約書，請求書等証憑書類を突合し，正しく実体取引が存在することを精査します。

② 小切手発行

担当者は小切手振出にあたり，契約書，請求書等証憑書類を突合し，小切手要件が漏れなく誤りなく充足されているかを確認し，小切手を発行します。

③ 当座預金勘定計上

担当者は小切手の振出や取立の事実を踏まえ，当座預金勘定仕訳を計上します。

④ 領収確認

担当者は受領した領収書につき，宛名書き，金額，領収印，領収日付を確認します。

⑤ 小切手帳管理

担当者は，小切手の振出済分については，毎月管理台帳と小切手帳を照合し，未使用分が全て存在することを確認します。

【小切手振出フロー】

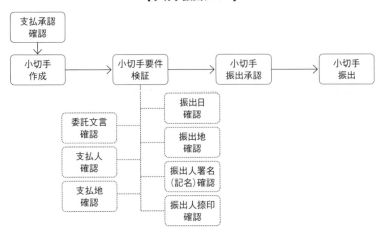

```
Column
28   手形・小切手の電子化の流れ
```

1. 経緯

　紙の手形・小切手は長年我が国の商慣行として，金融面で重要な役割を担ってきたが，社会のデジタル化が進む中で，企業の生産性向上や決済の効率化等の阻害要因になっているという指摘もあり，政府は2026年末までに全国手形交換所における手形・小切手の交換枚数をゼロにすることや，2026年末までに約束手形を廃止する方向性を打ち出した。

2. 施策

　上記の目標をうけ，手形・小切手の全面電子化に向けて銀行・産業界では以下の施策に取り組んでいる。

(1) 電子交換所の設置

　これまで紙の手形・小切手の振り出しがあった場合，全国の手形交換所を経由して人手で搬送していたが，2022年11月以降電子交換所が設置され，原則としてすべての手形・小切手がイメージデータの送受信を通して交換されること

となった。これに伴い，手形・小切手用紙が QR コード付きのものに変更されているところもある。

（2）約束手形の廃止

約束手形による支払いは，現金取引と比べて支払サイトが約2倍と長く，支払期限までに現金化する際の割引率が高い等，他の決済手段と比べて取引上の立場の弱い受注企業に対して資金繰りを負担させる性質が強いことや，約束手形には，紙を取り扱うことによる事務負担・リスクが存在することから，原則として，現金による支払い（銀行振込みを含む）や電子的決済手段（電子記録債権等）へ移行する取り組み（「約束手形の利用の廃止等に向けた自主行動計画」の策定等）が現在行われているところである。

（3）支払サイトの短縮化

また，公正取引委員会・中小企業庁は，下請代金の適正化を図るため，2024年を目途として手形等のサイトを 60 日以内にするよう産業界に要請を行っている。

◆ 会計上のポイント

1. 手形の会計処理

受取手形は債権，支払手形は債務であり，その会計処理は，会社計算規則・金融商品会計基準等に定めがあります。主なポイントは次のとおりです。詳細は，上巻「1.売掛債権管理」を参照ください。

⑴ 受取手形

① 手形の振出時

手形振出時に，債権金額でもって受取手形の発生の認識（貸借対照表への計上）を行います。

② 手形の決済時

手形の決済時に，受取手形の消滅の認識（貸借対照表からの除外）を行います。

③ 決算時

貸倒見積高（貸倒引当金）を算定し，手形の評価を行う必要があります。

④ 手形の割引・裏書時

受取手形はその割引・裏書譲渡時に消滅を認識（貸借対照表からの除外）します。一方で，割引・裏書手形には，最終的に決済されるまで二次的責任を負うリスクが残っていますが，これは保証債務として認識することになります。

つまり，手形を割り引いた場合や裏書した場合，手形割引料を「手形売却損」として処理するとともに，受取手形についての貸倒引当金は割引と同時に取り崩す一方，同額を「保証債務」として捉えます。

⑤ 不渡りが生じた場合

裏書譲渡した手形が不渡りとなった場合，「不渡手形」として認識します。「不渡手形」勘定は裏書人又は振出人に対する償還請求権を示す勘定になります。

(2) 支払手形

(1)と裏腹の関係になります。ただし支払手形の時価評価は行いません。

【手形の一連の会計処理例】

① 約束手形の経理処理

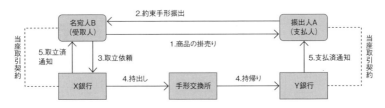

	名宛人(受取人)B	振出人(支払人)A
1.商品掛売時	(売掛金)XXX(売上)XXX	(仕入)XXX(買掛金)XXX
2.約束手形の振出し時	(受取手形)XXX(売掛金)XXX	(買掛金)XXX(支払手形)XXX
3.取立依頼時	仕訳なし	仕訳なし
5.支払(取立)済通知 (満期日)	(当座預金)XXX(受取手形)XXX	(支払手形)XXX(当座預金)XXX

② 為替手形の経理処理(他人宛為替手形)

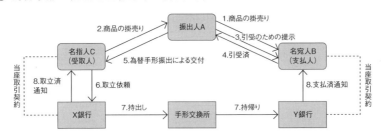

	名指人(受取人)C	振出人A	名宛人(支払人)B
1	仕訳なし	(B売掛金)XXX(売上)XXX	(仕入)XXX(A買掛金)XXX
2	(A売掛金)XXX(売上)XXX	(仕入)XXX(C買掛金)XXX	—
4	仕訳なし	仕訳なし	(A買掛金)XXX(支払手形)XXX
5	(受取手形)XXX(A売掛金)XXX	(C買掛金)XXX(B売掛金)XXX (為手振出義務見返)XXX (為手振出義務)XXX	仕訳なし
8	(当座預金)XXX(受取手形)XXX	(為手振出義務)XXX (為手振出義務見返)XXX	(支払手形)XXX(当座預金)XXX

③ 手形裏書の経理処理

原則的方法

	手形裏書人A	取引先B
1.手形裏書譲渡時	(仕入)×××(受取手形)××× (保証債務費用)×××の○% (保証債務)×××の○%	(受取手形)×××(売上)×××
2.手形決済時	(保証債務)×××の○% (保証債務取崩益)×××の○%	(当座預金)×××(受取手形)×××

- 手形の裏書譲渡した場合, 現金と同様支払手段としての効果がある。ただし, 手形満期日に当該手形が決済されない場合は, 裏書人は振出人に代わって手形代金を支払わねばならない義務を負う。
- この保証債務は, 時価評価した上で会計処理を行う。保証債務は手形の決済により消滅する。
- なお, かつては, 受取手形そのものを裏書譲渡することにより偶発債務が発生するととらえていた。この場合の経理処理は次のとおり。

① 対照勘定を用いる方法

	手形裏書人A	取引先B
1.手形裏書譲渡時	(仕入)×××(受取手形)××× (手形裏書義務見返)××× (手形裏書義務)×××	(受取手形)×××(売上)×××
2.手形決済時	(手形裏書義務)××× (手形裏書義務見返)×××	(当座預金)×××(受取手形)×××

② 評価勘定を用いる方法

	手形裏書人A	取引先B
1.手形裏書譲渡時	(仕入)×××(裏書手形)×××	(受取手形)×××(売上)×××
2.手形決済時	(裏書手形)××× (受取手形)×××	(当座預金)×××(受取手形)×××

④ 手形割引の経理処理

手形受取人Aの処理 　(例)手形100に対し,割引料5,保証債務2%のケース

	原則的な処理	対照勘定	評価勘定
手形割引時	(当座預金)95(受取手形)100 (手形売却損)5 (保証債務費用)2(保証債務)2	(当座預金)95(受取手形)100 (手形売却損)5 (手形割引義務見返)100 　　　　(手形割引義務)100	(当座預金)95(割引手形)100 (手形売却損)5
手形決済時	(保証債務)2 　　(保証債務取崩益)2	(手形割引義務)100 　　(手形割引義務見返)100	(割引手形)100(受取手形)100

- 手形を割り引く場合,支払期日までの日数に相当する利息が手形金額から差し引かれるが,この利息を割引料といい,「手形売却損」勘定で処理する(かつては,支払割引料で処理していた)。
- 手形割引の場合も裏書譲渡のケースと同様,保証債務が生じる。

⑤ 不渡手形の経理処理

1. BはAに商品100を掛売り。
2. BはA振出の約束手形を受け取った。
3. Bは満期日に銀行を通じて取り立てたが,不渡りとなった旨の通知を受け取った。
4. Bは不渡手形について,Aに償還請求を行い,その際支払拒絶証書の作成費用など10の支払をした。
5. 決算が到来し,当該不渡手形に対し,10%の貸倒が見込まれると算定され,貸倒引当金を設定した。
6. Aより手形金額及び諸経費,満期日後の利息10を現金で回収した。

	名宛人(受取人)B	振出人(支払人)A
1.商品掛売時	(売掛金)100(売上)100	(仕入)100(買掛金)100
2.約束手形の振出し時	(受取手形)100(売掛金)100	(買掛金)100(支払手形)100
3.不渡通知受領時	(不渡手形)100(受取手形)100	仕訳なし
4.償還請求時	(不渡手形)10(現金)10	仕訳なし
5.決算時	(貸倒引当金繰入額)11 　　(貸倒引当金)11	仕訳なし
6.代金等回収時	(現金)120(不渡手形)110 　　(受取利息)10	(支払手形)100(現金)120 (諸費用)10 (支払利息)10
7.決算時	(貸倒引当金)11 　　(貸倒引当金戻入額)11	仕訳なし

2. 小切手の会計処理

(1) 勘定科目の留意点

- 小切手の振出：当座預金からの支払を意味しますので、「当座預金」勘定の減少として処理します。
- 他人振出小切手の受取：通貨と同じ役割をもつことから「現金」勘定に計上します。送金小切手や預金小切手も、同じく「現金」勘定に計上します。
- 自己振出小切手の受取：振出時の「当座預金」勘定の減少を取り消す意味で「当座預金」勘定の増加として処理します。
- 先日付小切手：手形と同性質をもつことから、「受取手形」勘定で処理します。
- 不渡小切手：「不渡小切手」勘定又は「不渡手形」勘定に計上します。

(2) 小切手の流れと経理処理

【小切手の経理処理】

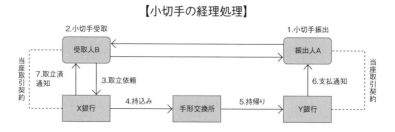

	受取人B	振出人A
1.小切手振出時	仕訳なし	(買掛金)XXX (当座預金)XXX
2.小切手受取時	(現金)(※)XXX (売掛金)XXX	仕訳なし
3.取立依頼時	(当座預金)XXX (現金)XXX	仕訳なし

(※)受取人Bにとって、Aが振り出した小切手(他人振出小切手)は「現金」勘定で経理処理を行う。ただし、自己振出小切手(Bが振り出した小切手)を受け取った場合は、「当座預金」勘定(すでに当座預金を減少させているため)で経理処理を行う。また先日付小切手(振出日より数日先の日付を記載した小切手)を受け取った場合は、手形の性質をもつことから、「受取手形」勘定で処理する。

◆ 税務上のポイント

1. 法人税

⑴ 手形の貸倒れ

　法人税法上，不渡手形・不渡小切手の貸倒引当金の設定又は貸倒損失の時期が実務上問題になりやすいと思われます。貸倒引当金，貸倒損失に関しては，現実問題として金銭債権が回収不能に陥っているかどうかの事実認定をめぐって，税務上トラブルになるケースが少なくありません。

　上巻「1.売掛債権管理」の中で説明しましたように税法等の定めに則り判断することになりますが，税務上は，通達によって貸倒れの判定基準を示していますので，実務上はこれに基づき貸倒れの判定をすることとなります。

　例えば，受取手形が不渡りになった場合，2回の不渡りで事実上倒産ということになりますが，税務上は，貸倒損失処理を直ちにすることができません。法律上の貸倒れでない限り，1年経た後でないと，貸倒損失として損金計上できません。詳細は，上巻「1.売掛債権管理」を参照ください。

2. 消費税

　下記は主な手形・小切手取引に係る消費税法等の取扱いになります。

⑴ 受取手形・小切手の取得

　消費税法上，手形や小切手は現金等同様支払手段になりますので，受取手形や小切手の取得は課税対象外の取引となります。

⑵ 受取手形の決済

　受取手形の決済も単なる代金決済取引であるため，課税対象外取引となります。ただし，金融機関に取立依頼をした場合の取立手数料は，サービスの対価になり，支払う側では，課税仕入れとなります。

(3) 受取手形の割引

受取手形を金融機関で割り引いた場合，手形割引自体は「金銭債権の譲渡」として非課税取引となります。なお，手形割引の対価は非課税売上げとなりますが，支払手段であるため，課税売上割合を計算する際の非課税売上高には算入しません。

また，手形割引料は「利子を対価とする金銭の貸付け」として非課税取引になります。一方，手形割引の際，金融機関が割引料の他に別途徴収する手数料はサービスの対価として，支払う側で課税仕入れに該当します。

(4) 受取手形の裏書

受取手形を裏書譲渡した場合も，「金銭債権の譲渡」として非課税取引となります。なお，手形裏書の対価は非課税売上げとなりますが，支払手段であるため，課税売上割合を計算する際の非課税売上高には算入しません。

3. 印紙税

(1) 約束手形・為替手形

約束手形・為替手形は 10 万円以上から金額に応じて印紙税が課されます（課税文書 3 号）。

(2) 小切手

課税物件表に記載がないため，印紙税はかかりません。

 Column 29 電子記録債権（でんさい）

----

1. 電子記録債権（でんさい）とは

電子記録債権は，2008 年 12 月 1 日の電子記録債権法施行により，事業者の資金調達の円滑化等を図るために創設された新しい類型の金銭債権であり，電

子債権記録機関の記録原簿への電子記録をその発生・譲渡等の要件とする，既存の指名債権や手形債権などとは異なる新たな金銭債権のことをいう。

電子記録債権は，既存の手形と同様，その譲渡には善意取得や人的抗弁の切断の効力などの取引の安全を確保するための措置が講じられており，これにより事業者は，企業間取引などで発生した債権の支払に関して，インターネット（パソコン）やFAXなどで電子記録を行うことで，安全・簡易・迅速にその債権の発生・譲渡等を行うことができる。

2. 電子債権記録機関とは

電子債権を記録・管理する機関のことで，全銀協が設立した全銀電子債権ネットワーク（でんさいネット）などがある。

3. 手形・売掛債権との違い

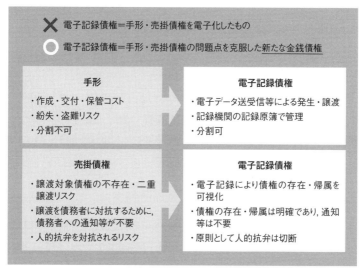

（出典：でんさいネットのホームページより）

4. 電子記録債権の取引内容

（1）電子記録債権の発生

債権者と債務者の双方が電子債権記録機関に「発生記録」の請求を行い，これによって電子債権記録機関が記録原簿に「発生記録」を行うことで，「電子記録

債権」が発生する。

(2) 電子記録債権の譲渡

譲渡人と譲受人の双方が電子債権記録機関に「譲渡記録」の請求を行い，これによって電子債権記録機関が記録原簿に「譲渡記録」を行うことで，「電子記録債権」を譲渡できる。

(3) 電子記録債権の消滅

金融機関を利用し，債務者口座から債権者口座に払込みによる支払が行われた場合，電子記録債権は消滅し，電子債権記録機関は金融機関から通知を受けることによって遅滞なく「支払等記録」を行う。

5. 会計処理

企業会計基準委員会より「電子記録債権に係る会計処理及び表示についての実務上取扱い」（実務対応報告第27号）が公表されており，主なポイントは次のとおり。

・会計処理は原則として「受取手形」「支払手形」の場合と同じ。

・表示科目は，重要性が乏しい場合を除いて「電子記録債権」「電子記録債務」という勘定科目を使用。

・ただし，証書貸付や手形貸付等に該当する場合は，現行の会計制度と同様に「貸付金」「借入金」等として表示（「電子記録債権・債務」勘定は使用せず）。

・譲渡記録により当該電子記録債権を譲渡する際に，保証記録も行っている場合には，受取手形の割引高又は裏書譲渡高と同様に，財務諸表に注記を行う。

6. 印紙税

電子記録債権は，有価証券（財産的価値のある権利を表彰する証券）には該当しないことから，取引の相手方に交付する「電子記録債権の受領に関する受取書」は原則として第17号の1文書には該当せず，非課税となる。

◆ 内部統制上のポイント

1. 統制環境

●職務権限規定・規程等の整備

諸規程の整備により，管理責任者・担当者の権限，手続を明確化しておく必要があります。

2. リスクの評価と対応

手形・小切手には現金管理同様，次のようなリスクがあります。

(1) 手形・小切手の紛失・着服・不正発行等のリスク

［対応策］

① 職務の分離と相互検証

現金管理同様，内部統制上，資産の保管者，承認者，帳簿の記入者を分けることは重要です。

② 手形帳・小切手帳の厳重管理

手形帳・小切手帳についても現金同様，保管，発行，承認の担当者を分けて管理する必要があります。またこれらの購入に際しては，誰もが入手できないよう所定の責任者の承認を得るようにします。購入後は，管理台帳を用意するとともに，控えには一連番号を付けます。手形帳・小切手帳も厳格に金庫等で管理を行います。また不要・長期未使用の手形帳はその管理が杜撰になりがちなので，規定を整備し，定期的に処分をするようにします。さらに，取消しや書き損じの手形は，不正使用を防ぐためにも，会社控えと一緒に保管しておきます。

③ 小切手振出にあたっての線引き小切手の推進

線引き小切手とは，盗難・紛失等を防ぐために考案された小切手であり，小

切手用紙の表面に2本の平行線を引いたものです。原則，現金での支払ができず，銀行への振込に限られ，持参人の銀行口座へ入金されるので，不正使用等の防止になります。なお，線引き小切手には，一般線引き小切手と特定線引き小切手の2種類があります。

● 一般線引き小切手：取立依頼銀行の指定がないもの。

● 特定線引き小切手：取立依頼銀行の指定があるもの。

【特定線引き小切手サンプル】

④ 支払先の信用が不明な場合の預金小切手の推進

　預金小切手とは，銀行などの金融機関が自己を支払人として振り出す小切手をいいます。銀行が振出人であることから，支払が確実で安全性が高いと考えられています。このため信用力のない場合や高額取引等で利用されています。トラベラーズチェックもこれに該当します。

(2) 決済日に支払がされない，もしくは現金化されないリスク

［対応策］

● 期日別管理の徹底

　受取手形期日別管理表などを作成し，期日には必ず資金化できるよう，期日別管理を行う必要があります。また，定期的に受取手形管理台帳と取立通帳を突合し，取立てに漏れがないことを確認することも大切です。

　小切手の場合は，資金不足のリスクを回避するため，当座貸越契約を事前に締結しておくことも大切です。

3. 統制活動

(1) 手形・小切手管理業務マニュアルの整備・運用の徹底

　諸規程に盛り込まれない業務手順のようなものについては，業務マニュアルを整備し，それに基づく運用を徹底していく必要があります。

(2) 担当者の定期的なローテーション

　担当者を1名に長期にわたり担当させることは，横領等の不正を生じさせやすいため，担当者を定期的にローテーションで入れ替えるのが望ましいでしょう。

4. 情報と伝達

　手形・小切手事故が発生した場合は速やかな対応が必要です。非常時のコミュニケーションルートも確保しておく必要があります。

5. モニタリング

●手形・小切手残高と帳簿との照合・実査

　現金同様，現場においては，現金・預金残高と帳簿との照合を徹底します。印紙税の関係で，大きな金額の手形は分割して発行されることもありますので，合計額と回収予定金額との一致の確認が必要です。また回収手形と領収書控えとの照合も必要となります。

　さらに，定期的に実査を行うことで牽制をきかせる必要があります。

6. IT への対応

●銀行振込の推進

　不正予防という観点からは，売上代金等を手形ではなく，銀行振込に変更してもらうのがベストです。不正・盗難・紛失の防止だけでなく，銀行サイドでの入金記録が可能となり効率性も向上します。

●ソフトウェアの利用

　手形台帳はなるべくソフトウェアを使って管理します。担当者のみにアクセス権限を与え，上司が定期的にチェックすることで，不正等の防止につながります。また，定期的にパスワードの変更も必要です。

ズバリ，ここが実務ポイント！

▶手形・小切手も盗難・紛失・不正等のリスクが高いため，厳重な管理体制を組むことが必要。なるべく手形取引から銀行振込に移行することで，経理業務の効率化，内部統制の強化が図れる。

▶手形のジャンプ，先日付小切手はなるべく受けない。

▶手形を裏書譲渡した場合，最終的に決済されるまでは，偶発債務が残ることになる。

▶手形が不渡りになっても，税務上直ちに貸倒損失処理はできないことに注意。

---

21. 有価証券管理

　企業は取引関係強化の一環で取引先の株式を取得したり，資金の効率的運用の観点からも有価証券に投資したりします。

　有価証券の代表的なものに，株式・債券・投資信託がありますが，これに限りません。昨今は，証券化等の技法が進展し，従来にはなかったような金融商品が生まれていますが，自社にとって許容可能なリスクとリターンを勘案しながら投資判断をしていく必要があります。逆に言いますと，これらリスクとリターンを見る眼がなければ，決して有価証券には投資してはいけないことを肝に銘じておく必要があります。

　有価証券を選択するにあたっては，通常下記の3つの選択基準があります。

① **収益性**：収益がどれほど得られるか。

② **安全性**：元本・利息がどれほど確実に受け取れるか。

③ **流動性**：どれほど容易に換金できるか。

　これらの3つの基準を全て満たす金融商品は現実的には存在しません。概して収益性が高ければ安全性・流動性は低く，安全性・流動性が高ければ収益性は低くなります。

　また，有価証券の主なリスクとしては，次のようなものがあります。

● **価格変動リスク**：金融商品の価格が，それを売買している市場において需給関係等から変動し，時価が購入時の価格に比べて安くなり，売却すると損失が出る可能性があることを指します（逆に時価が高くなり売却益が出ることがあります）。

● **為替変動リスク**：価格変動リスクの一種で，外国為替相場の変動に起因する価格変動リスクを意味します。外貨預金や外貨建債券等を購入する場合に注意しなければいけないリスクです。

● **信用リスク**：預金を預けている金融機関，債券・株式等の発行体である企業

等の経営状態が悪化ないし破綻して，手持ちの金融商品（預金，債券，株式等）の価値が下がってしまい，最悪の場合，無価値になってしまう可能性を指します。

●**流動性リスク**：資金が必要なとき，保有している金融商品がどのくらい換金あるいは売却しやすいかの目安です。

●**金利変動リスク**：金利の変動により，受けるべきメリットや損失が増減する可能性を指します。

●**インフレリスク**：物価の上昇により貨幣価値が下落する可能性を指します。

　これらのリスクを，先の３つの基準（**収益性，安全性，流動性**）でみてみると，価格変動リスク，為替変動リスク，信用リスク，金利変動リスクが小さいことが安全性の高さに，また流動性リスクが小さいことが流動性の高さにつながります。また，収益性はいわゆる投資に対するリターンに相当します。したがって，**リスク**（安全性，流動性）と**リターン**（収益性）には密接な関係があります。つまりリスクが大きければリターンは高く（ハイリスク・ハイリターン），リスクが小さければリターンは低い（ローリスク・ローリターン）という関係があるのが一般的です。

◆ 業務の流れ

　「経理・財務サービス・スキルスタンダード」では，大きく有価証券管理業務を中期運用，短期運用，投資，残高管理，売却，評価，受取配当金管理の７つの区分に分けて業務を解説していますが，時系列で考えますと，次のように区分できます。こういった時系列の業務を理解した上で，「経理・財務サービス・スキルスタンダード」の区分をみていくとより理解が進むことでしょう。本書ではこの流れで説明します。

| 購入 | 期中管理 | 売却 | 期末管理 |

【有価証券管理業務の流れ】

1.購　入

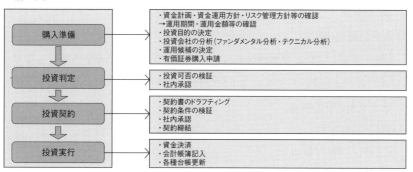

2.期中管理

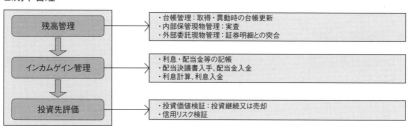

3.売　却

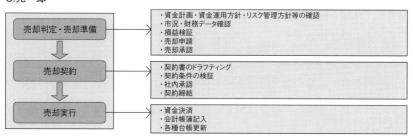

4.期末管理

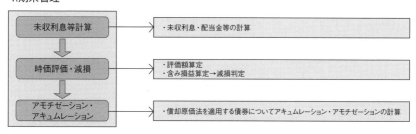

1. 購　入

(1) 購入準備

① 資金計画の確認

　会社が策定している資金計画をもとに，運用期間・運用金額を確認します。

② 資金運用方針の確認

　頻繁に資金運用を行う場合には，あらかじめ資金運用方針を定めておく必要があります。資金運用方針には，運用の目的，運用の目標，資産構成割合，運用受託機関・資産管理機関の選定・評価基準等を盛り込みます。

③ 金融商品の選択

　資金運用方針に沿ったリスク許容度を満たす期待リターンを得られる金融商品の選択を行います。

④ 投資対象の選定

　具体的な投資銘柄を選定するにあたって，投資分析を行います。分析手法としては次の手法があります。

(a) ファンダメンタル分析

　企業の業績・財務内容等の基礎的条件をもとに分析します。後述の分析指標を用い，企業の理論的価値を計測し，株価と計測値とを比較し，評価します。

(b) テクニカル分析

　過去の株価の推移，現在の株価から，将来の株価を予測し評価します。主に，株価の動きをグラフ化した「チャート」を用い，値動きのパターンを分析し，株価を予測します。

(2) 投資判定

　投資対象の確定後，投資先の財務データの収集等を行い投資による収益性・安全性等を検証し，投資可否等を検証します。自社に想定外の損失を与えるリ

スクを防ぐため，あらかじめ投資基準を定めておく必要があります。

【株式投資における主な分析指標】

指　標	計算式	判　断
①自己資本比率（％）	（自己資本÷総資産）×100	高いほど安全性が高い
②有利子負債比率（％）	（有利子負債÷自己資本）×100	低いほど安全性が高い
③インタレスト・カバレッジ・レシオ（倍）	事業利益÷金融費用 ※事業利益＝営業利益＋受取利息・配当金＋有価証券利息 ※金融費用＝支払利息・割引料＋社債利息	高いほど安全性が高い
④株式利回り（配当利回り）（％）	（1株当たり配当年額÷株価）×100	株価が高いと低くなる
⑤株価収益率（倍）（PER：Price Earnings Ratio）	株価÷1株当たり当期純利益（EPS） ※EPS＝当期純利益÷発行済株式総数	高いほど株価が割高
⑥株価純資産倍率（倍）（PBR：Price Book-value Ratio）	株価÷1株当たり純資産（BPS） ※BPS＝（資産－負債）÷発行済株式総数	PBRが1倍ということは，その企業の株価が資産価値（解散価値）と同水準であることを意味する
⑦EV／EBITDA倍率（倍）	EV（企業価値）÷EBITDA（金利・税金・償却前利益） ※EV＝時価総額＋有利子負債－現預金・短期有価証券 ※EBITDA＝税引前当期純利益＋支払利息＋減価償却費	高ければ株価は割高を意味する ⑤より各国の会計基準の相違を極力抑えたものとなっている
⑧自己資本利益率（％）（ROE：Return On Equity）	（当期純利益÷自己資本）×100 ※自己資本＝純資産－（新株予約権＋非支配株主持分）	高いほど収益力がある
⑨売上高営業利益率（％）	（営業利益÷売上高）×100	高いほど収益力がある
⑩総資産利益率（％）（ROA：Return On Assets）	（当期純利益÷総資産）×100	高いほど収益力がある

(3) 投資契約

　有価証券購入申請書を作成し，社内決裁手続に則り申請・承認を得ます。その後，証券会社等金融商品取引業者と売買手続きに入り，契約の締結を行います。

(4) 投資実行

　発注後，支払手続きに則り，精算の後，有価証券購入の伝票を起票し，有価証券台帳を更新します。現物は通常は保護預かりにしますが，社内で保有するような場合は，社内規程に則り厳重な管理を行います。

2. 期中管理

(1) 有価証券残高管理

　有価証券台帳を整備し，残高管理を行います。また現物と帳簿との照合を定期的に行います。保護預かり等外部保管を委託している場合も，保管先より証明書を発行してもらい，照合するとともに，実査も行います。

(2) インカムゲイン管理

　インカムゲインとは，有価証券利息・配当金等を指します。期中，利息・配当金の入金予定をスケジュール化しておきます。入金後は所定の手続の上，確認・伝票計上を行います。

(3) 投資先評価

　期中，投資先企業の評価を継続的に行い，投資継続の可否を判定します。

【投資先評価フロー】

市況価格情報確認 → 投資価値検証
財務データ確認 → 投資価値検証
格付データ確認
取引状況確認 → 信用リスク検証
調書等情報収集 → 信用リスク検証

投資価値検証 → 検証報告
信用リスク検証 → 検証報告

3. 売　却

(1) 売却判定・売却準備

　資金計画や資金運用方針等を確認し，市況・財務データ等をみながら売却銘柄を抽出し，損益の検証を行い，売却の判定を行います。

(2) 売却契約

　有価証券売却申請書を作成し，社内決裁手続に則り申請・承認を得ます。その後，証券会社等金融商品取引業者と売買手続きに入り，契約の締結を行います。

(3) 売却実行

　発注後，精算の後，有価証券売却の伝票を起票し，有価証券台帳を更新します。社内で現物を保有している場合は，所定の手続を経て出庫した後，引渡しを行います。

4. 期末管理

(1) 未収利息等の計算

　有価証券台帳より，期中保有有価証券に関する未収利息・配当金等を計算，伝票計上を行います。

(2) 時価評価・減損

　時価評価対象の有価証券については，決算日の時価を算定し，伝票の計上を行います。また，時価評価対象外の有価証券についても，減損の判定を行い，所定の手続に則り減損処理を実行します。

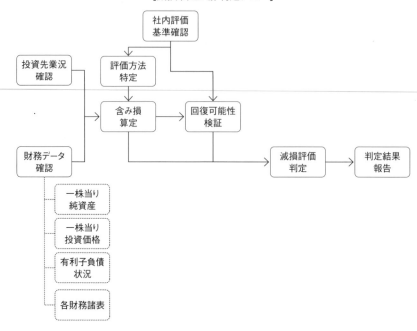

【減損（未上場）判定フロー】

(3) アキュムレーション・アモチゼーション

　償却原価法を採用している債券については，アキュムレーション・アモチゼーションの計上・伝票計上を行います。

KEYWORD

▶**アキュムレーション・アモチゼーション**：額面金額と異なる価格で取得した債券を，償還までの期間に応じて利益又は損失計上して帳簿価額の変更を行うこと。取得価格＜額面の場合で利益を期間配分することをアキュムレーション，取得価格＞額面の場合で損失を期間配分することをアモチゼーションという。

◆ 会計上のポイント

　有価証券は金融商品に該当することから，会社計算規則，金融商品会計基準，金融商品に関する実務指針等に従って会計処理を行うことになります。

1. 有価証券の発生の認識

(1) 発生の認識

　有価証券等金融資産の発生の認識（貸借対照表への計上）は，契約締結時において行います（約定日基準）。しかし修正受渡日基準によることも認められています。

KEYWORD

▶**修正受渡日基準：**修正受渡日基準とは，買手は約定日から受渡日までの時価の変動のみを認識し，また，売手は売却損益のみを約定日に認識する方法。

---

(2) 当初認識時の測定

　金融資産は時価（後述）により測定します。また取得時における付随費用は，取得した金融資産の取得価額に含めます。例えば株式を低廉で譲り受けた場合，時価と対価の差額は受贈益として収益計上しなければなりません。

2. 有価証券の消滅の認識

(1) 原　則

　金融資産の場合は次のいずれかのときに，消滅を認識（貸借対照表から除外）しなければなりません。

┌───┐
│ ① 契約上の権利を行使したとき   │
│ ② 権利を喪失したとき   │
│ ③ 権利に対する支配が他に移転したとき   │
└───┘

　なお，金融資産の消滅の認識については，次の2つのアプローチがあります。

① リスク・経済価値アプローチ

　金融資産のリスクと経済価値のほとんど全てが他に移転した場合に，金融資産の消滅を認識する方法

② 財務構成要素アプローチ

　金融資産には財務構成要素がいくつも存在し，その一部に対する支配が他に移転した場合に，その移転した財務構成要素部分の消滅を認識し，残りの財務構成要素は引き続き存続を認識するという方法

(2) 有価証券の売却のケース

　通常の有価証券の売却のケースですと，原則として約定日に全部の支配が移転するものと考えられますので，約定日に貸借対照表から除外することになりますが，修正受渡日基準も認められています。

3. 利息・配当の収益認識時期

(1) 株式配当

① 市場価格のない株式

● 原則（権利確定基準）：発行会社の株主総会，取締役会等の配当決議の効力が発生した日に「未収配当金」を計上します。

● 容認（現金基準）：継続適用を前提に，配当金の入金日に収益を認識することが認められています。

② 市場価格のある株式

● 原則（配当落ち日基準）：配当落ち日に公表予想配当額に基づき「未収配当金」を見積計上します。

●容認：「市場価格のない株式」と同様の処理が認められています。

(2) 債券利息

発生主義により期間損益計算を行い，「未収利息」を計上します。

4. 有価証券の保有目的による区分とその評価方法

有価証券は保有目的により評価方法が異なることから，厳密に目的ごとの管理が必要になります。通常，取締役会に付議します。

(1) 保有目的による区分

① 売買目的有価証券

時価の変動により利益を得ることを目的として保有する有価証券をいい，いわゆるトレーディング目的の有価証券のことをいいます。ここへの分類にあたっては，有価証券の売買を業としていることが定款上明らかであり，かつ，トレーディング業務を日常的に遂行し得る人材から構成された独立の専門部署によって保管・運用されていることが望ましいとされています。しかし，これらの要件を満たさなくても，有価証券の売買を頻繁に繰り返している場合は，ここに区分します。

② 満期保有目的の債券

満期まで所有する意図をもって保有する社債その他の債券のことをいいます。この区分にあっては，下記要件を満たす必要があります。

・あらかじめ償還日が定められており，額面金額による償還が予定されていること

・経営者に満期まで保有する積極的な意思があり，満期まで保有が可能であること

③ 子会社株式及び関連会社株式

支配力基準・影響力基準によって子会社又は関連会社と判定された株式のことをいいます（上巻「10. 連結決算業務」参照）。

④ その他有価証券

上記3つの区分以外の有価証券。長期的な価格の変動を利用して利益を得る目的の株式やいわゆる持ち合い株式はここに区分されます。

(2) 評価方法

金融商品会計基準・中小企業会計指針では，以下の保有目的区分で評価を行います。

【会計上の有価証券の評価基準】

保有目的		評価基準	評価差額の処理	減損処理
売買目的有価証券		時価評価	当期の損益としてP/Lに計上	―
満期保有目的の債券		償却原価	―	①時価のあるもの →時価まで評価減 ②市場価格のない株式等 →実質価額まで評価減
子会社株式・関連会社株式		取得原価	―	
その他有価証券	市場価格のない株式等	取得原価（償却原価）	―	
	上記以外	時価	①全部純資産直入法 税効果を考慮後，純資産の部に計上（注） ②部分純資産直入法 ・評価損→当期の損失 ・評価益→①と同様純資産の部に計上	時価まで評価減（P/L）

(注) 連結財務諸表上は，その増減分を「その他の包括利益」として包括利益計算書に含める。

126

Column 30 子会社株式・関連会社株式・自己株式

連結財務諸表上は，原則，**子会社株式**は連結決算で投資と資本の相殺処理により消去され，**関連会社株式**は持分法で評価されることとなる。

自己株式の取得は，株主に対する会社財産の払戻しの性格を有していると考えられるので，取得原価で純資産の部の株主資本から控除する。なお，自己株式に係る付随費用は，自己株式等会計基準に基づき，取得価額に含めず，営業外費用として処理する。

(3) 保有目的区分の変更

有価証券保有目的区分は，資金運用方針の変更や特定の状況の発生に伴って保有目的区分を変更する場合等，「正当な理由」があった場合しか変更することができません。変更にあたっては，通常取締役会の決議を経るようにします。

(4) 時価

時価算定会計基準及び同適用指針により次の通り定められています。

① 時価の定義

時価とは，算定日において市場参加者（注1）間で秩序ある取引（注2）が行われると想定した場合の，当該取引における資産の売却によって受け取る価格又は負債の移転のために支払う価格をいいます。つまり，入口価格ではなく，出口価格を指しています。

(注1) 市場参加者とは，資産又は負債に関する主要な市場又は最も有利な市場において，次の要件のすべてを満たす買手及び売手をいう。
①互いに独立しており，関連当事者ではないこと，②知識を有しており，すべての入手できる情報に基づき当該資産又は負債について十分に理解していること，③当該資産又は負債について，取引を行う能力があること，④当該資産又は負債について，他から強制されるわけではなく，自発的に取引を行う意志があること
(注2) 秩序ある取引とは，資産又は負債の取引に関して通常かつ慣習的な市場における活動ができるように，時価の算定日以前の一定期間において市場にさらされていることを前提として取引をいう。

② 時価の算定単位

　資産又は負債の時価を算定する単位は，原則として，それぞれの対象となる資産又は負債に適用される会計処理又は開示によります。

③ 時価の算定方法

●評価技法

　時価の算定にあたっては，状況に応じて，十分なデータが利用できる評価技法を用います。評価技法は毎期継続して適用しなければなりません。評価技法としては，例えば次のようなものがあります。

【主な評価技法】

評価技法	内容	例
マーケット・アプローチ	同一又は類似の資産又は負債に関する市場取引による価格等のインプットを用いる評価技法	倍率法，主に債券の時価算定に用いられるマトリックス・プライシング等
インカム・アプローチ	利益やキャッシュ・フロー等の将来の金額に関する現在の市場の期待を割引現在価値で示す評価技法	現在価値技法，オプション価格モデル等
コスト・アプローチ	資産の用役能力を再調達するために現在必要な金額に基づく評価技法	

●インプット

　インプットとは，市場参加者が資産又は負債の時価を算定する際に用いる仮定のことで，時価の算定に用いるインプットは，次の順に優先的に使用します。

【インプット】

分類	観察可能性	定義	留意点
レベル1	観察可能なインプット（＊1）	時価の算定日において，企業が入手できる活発な市場における同一の資産又は負債の相場価格であり調整されていないもの	レベル1のインプットを決定するにあたっては，次の点を考慮する。 ①当該資産又は負債に係る主要な市場，あるいは，主要な市場がない場合には当該資産又は負債に係る最も有利な市場 ②当該資産又は負債に関する取引について，時価の算定日に企業が主要な市場又は最も有利な市場において行うことができる場合の価格
レベル2		資産又は負債について直接又は間接的に観察可能なインプットのうち，レベルのインプット1以外のもの	レベル2のインプットには，例えば，次のものが含まれる。 ①活発な市場における類似の資産又は負債に関する相場価格 ②活発でない市場における同一又は類似の資産又は負債に関する相場価格 ③相場価格以外の観察可能なインプット ④相関関係等に基づき観察可能な市場データから得られる又は当該データに裏付けられるインプット
レベル3	観察できないインプット（＊2）	資産又は負債について観察できないインプット	レベル3のインプットを決定するにあたっては，その状況において入手できる最良の情報を用いる。この際，企業自身のデータを用いることができるが，合理的に入手できる情報により次のいずれかの事項が識別される場合には，当該企業自身のデータを調整する。 ①他の市場参加者が異なるデータを用いること ②他の市場参加者が入手できない企業に固有の特性が存在すること

（＊1）観察可能なインプットとは，入手できる観察可能な市場データに基づくインプットをいう。

（＊2）観察できないインプットとは，観察可能な市場データではないが，入手できる最良の情報に基づくインプットをいう。

● 第三者から入手した相場価格の利用

　取引相手の金融機関，ブローカー，情報ベンダー等，第三者から入手した相場価格が会計基準に従って算定されたものであると判断する場合には，当該価格を時価の算定に用いることができます。

5. 減損処理

会計上の減損は，金融商品会計基準・同実務指針に従って下記のとおり判定するルールがあります。

⑴ 時価のある有価証券

・「時価の著しい下落」と「回復可能性」の2つの視点で判定

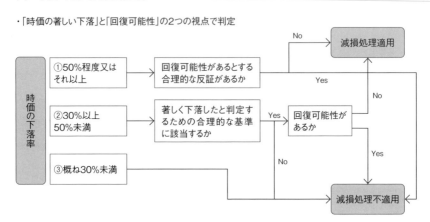

さらに，「回復可能性」の検討については，下記の点に留意する必要があります。

① 株式の場合

「回復可能性がある場合」とは，株価の下落が一時的なものであり，期末日後概ね1年以内に時価が取得原価にほぼ近い水準まで回復する見込みのあることを合理的な根拠でもって予測できる場合をいいます。

② 債券の場合

単に一般市場金利の大幅な上昇によって時価が著しく下落した場合があっても，いずれ時価の下落が解消すると見込まれるときは，回復する可能性があるものと認められますが，格付けの著しい低下があった場合や債券の発行会社が債務超過や連続して赤字決算の状態にある場合など信用リスクの増大に起因して時価が著しく下落した場合には，通常は回復する見込みがあるとは認められないとされています。

⑵ 市場価格のない株式等

「実質価額の著しい下落」で判断します。市場価格のない株式等の減損処理については，時価のある有価証券とは異なり，実質価額の回復可能性は減損処理の要否の判定要件とはされていません。しかし，子会社・関連会社等の場合には，事業計画等を入手することが可能であり，回復可能性が十分な証拠によって裏付けられるのであれば，減損処理をしないことも認められています。

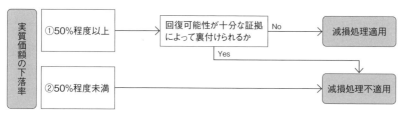

（注）実質価額＝1株当たりの時価ベースの純資産額×保有株数

⑶ 投資損失引当金

市場価格のない子会社株式等については，減損処理の対象にはならない下記のような場合でも，健全性の観点から「投資損失引当金」の計上ができます。

・実質価額の低下が著しくない場合

・実質価額の低下は著しいが，回復可能性が見込まれる場合

6. 有価証券取引の一連の経理処理例

⑴ 購入時

債券の購入のケース（「その他有価証券」のものとする）

● 原則として約定日に認識する。

● 購入時の委託手数料は取得価額に含める。

　・税込処理の場合→消費税も取得価額に算入

　・税抜処理の場合→消費税は「仮払消費税」勘定へ区分経理

● 購入のための通信費・名義書換料は一時の損金とできる。

● 経過利息

　・原則：「前払金」勘定で処理し，利息受入時に相殺。

・容認：取得価額に含める。

① 約定日―有価証券の発生を認識

(借) その他有価証券※1	×××	(貸) 未　払　金	×××
前　払　金※2	×××		
名義書換費※3	×××		
仮払消費税※4	×××		

※1　付随費用を含める
※2　経過利息
※3　損金経理した場合
※4　手数料等に係る消費税

② 受渡日

| (借) 未　払　金 | ××× | (貸) 現　預　金 | ××× |

(2) 利息受取時

債券のケース

● 利払日に，経過利息を相殺し，保有期間相当分の利息を「有価証券利息」勘定に計上。

● その利息に係る源泉所得税等は区分経理

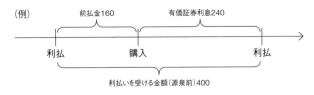

| (借) 現　預　金 | 339※1 | (貸) 有価証券利息※3 | 240 |
| 源泉所得税等 | 61※2 | 前　払　金 | 160 |

※1　源泉所得税及び復興特別所得税控除後の金額
　　　400 − 61 ＝ 339
※2　400 × 15.315％ ＝ 61
※3　売買目的有価証券の場合は利息も売却損益も区分せず全て「有価証券運用損益」勘定で計上することも可能

(3) 配当金受取時

株式のケース

● 市場価格のない株式

・原則：確定日（株主総会等配当決議の効力発生日）に配当認識

・容認：継続適用前提に，配当入金日（現金基準）に配当認識

● 市場価格のある株式

・原則：配当落ち日に配当認識（会計のみ）

・容認：継続適用前提に，市場価格のない株式同様

● 源泉所得税等は区分経理

① 効力発生日——配当認識（原則）

（借）未　収　金 ×××	（貸）受取配当金[※1] ×××
源泉所得税等 ×××	

> ※1　売買目的有価証券の場合は配当も売却損益も区分せず全て「有価証券運用損益」勘定で計上することも可能

② 配当入金日

（借）現　預　金 ×××	（貸）未　収　金 ×××

(4) 売却時

債券の売却のケース（「その他有価証券」のものとする）

● 原則として約定日に認識する。

● 売却時の委託手数料は売却経費に計上又は売買損益に加味。

・税込処理の場合→消費税も同様

・税抜処理の場合→消費税は「仮払消費税」勘定へ区分経理

● 前払金（経過利息）があるときは，「有価証券利息」と相殺。

● 前利払日の翌日から売却日までの利息（源泉所得税等控除後の経過利息）は「有価証券利息」勘定で処理するが，売買損益にまとめて計上することも可能。

●売買損益の計算

　・移動平均法：売却のつど計算

　・総平均法：期末に計算

① 約定日──売却を認識

（借）未　収　金	×××	（貸）その他有価証券	×××
		前　払　金	×××
		有価証券売却益	×××

② 受渡日

（借）現　預　金	×××	（貸）未　収　金	×××

(5) 償却原価法

●金融資産又は金融負債を債権額又は債権額と異なる金額で計上した場合
において，当該差額に相当する金額を弁済期又は償還期に至るまで毎期
一定の方法で取得価額に加減する。

●利息法と定額法の２つの方法がある。原則は利息法採用，継続適用を条
件に定額法の採用も可能。

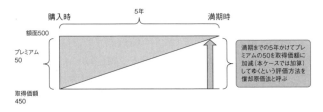

（借）満期保有目的債券	×××	（貸）有価証券利息(※)	×××

※ プレミアムの期間対応分を簿価に加減算する。最終的には
　額面と同額になる。

(6) 有価証券の評価

① 売買目的有価証券

- ●時価と簿価の差額は，当期損益に計上
  - ・原則：洗替方式
  - ・容認：継続適用を前提に切放方式（税務はダメ）

（期末）

> （借）売買目的有価証券　×××　　（貸）有価証券運用損益　×××

（翌期首）洗替え

> （借）有価証券運用損益　×××　　（貸）売買目的有価証券　×××

② 子会社・関連会社株式

- ●原価法につき，評価替えは行わない。

③ その他有価証券

- ●原則：全部純資産直入法
  - ・時価と簿価の差額は，P/L を通さず，直接，純資産の部に計上させる方法
- ●容認：部分純資産直入法
  - ・時価＞簿価の銘柄：評価差益は，P/L を通さず，直接，純資産の部に計上させる。
  - ・時価＜簿価の銘柄：評価差損は当期の損失（P/L 計上）とする。

・ケース：下記の2つの株式を「その他有価証券」として保有している。X1年3月31日時点の有価証券の評価の仕訳を計上しなさい。なお、税効果を適用する場合の実効税率は30％とする。

	保有株数	X0年4月1日 （取得時）	X1年3月31日 （決算時）	差損益
A株式	1,000 株	1,500 円	2,000 円	＋500 円
B株式	1,000 株	1,000 円	900 円	▲ 100 円
合計	2,000 株	2,500 円	2,900 円	＋400 円

(a) 全部純資産直入法の場合

・A株・B株合計評価損益400千円につき、税効果（実効税率30％と仮定）を適用し、400千円×30％＝120千円を「繰延税金負債」勘定に、残り280千円を「その他有価証券評価差額金」（純資産の部）に計上。

（期末）

（借）その他有価証券	400千円	（貸）その他有価証券 評価差額金※1	280千円
		繰延税金負債※2	120千円

※1　B/S純資産の部に計上
※2　400千円×30％＝120千円

（翌期首）一洗替方式の場合

（借）その他有価証券 評価差額金	280千円	（貸）その他有価証券	400千円
繰延税金負債	120千円		

(b) 部分純資産直入法の場合

・時価が上昇したA株の評価差益500千円につき、税効果を適用し、500千円×30％＝150千円を「繰延税金負債」勘定に、残り350千円を「その他有価証券評価差額金」（純資産の部）に計上。

・時価が下落したB株の評価差損100千円については、当期の損失とする。

（期末）

（借）	その他有価証券※1	500 千円	（貸）	その他有価証券評価差額金	350 千円
				繰延税金負債	150 千円

※1　A株式の評価

（借）	その他有価証券評価損	100 千円	（貸）	その他有価証券※2	100 千円

※2　B株式の評価

（注）部分純資産直入法の評価差損に係る税効果会計の仕訳は，通常一時差異に係る税効果会計の仕訳と合算して行われるため，ここでは省略している。

（翌期首）―洗替方式の場合

（借）	その他有価証券評価差額金	350 千円	（貸）	その他有価証券	500 千円
	繰延税金負債	150 千円			

（借）	その他有価証券	100 千円	（貸）	その他有価証券評価損	100 千円

◆ 税務上のポイント

1. 法人税

(1) 有価証券の区分

　法人税法では，譲渡原価の額の計算や期末評価額の算定を合理的に行うため，まず「売買目的有価証券」と「売買目的外有価証券」の2区分に分け，さらに「売買目的外有価証券」を「満期保有目的等有価証券」と「その他有価証券」に分けています。

① 売買目的有価証券

　短期的な価格の変動を利用して利益を得る目的で取得した有価証券（企業支

配株式等を除く）で，具体的には下記のもの

- **専担者売買有価証券**：短期売買目的で行う取引に専ら従事する者が，短期売買目的で取得したもの
- **短期売買目的有価証券**：その取得の日において短期売買目的で取得したものとして「売買目的有価証券」等の科目で区分したもの
- **一定の信託財産に属する有価証券**

② 売買目的外有価証券

(a) 満期保有目的等有価証券：次の有価証券

- **償還有価証券**：償還期限の定めのある有価証券のうち，その償還期限まで保有する目的で取得し，かつ，取得の日において「満期保有目的債券」等の勘定科目に区分した有価証券。
- **企業支配株式等**：法人の特殊関係株主等がその法人の発行済株式総数等の20％以上の株式等を有する場合におけるその特殊関係株主等の有する株式等

(b) その他有価証券：上記以外の有価証券

(2) 有価証券の取得価額

　購入した有価証券にあっては，購入対価に購入手数料その他購入のために要した費用（付随費用）を加算した金額を取得価額とします。その他の取得については，法人税法等に詳細の定めがありますが，基本的な考え方は**時価取得**で，企業会計と同じです。

(3) 有価証券の譲渡損益の認識の時期

　基本的には，企業会計と同じ扱いです。

① 原則（約定日基準）

　譲渡損益の額は，原則として契約をした日の属する事業年度の所得金額の計算上，益金の額又は損金の額に算入されます。

② 容認（修正受渡日基準）

　期末に未引渡しになっているものを除き，継続的に引渡し日に譲渡損益の計上をしている場合には，容認されます。

(4) 譲渡原価の計算

① 算出方法

　譲渡原価の計算の基礎となる「1単位当たりの帳簿価額」の算定は，税法上は**移動平均法と総平均法**の2種類のみ認められています（低価法は認められていません）。

② 算出方法の選定と届出

　上記の算出方法は，前述の3つの区分（保険会社には特別の定めがあります）ごとに，かつ，その種類ごとに選定し，新たな区分及び種類に属する有価証券を取得した都度，その事業年度の確定申告書の提出期限までに，税務署長に届出書を提出しなければなりません。

③ 法定算出方法

　算出方法の届出をしなかった場合，税法上は**移動平均法**によって算出しなければなりません。

(5) 有価証券の期末評価

　下記の区分により評価方法が異なります。なお，時価法につき，税法は毎期「洗替え処理」を認めていますが，「切放し処理」は認めておらず，企業会計との相違がありますので留意が必要です。

【税務上の有価証券の評価方法】

区　分			評価方法
売買目的有価証券			時価法
売買目的外有価証券	満期保有目的等有価証券	企業支配株式等	原価法
		償還有価証券	償却原価法
	その他有価証券	償還有価証券以外	原価法

(6) 償還有価証券の償還差額の調整

　いわゆるアキュムレーション・アモチゼーションにより期末の帳簿価額に加減算された金額（調整差益又は調整差損）は，当期の益金の額又は損金の額に算入されます。

(7) 有価証券の減損処理

　法人税法では，資産の評価損は原則として損金不算入となっていますが，下記のような場合には，損金経理を要件として，例外的に損金算入が認められています。

① 一定の事実があった場合

　次の事実（注：売買目的有価証券にあっては，(b)又は(c)）が生じた場合

> (a) 市場価額が明らかな有価証券（取引所売買有価証券等，一定の価格公表有価証券）で，企業支配株式等以外のものについては，その市場価額が著しく低下したこと
> 　→　帳簿価額の概ね50％相当額を下回り，かつ，近い将来その価額の回復が見込まれないこと。
> (b) 上記に該当しない有価証券については，その有価証券を発行する法人の資産状態が著しく悪化したため，その価額が著しく低下したこと
> 　→　会社法の特別清算開始の命令等があった場合，又は1株当たりの純資産額が50％以上下回ることとなった場合等
> (c) (b)に準ずる特別の事実

　（注）時価算定会計基準の導入に伴う令和2年度（2020年度）税制改正により反映。

② 法的整理等の事実があった場合

> (a) 災害による著しい損傷により当該資産の価額がその帳簿価額を下回ることとなったこと等が生じた場合において、資産の評価換えをして損金経理によりその帳簿価額を減額した場合
>
> (b) 更生計画認可の決定があったことにより会社更生法又は金融機関等の更生手続の特例等に関する法律の規定に従って行う評価換えをしてその帳簿価額を減額した場合
>
> (c) 再生計画認可の決定があったこと等が生じた場合において、その有する資産の価額につき評定を行っている場合
>
> (d) (c)に準ずる事実

　なお、①(a)にある「近い将来その価額の回復が見込まれないこと」の判断が実務上悩ましいところですが、平成21年（2009年）4月に国税庁が「上場有価証券の評価損に関するQ&A」を発遺し、以下のガイドラインを示しています。

● 回復可能性がないことについて法人が用いた合理的な判断基準が示される限りにおいては、その基準が尊重されることとなります。

● 監査法人による監査を受ける法人において、上場株式の事業年度末における株価が帳簿価額の50％相当額を下回る場合の株価の回復可能性の判断の基準として一定の形式基準を策定し、税効果会計等の観点から自社の監査を担当する監査法人から、その合理性についてチェックを受けて、これを継続的に使用するのであれば、税務上その基準に基づく損金算入の判断は合理的なものと認められます。

● 翌事業年度以降に株価の上昇などの状況の変化があったとしても、そのような事後的な事情は、当事業年度末の株価の回復可能性の判断に影響を及ぼすものではなく、当事業年度に評価損として損金算入した処理を遡って是正する必要はありません。

(8) 配当金

① 配当金の認識の時期

　税務上，権利確定基準が原則ですが，継続適用を前提に現金基準も認められています。しかし，企業会計のように配当落ち日基準は認められていません。

② 受取配当等の益金不算入

　法人が，他の内国法人から受ける剰余金の配当等の額については，一定の手続を条件に以下の区分に応じて益金不算入とされています。これは，配当を支払う法人の段階において法人税を課税し，更に受け取った法人の段階で再び課税するといった二重課税を排除する趣旨から設けられています。

【益金不算入割合】

株式等の区分 (注1)	益金不算入割合
①完全子法人株式等 （100％）	100％
②関連法人株式等 (注2) （3分の1超100％未満）	
③その他の株式等 （5％超3分の1以下）	50％
④非支配目的株式等 （5％以下）	20％

（注1）（　）内は株式等の保有割合（100％グループ内の法人全体の保有株式数等により判定）
（注2）負債利子控除あり

③外国子会社からの配当等の益金不算入

　外国子会社の所得に対する現地の課税と剰余金の配当等を受ける親会社の我が国での課税の二重課税が外国で資金滞留を招いているのではないか，との批判があり，外国子会社から日本国内への資金還流の促進を狙いとして平成21年度（2009年度）税制改正により創設されました。

　前述の受取配当等の益金不算入の制度はあくまでも，内国法人からの配当等がその対象となっていますので，外国法人からの配当等は益金算入となります。

しかし，持株割合が 25% 以上の外国子会社からの剰余金等の配当等である場合には，一定の手続を条件としてその剰余金等の配当等の 95% を益金の額に算入しないことができます。

ただし，その配当等がその外国子会社の本店所在地国の法令において損金算入することとされている場合には，その受ける配当等を益金不算入制度の適用対象から除外されています。

(9) 所得税額控除

内国法人が受ける利子・配当等について所得税法の規定により源泉徴収された所得税額は，所得税と法人税の二重課税を排除するために，その元本を保有していた期間に対応する部分につき，法人税額から控除され，控除しきれない金額があるときは，還付されます。なお，控除所得税額は損金の額には算入されません。

また，平成 25 年（2013 年）1 月 1 日以後 25 年間にわたり，所得税だけでなく復興特別所得税が併せて源泉徴収されています。源泉徴収された復興特別所得税も所得税の額とみなして所得税額控除制度の適用を受けることができます。

(10) 外国税額控除

内国法人の各事業年度の所得の金額のうちにその源泉が国外にある所得（国外所得金額）があり，これについてその所得の発生した国で外国法人税を課されている場合には，国際的な二重課税（日本の法人税と外国法人税）を排除する趣旨から，一定の範囲において，一定の外国法人税を法人税額から控除することができます。

なお，地方税（法人住民税）にも，同様の趣旨の制度（外国の法人税等の控除）があります。

2. 消費税

(1) 主な有価証券取引の収入

① 非課税売上げとなるもの

　有価証券等の譲渡（※1），公社債等の利子，証券投資信託の収益分配金，割引債券の償還差益（※2）等

※1　課税売上割合の計算にあっては，有価証券の譲渡対価の額の5%相当額を考慮。
※2　償還差損の場合は，非課税売上げから控除。

② 課税対象外となるもの

　株式配当金，外国保管の有価証券の譲渡等

③ 輸出免税取引となるもの（課税はされないが，課税売上割合の計算にあっては「課税売上げ」に含めるもの）

　外国債券等の利子・償還差益，契約型外国投資信託の収益分配金等

(2) 主な有価証券取引の支出

① 課税仕入れ

　有価証券購入手数料，募集手数料，引受手数料等サービスの対価

② 非課税仕入れ

　有価証券購入代金，支払利息等

◆ 内部統制上のポイント

1. 統制環境

(1) リスク管理方針・資金運用方針の策定

　有価証券の運用には様々なリスクを伴うため，あらかじめリスク管理方針・資金運用方針を定めておく必要があります。**リスク管理方針にはリスクの定義**

からリスクの計測・管理手法・管理体制・管理方針等を盛り込む必要があります。

　また，頻繁に資金運用を行う場合には，あらかじめ資金運用方針を定めておく必要があります。資金運用方針には，運用の目的，運用の目標，資産構成割合，運用受託機関・資産管理機関の選定・評価基準等を盛り込みます。

(2) 職務権限規程・有価証券管理規程等の整備

　諸規程の整備により，責任者・担当者の権限，取得・売却等の手続を明確化しておく必要があります。特に有価証券取引は，マーケットの動きが速く，迅速な意思決定が必要とされるため，職務権限規程で取引の種類・金額について担当者の裁量の範囲を定めておくことが必要です。

(3) 経営者の理解

　有価証券取引は昨今様々な商品があることから，経営者が取引内容について理解していることが必要です。

2. リスクの評価と対応
(1) 現物の盗難・紛失・不正等のリスク

　有価証券は現金・預金同様，流動性・換金性が高く，不正等の余地が介在しやすいことから，現物管理に十分注意を払う必要があります。主な現物管理のポイントを挙げると下記のとおりになります。
・有価証券の現物保管者，承認者，帳簿の記入者を分け，職務の分離を行うことで内部統制を図る。
・なるべく現物は社内で保管せず，証券会社の保護預かり等の制度・電子化制度等を利用するか，銀行等の貸金庫で保管する。
・社内で保管する場合は，堅固な金庫に保管し，火災・盗難等のリスク回避のため，損害保険に加入する。
・利札等については現物管理から外れることが多いが，期日の到来した利札は

現金化が可能であることから，管理台帳に記載して管理する。当該管理台帳は定期的に上司がチェックする。

⑵ 相場変動等のリスク

有価証券は，前述のとおり相場変動等のリスクがあるため，定期的に時価評価し，経営トップがレビューする体制が必要です。

3. 統制活動

⑴ 職務の分離

有価証券取引を実行する部署（フロントオフィス）と取引を記帳・管理する部署（バックオフィス）に分離します。

⑵ 担当者の定期的なローテーション

担当者を1名に長期にわたり担当させることは，横領等の不正を生じさせやすいため，担当者を定期的にローテーションで入れ替えるのが望ましいでしょう。

4. 情報と伝達

2.⑵ でも述べたとおり，有価証券は，相場変動等のリスクがあるため，定期的に経営トップがレビューできるよう報告する体制が必要です。

5. モニタリング

⑴ 有価証券台帳と帳簿との照合・実査

管理部門（バックオフィス）においては，有価証券台帳と帳簿との照合を徹底します。また，定期的に実査を行い，現物と有価証券台帳との突合を実施することで牽制をきかせる必要があります。外部機関へ委託している場合は，預かり証の実査と外部機関への確認を実施し，有価証券台帳との突合を行います。

⑵ リスクの再評価

　内部監査人室による独立した視点からのリスク評価を定期的に行う必要があります。

6. ITへの対応

　有価証券取引は複雑であることから，有価証券台帳はなるべく専門のソフトウェアを用いて管理します。担当者のみにアクセス権限を与え，上司が定期的にチェックします。また，定期的にパスワードの変更も必要です。

◆ その他

　有価証券取引に係る重要なコンプライアンス条項として次のようなものがあります。

1. 市場阻害行為の規制（不公正取引の規制）

　金商法では，資本市場の機能が阻害されるのを防止するために，下記の不公正取引の禁止規定を置いています。違反した場合は重い刑事罰・課徴金等がありますので，注意が必要です。

⑴ 包括規定

　何人も，有価証券の売買その他の取引又はデリバティブ取引等について，不正の手段，計画又は技巧をしてはならないという包括規定が定められています。

⑵ 風説の流布・偽計取引の禁止

　風説の流布とは，合理的な根拠のない噂を流すこと，**偽計**とは他人を欺くような詐欺的な行為のことをいいます。金商法は，有価証券取引や相場の変動を図る目的で，風説の流布・偽計取引を行うことを禁止しています。

(3) 相場操縦の禁止

相場操縦とは，市場における価格形成を人為的に歪曲する行為を指し，これを禁止しています。

(4) インサイダー取引（内部者取引）

インサイダー取引（注）とは，有価証券の発行会社の役職員等**会社関係者**や，それらの者から当該会社に関する**重要事実**の情報を容易に入手できる立場にある者が，その立場を利用して入手した情報を利用してその**重要事実の公表**前に当該会社が発行する有価証券に係る取引をいい，金商法は公正な価格形成を妨げる取引として禁止しています。

（注）広義のインサイダー取引

なお，上記のほか，次の規制も含めて広い意味でのインサイダー取引と呼ぶこともあります。

(a) 上場会社等の役員等による売買報告義務

(b) 上場会社等の役員等の短期売買利益返還義務

(c) 組合員等の売買報告義務と短期売買利益返還義務

(d) 公開買付者等関係者の禁止行為

① 会社関係者

当該上場会社等（親会社・子会社を含む）の役員・使用人等，帳簿閲覧権を有する株主等，当該会社に対して法令に基づく権限を有する者，当該会社と契約を締結している者又は締結の交渉をしている者，以前会社関係者であり会社関係者でなくなって１年以内の者，これらの者から重要事実の伝達を受けた者等が該当します。

② 重要事実

(a) 決定事実

当該上場会社等（注）の業務執行を決定する機関（取締役会等）が，株式・新株予約権の発行，自己株式の取得，株式分割・交換・移転，合併，会社分割，事業譲渡・譲受，解散等の一定の事項を決定したこと等

（注）その子会社も含む。以下②において同じ。

(b) 発生事実

　　当該上場会社等に災害に起因する損害又は業務遂行の過程で生じた損害，主要株主の異動等一定の事項が発生したこと

(c) 決算情報

　　当該上場会社等の決算情報（売上高，経常利益，純利益又は配当等）につき，公表された直近の予想値に比較して，新たに算出された予想値又は決算において差違が生じたこと

(d) バスケット条項

　　その他，当該上場会社等の運営，業務又は財産に関する重要な事実であって投資者の投資判断に著しい影響を及ぼすもの

③ 重要事実の公表

以下の(a)ないし(b)のいずれかの措置が講じられることをもって「公表」としています。

(a) 以下のいずれかの措置が講じられたこと

・当該上場会社等の代表者又はその委任を受けた者より2つ以上の報道機関に対して重要情報を公開後12時間が経過したこと

・重要事実が金融商品取引所のインターネットのサイト上に掲載（適時開示）されたこと

(b) 有価証券届出書，有価証券報告書等に重要事実が記載ある場合において，公衆縦覧に供されたこと

④ 適用除外

会社関係者が重要事実を知って自社株などを取引する場合であっても，取引者の裁量が入り込む余地のない場合など，特に認められた一定の場合については，インサイダー取引規制の対象から除外されます。

⑤ 未公表の重要事実の伝達・取引推奨行為の禁止

会社関係者（元会社関係者含む）であって，当該上場会社等に係る業務等に関する重要事実を知った者は，他人に対し，公表前に当該上場会社等の特定有価証券等の売買等をさせることにより他人に利益を得させ，又は損失を回避させ

る目的をもって，これを伝達し，又は売買等を勧めてはならないとされました。

⑥ 課徴金

　インサイダー取引実効性の観点から，行政上の措置として違反者に対して金銭的負担を課す課徴金制度が導入されています。

⑦ 罰則

　違法行為に対して次の罰則が課されています。

・5年以下の懲役もしくは500万円以下の罰金，又はこれらの併科

・得られた財産の没収又は追徴

・法人に対する5億円以下の罰金

2. 株券等の大量保有の状況に関する開示制度

　上場会社等が発行する株券等の保有者で，その株券等の保有割合が5%超のもの（大量保有者）は，金商法に基づき，大量保有報告書を大量保有者となった日から5営業日以内に，内閣総理大臣に提出しなければなりません。ただし，大量保有報告制度の適用対象から自己株式は除外されています。

Column 31　ROE と ROIC

　企業の収益性（＝稼ぐ力）を示す代表的な指標に ROE（自己資本利益率：Return on Equity）のほかに，ROIC（投下資本利益率：Return on Invested Capital）がある。

　ROE と ROIC はそれぞれ次の算式であらわされるように，ROE にはレバレッジ（注）があるのに対し，ROIC はレバレッジがない。すなわち，ROIC は分母を投下資本，すなわち自己資本のみならず，他人資本（有利子負債）を含める点で大きく異なっている。

　（注）レバレッジ：他人資本を使うことで自己資本に対する利益率を高めること。

【ROEの構成要素】

【ROICの構成要素】

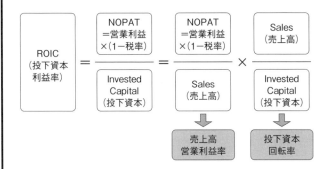

　また，経営管理の観点から ROIC を考えると，上記算式にみられるように，分子の利益を「純利益」ではなく「営業利益」を用いている。すなわち営業利益から下の営業外損益，特別損益及び法人税等の税金は通常の営業循環サイクルとは別の次元の損益とみなし目標利益から除外するというとらえ方である。

　ROE とは，「投資家が出資した資本（＝自己資本）に対しどれだけの利益を生んだのか」を見るための指標であるのに対し，ROIC は「事業のために投下した資金（投下資本）がどれだけの利益を生んだのか」を見るための指標と言える。

　ROIC の投下資本の計算方法として，バランスシートの右側の「有利子負債＋自己資本」を用いる方法と，バランスシートの左側の「運転資本（売上債権＋棚卸資産―仕入債務）＋固定資産」を用いる方法の 2 通りがある。

　昨今「ROIC 経営」と言われているとおり，マネジメントの場で ROIC が重視される理由として，次の点が挙げられている。

① 事業の収益性（稼ぐ力）を測ることができること

前述のとおり，ROIC にはレバレッジの要素が含まれていないため，純粋に「稼ぐ力」を測定することができる指標と言える。

② 不採算事業をあぶり出すことができること

ROIC の分母は自己資本及び有利子負債から構成されていることから，ROIC はこれらの調達コストである WACC（加重平均資本コスト）を上回る必要がある。すなわち ROIC が WACC を下回るようなことがあれば経営面で不採算であるという意味で，明瞭な指標である。また事業部門ごとに ROIC を算定することで，各事業部門の採算も明確になる点で ROIC は有効な指標である。

③ ROIC を分解することで KPI の設定が可能であること

京都発のグローバル企業であるオムロン株式会社は，制御機器・電子部品・ヘルスケア等，事業特性が異なる複数の事業を営んでいる。ROIC は事業のビジネス形態に関係なく公平に事業のパフォーマンスを測れることができる点に着目し，同社は早くから ROIC 経営（現在は「ROIC 経営 2.0」）に取り組んでおり，下記のとおり ROIC の構成要素をさらに分解（ROIC 逆ツリー）していくことで，KPI を設定し，事業現場に落とし込む経営を実践している。

【ROIC逆ツリー】

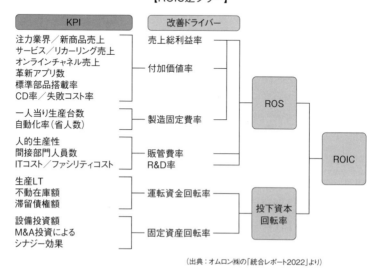

（出典：オムロン㈱の「統合レポート2022」より）

ズバリ，ここが実務ポイント！

▶有価証券は様々なリスクを伴うことから，自社が許容できるリスクを超えるものであってはならない。そのためにはきちんとしたリスク管理方針・資金運用方針の整備・運用を行う必要がある。

▶経理・財務部門にあっては，購入→期中管理（利息・配当等の入金，残高管理）→売却→期末管理（未収計上，評価・減損等）という流れで業務を捉えることが肝要。

▶有価証券は４つの保有目的で評価方法が異なる。

▶有価証券の発生の認識，消滅の認識の原則は約定日基準。

▶有価証券取引には違反すると重い罰則が科されるコンプライアンス条項（不公正取引の規制条項等）があるので，留意のこと。

22. 債務保証管理

　債務保証とは，他の企業・個人（原債務者）の借入金・買掛金等の債務に対し，その原債務者がその債務の支払が困難になったとき，原債務者に代わって債権者にその債務の弁済を行うことを約束することにより生じる債務をいいます。

　実務上は，子会社等グループ会社の信用力を親会社がカバーするために親会社が子会社等の借入金等の債務保証を行うケースが多いようです。

　また**連帯保証**とは，主たる債務者が債務を履行しない場合，保証人がその債務の履行責任を連帯して負うことをいいます。民法上，連帯保証人は催告の抗弁権及び検索の抗弁権を有さず，また分別の利益も有さないため，債権者にとって通常の保証よりも有利になっています。

　債務保証・連帯保証を行うことは，自社が負債を抱えるリスクを負うことになりますので，貸付金・借入金管理に準じた社内管理体制を整備・運用をしておく必要があります。

【連帯保証と保証の違い】

項　目	内　容	連帯保証	保　証
催告の抗弁権	主債務者へ請求するよう主張する権利	なし	有り
検索の抗弁権	主債務者から先に強制執行するように主張する権利	なし	有り
分別の利益	保証人の間で頭割り分だけ責任を負うこと	なし	有り

◆ 業務の流れ

　債務保証管理業務には大きく，次の業務があります。

① **グループ向け債務保証**：グループ向け債務保証の申請から契約に至るまでの業務

② **連帯保証・債務保証**：連帯保証の申請から契約に至るまでの業務

③ **債務保証残高管理**：契約後，台帳を整備し，債務保証等の使用状況を管理する。

④ **債務保証料管理**：債務保証料の入金管理を行う。

1. グループ向け債務保証

(1) 保証枠申請

グループ会社からの債務保証枠設定の申請にあたっては，グループ会社の財務内容，将来の見通しに関する評価を誤り過大な債務保証枠を設定するリスクや，グループ会社への実質支配力の判定を誤り，連結の範囲を誤るなどのリスクが想定されます。

グループ会社から申請された債務保証枠につき，債務保証の安全性を検証し，社内基準に従って保証枠の申請を確認します。

連結影響度とは，連結決算に与える影響を指し，親会社が多額の債務保証を行う場合には，連結対象に含まれる場合がありますので実質的な支配に該当しないよう留意が必要です。

【保証内容確認フロー】

(2) 保証枠更新申請

　グループ会社から申請された債務保証枠の更新内容を確認し，保証差入先のこれまでの債務に対する決済状況や保証料の支払状況，業績等の確認，連結範囲への影響度等を検証・確認します。

【更新申請内容確認フロー】

```
過去条件        保証内容
確認            総合確認
                              確認結果
更新内容                      報告
確認

グループ会社    連結影響度
明細確認        検証
```

(3) 債務保証契約

　社内決裁基準に基づき決裁を経た上で，債務保証契約を締結します。契約には，保証の範囲，保証期間，求償権の範囲，求償権の担保，保証料等を明記します。

2. 連帯保証

(1) 債務保証申請

　申請された債務保証の内容に関して，保証先の財務データ等の分析を行い，内容を確認し，保証可否の判定を行います。この流れは主に融資のケースと同じです（「23. 貸付金管理」参照）。

【保証可否検証フロー】

⑵ 保証実行決定

債務保証の可否判定結果を踏まえ，社内決裁基準に基づき決裁を経た上で，保証実行を決定し，決定事項を申請先に通知します。

⑶ 債務保証契約

承認された決定事項をもとに，連帯保証契約を締結します。

3. 債務保証残高管理

⑴ 債務保証残高管理

債務保証等の保証状況等を適宜把握し，債務保証台帳等で債務保証の残高管理を行います。

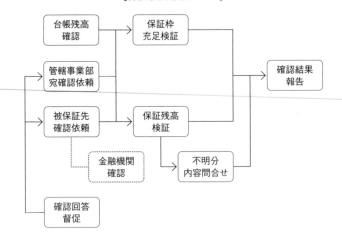

【保証状況確認フロー】

【債務保証台帳管理フロー】

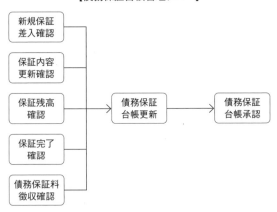

4. 債務保証料管理

⑴ 債務保証料管理

債務保証料を算定, 請求し, 入金の確認をするとともに会計帳簿に反映します。

◆ 会計上のポイント

1. 債務保証の会計処理

　債務保証は，保証した段階では債務が顕在化しておらず，確定した債務とはいえません。つまり貸借対照表に計上する要件は満たしていないものの，将来発生する可能性がすでに存在しており，将来の事象の発生等により債務の発生が想定されるものを**偶発債務**と呼んでいます。

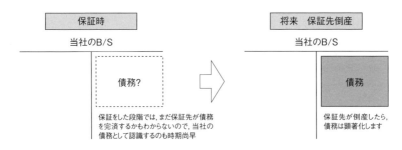

保証時
当社のB/S

保証をした段階では，まだ保証先が債務を完済するかもわからないので，当社の債務として認識するのも時期尚早

将来　保証先倒産
当社のB/S

保証先が倒産したら，債務は顕著化します

【債務保証の会計処理まとめ】

損失の発生の可能性	損失金額の見積可能な場合	損失金額の見積不可能な場合
高い場合	・「債務保証損失引当金」を計上	・債務保証の金額注記 ・損失発生の可能性が高いが損失金額の見積りが不可能である旨，その理由及び主たる債務者の財政状態等を追加情報として注記（注）
ある程度予想される場合	・債務保証の金額注記 ・損失発生の可能性がある程度予想される旨及び主たる債務者の財政状態等を追加情報として注記	・債務保証の金額注記 ・損失発生の可能性がある程度予想される旨及び主たる債務者の財政状態等を追加情報として注記
低い場合	・債務保証の金額注記	・債務保証の金額注記

（注）通常は極めて限られたケース。従って主たる債務者が経営破綻又は実質的な経営破綻に陥っている場合には，必要額を債務保証損失引当金に計上することになる。

債務保証の会計処理例

● X01 年 10 月 1 日当社は得意先である T 社の債務 2,000 千円につき債務保証を行った（当社の決算日は 3 月末日）。

| （借）保 証 債 務 見 返 | 2,000 千円 | （貸）保 　証 　債 　務 | 2,000 千円 |

● 同日，上記に伴い T 社より，債務保証料を年 10％のレートで受領した（普通預金勘定を使用）。

| （借）普 　通 　預 　金 | 200 千円 | （貸）受 取 保 証 料 | 200 千円 |

● X02 年 3 月 31 日，決算日を迎えるにあたり，T 社の信用調査を行ったところ，実質経営破綻状態であることが判明し，T 社の担保評価額 800 千円を除く 1,200 千円について引当金を計上した。

| （借）債 務 保 証 損 失
　　　引 当 金 繰 入 | 1,200 千円 | （貸）債 務 保 証 損 失
　　　引 　当 　金 | 1,200 千円 |
| 保 　証 　債 　務 | 2,000 千円 | 保 証 債 務 見 返 | 2,000 千円 |

● X02 年 9 月 1 日，T 社が倒産し，債務保証の履行 1,250 千円が確定し，T 社に対する求償権を計上した。これに伴い，貸倒引当金を計上した。

（借）未 　　収 　　金	1,250 千円	（貸）未 　　払 　　金	1,250 千円
債 務 保 証 損 失 引 　当 　金	1,200 千円	債 務 保 証 損 失 引 当 金 取 崩	1,200 千円
貸 倒 引 当 金 繰 入	1,250 千円	貸 　倒 　引 　当 　金	1,250 千円
債 務 保 証 損 失 引 当 金 取 崩	1,200 千円	貸 倒 引 当 金 繰 入	1,200 千円

● X02 年 9 月 30 日，当社は T 社に代わって，1,250 千円債務を支払った。

| （借）未 　　払 　　金 | 1,250 千円 | （貸）普 　通 　預 　金 | 1,250 千円 |

2. 保証予約及び経営指導念書（保証類似行為）の会計処理

　保証予約及び経営指導念書のような保証類似行為については，従前は，**偶発事象**（決算日後に，次期以降の財政状態及び経営成績に影響を及ぼす可能性のある事象）として開示することについて消極的でしたが，1990 年代後半に建設業の経営破綻に際し結果としてこれにより負担が迫られるケースが発生したことから，

下記の取扱いを行うことになりました（監査委員会報告第 61 号「債務保証及び保証類似行為の会計処理及び表示に関する監査上の取扱い」）。

(1) 保証予約

将来において保証契約の成立を約束する契約のことで，次の形態があります。

① 停止条件付保証予約：保証先の財政状態等が悪化した場合等一定の事由を停止条件とし，それが生じた場合に自動的に保証契約が発効する契約。

② 予約完結権行使型保証予約：債権者による予約完結権（保証契約を成立させる権利）の行使により，保証予約人の承諾を必要とせずに自動的に保証契約が成立する予約契約

③ 保証契約締結義務型保証予約：債権者から保証契約締結の請求を受けた場合に，保証予約人が保証契約を締結する義務を負うこととなる予約契約。

●取扱い

債務保証に準じて注記の対象に含めます。

(2) 経営指導念書等の差入れ

子会社等が金融機関等から借入を行う際に，親会社としての監督責任を認め，子会社の経営指導などを行うことを約して金融機関等に差し入れる文書を経営指導念書，レター・オブ・アウェアネス等の標題により作成されることがあります。記載内容は，単に道義的責任のみを負うものから，親子会社関係の保持，経営支援，子会社等の財政状態を約するもの，子会社等の債務不履行の場合には親会社が債務保証義務を負うものまで様々あります。

●取扱い

実質的に保証契約又は保証予約の効果がもたらされるものについては，債務保証に準じて注記の対象に含めます。

3. 連結範囲への影響

連結の範囲に関しては，支配力基準に基づきその範囲を検討する必要があり

ます（上巻「10. 連結決算業務」参照）。連結会計基準によれば、「他の会社等の議決権の40%以上50%以下を自己の計算において所有している会社等であって」、かつ、「他の会社等の資金調達額（貸借対照表の負債の部に計上されているものに限る。）の総額の過半について融資（**債務の保証及び担保の提供を含む**）を行っていること（自己と出資、人事、資金、技術、取引等において緊密な関係のある者が行う融資の額を合わせて資金調達額の総額の過半となる場合を含む。）」場合には、その会社を「子会社」とみて連結の対象として検討する必要があります。

◆ 税務上のポイント

1. 法人税

(1) 債務保証損失引当金

　法人税法で認められる引当金は限定的ですので、たとえ企業会計に従って債務保証損失引当金の繰入を行ったとしても、その損金算入は認められません。

(2) 債務保証の履行

　債務保証の履行により、債務保証損失が発生しますが、一方で、子会社に対する求償権も同時に発生していますので、直ちに当該損失は損金算入にはなりません。

(3) 子会社に対する求償権の放棄

　子会社に対する求償権を回収不能として放棄して損失を計上した場合に、経済合理性がなければ、税務上「寄附金」として認定されるリスクがあります（「23. 貸付金管理」を参照）。

2. 消費税

(1) 債務保証料

　信用の保証としての役務の提供は「非課税取引」となり、消費税は課されま

せん。

(2) 債務保証の履行

債務保証の履行行為は，資産の譲渡等には該当しないため，課税対象外として消費税は課されませんが，他の者の債務の保証を履行するために行う資産の譲渡については，対象資産が課税資産（建物の譲渡等）の場合は，消費税が課されます。非課税資産（土地の譲渡等）の場合は，「非課税取引」となり，消費税は課されません。

◆ 内部統制上のポイント

1. 統制環境

●職務権限規定・規程等の整備

債務保証は，将来大きな負債を負うリスクを会社が抱えていますので，諸規程の整備により，責任者・担当者の権限，手続を明確化しておく必要があります。特に偶発債務の定義や例示等を社内規程等でルール化しておき，経理・財務部門以外の人達にもイメージが付きやすいようにしておくことが大切です。

2. リスクの評価と対応

債務保証・連帯債務は上述のとおり，将来保証先が債務不履行となった場合，会社に大きな負債を負わせるリスクがありますので，以下のような対応が必要となります。

・会社が負担できるリスク限度額の算定

・保証先の財務分析等による保証限度額の設定

・担保の取得等保全策の検討

これらの検討結果に基づいて，債務保証・連帯債務に関する規程等を定めます。

3. 統制活動

　諸規程に盛り込まれない業務手順のようなものについては，業務マニュアルを整備し，それに基づく運用を徹底していく必要があります。

4. 情報と伝達

　債務保証に限らず，偶発債務に関する事項は経理・財務部門に情報が入るような仕組みを作ります。特に債務保証契約の締結に先だって経理・財務部門に稟議が回付されるようにし，上司が承認します。

　また，経理・財務部門は決算期ごとに，各部門から偶発債務に関する情報を報告させるようにルール化します。

5. モニタリング

　承認された債務保証の内容と契約書の内容を照合・検証する手続を導入します。また，定期的に融資管理台帳及び債務保証台帳とグループ会社からの借入残高明細報告を突合し，グループ会社への実質的な支配に該当しないことを確認する必要もあります。

 ズバリ，ここが実務ポイント！

▶多額の債務保証を行うと，資本関係が強くない場合でも連結対象となる可能性があるので留意する。

▶債務保証は，自社が将来負債を抱えるリスクを負うことになるため，貸付金管理に準じた社内管理体制を整備・運用をしておく必要がある。

▶債務保証損失引当金は会計上，費用計上したとしても，税務上は損金算入できないため，税効果を認識する必要がある。

23. 貸付金管理

　企業はビジネスの一環で，取引先や子会社等グループ会社等に貸付（融資）
を行うことがあります。本章ではこのような貸付金の管理の実務について述べ
ます。

◆ 業務の流れ

　貸付金管理には，大きく，次の業務の流れがあります。
- 融資：融資申請を受け付け，申請内容を検討，契約締結の後融資実行までの
流れ
- 融資残高管理：融資実行後元利金の回収から残高管理に至るまでの流れ
- 融資条件見直し：融資条件を見直す場合の業務の流れ

1. 融　資

融資申請　　融資決定　　融資契約　　融資実行

(1) 融資申請

　申請された融資につき，**企業審査**を経て，申請内容を検証し，その融資の可
否を判定します。

　企業審査は信用調査とも呼ばれ，融資額が回収不能に陥ることを未然に防ぐ
ため，融資先の調査を行うことを指します。特に融資の審査にあたっては，**安
全性・収益性**を重視する必要があります。

- **安全性**：貸付金元利金が確実に支払われるその可能性の度合いを指します。
- **収益性**：資金調達に係るコストや回収に伴うリスクに見合った貸付金利息を付して元利金を回収し，一定の収益を確保しているかその可能性の度合いを指します。

また融資の貸倒れに備え，**債権保全策**を検討しておく必要があります。一般的な債権保全策として次のようなものがあります。

・担保権の設定
・保証契約の締結
・相殺債務の確保
・取引保証金の入手

なお，安全性及び収益性を検討するにあたり，下記の指標が用いられています。

【主な分析指標】

	指標	計算式	判断
収益性分析指標	総資産利益率（％） （ROA：Return On Assets）	（当期純利益÷総資産）× 100	高いほど収益力がある
	自己資本利益率（％） （ROE：Return On Equity）	（当期純利益÷自己資本）× 100 ＝（当期純利益÷売上高）×（売上高÷総資産）×（総資産÷自己資本） ＝売上高利益率×総資産回転率×財務レバレッジ ※自己資本＝純資産－（新株予約権＋非支配株主持分）	高いほど収益力がある
	売上高利益率（％）	（利益÷売上高）× 100 ※利益には売上総利益（粗利），営業利益，経常利益，当期純利益といろいろな種類がある。	高いほど収益力がある
	総資産回転率（回）	売上高÷総資産	高いほど収益力がある
	財務レバレッジ（倍）	総資本÷自己資本 ※自己資本比率の逆数	高いほど借入依存度が高い
	損益分岐点売上高	固定費÷（1－変動費率） ※変動費率＝変動費÷売上高	低いほど収益力がある

安全性分析指標	流動比率（％）	（流動資産÷流動負債）×100	高いほど安全性が高い
	当座比率（％）	（当座資産÷流動負債）×100 ※当座資産とは，流動資産のうち容易に現金化できる資産のことをいう。	高いほど安全性が高い
	現預金月商比率（カ月） ＝手許流動性比率	現預金÷平均月商	高いほど安全性が高い
	自己資本比率（％）	（自己資本÷総資産）×100	高いほど安全性が高い
	固定長期適合率（％）	（固定資産÷（自己資本＋固定負債））×100	低いほど安全性が高い
	固定比率（％）	（固定資産÷自己資本）×100	低いほど安全性が高い
	有利子負債月商比率（カ月）	有利子負債÷平均月商	低いほど安全性が高い

Column 32 企業審査のポイント

- -

　中小企業の場合，金融機関や大企業のように企業を審査するノウハウや体制がきっちり整備されているところは多くはないものの，外部公表データや信用調査機関の調査報告書の入手，実地調査等を踏まえて総合的に企業審査を行うべきである。

　下記は，主に金融機関が企業審査にあたって考慮するポイントであるが，一般事業会社においても参考となろう。

視点	項目	審査ポイント
経営者（ヒト）	沿革	創業の事情・動機，経営体制・事業体制の変遷，現在の存立基盤・課題等
	経営者	経営者の資質・能力，経営意思決定の仕組み，後継者
	経営体制	組織，従業員，株式，グループ力・情報対応力等
	企業統治	経営者の監督機関，経営者の選抜，経営者の報酬制度，経営者の任免，経営者の情報開示，内部統制，リスク管理体制等

マーケティング・ 経営戦略（モノ）	事業概要	業界の特性と事業戦略等
	生産状態	生産能力，生産性，生産システム，環境問題への対応，生産現場状況等
	販売状態	販売実績，市場動向，製品ライフサイクル，販売体制，販売条件，受注状況，在庫状況等
財務分析・ 財務戦略（カネ）	財務体質（財務分析）	収益性・安全性・成長性・生産性分析，キャッシュフロー分析，粉飾のチェック等
	事業計画	設備計画・運転資金・資金計画・投資効果の検討等
	収支予想・償還能力	収支予想（利益計画）の算定，償還能力の検討等
	担保物件	担保の必要性の検討，担保評価等
	リスク管理	リスク管理体制，内部統制システム等

（出所）　久保田政純編著『企業審査ハンドブック　第4版』（日本経済新聞社）
　　　　より作成

【融資可否判定フロー】

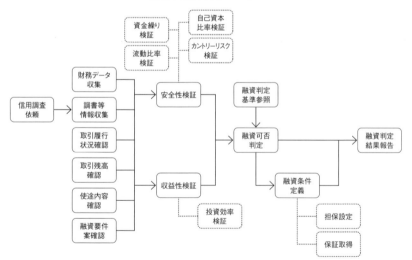

(2) 融資決定

融資の可否判定結果を踏まえ，社内決裁基準に基づき決裁を経た上で融資を決定し，決定事項を申請先に通知します。

(3) 融資契約

承認された融資決定事項をもとに，融資契約を締結します。1年以内の短期融資の場合は，通常契約書は作成せず，手形貸付の形式で融資するケースが多いですが，1年以上の中長期融資の場合，**金銭消費貸借契約書**を締結する証書貸付の形式で融資することが多いようです（詳細は，「24. 借入金管理」を参照）。

KEYWORD

▶金銭消費貸借契約：一般的に，銀行等の金融機関等が貸主となって締結されることが多く，金消契約，ローン契約などとも呼ばれている。消費貸借契約とは，借りたものそのものは消費することを前提に，借りたものと同じものを同じ数量を返却することを約束して，物や金銭を借りる契約のことで，このうち，金銭の貸し借りを契約したものを金銭消費貸借契約という。金銭消費貸借契約書には，一般的に以下の内容が記載される。

・貸主と借主	・遅延損害金の定め
・貸付日	・期限の利益喪失事由
・貸付金額	・保証人，担保設定に関する定め
・貸付の実行の方法	・借主の表明・保証
・貸付実行の前提条件	・借主のコベナンツ（財務制限条項等）
・元本返済の時期・方法	・貸付債権の譲渡の可否・方法に関する定め
・利息の定め	・準拠法，合意管轄

▶利息の制限・遅延損害金：金銭消費貸借契約では，通常，利息と遅延損害金の定めがなされている。遅延損害金とは，貸金を期限までに返済しない（債務の不履行）ときのペナルティのことである。利息制限法により以下のとおり利率の上限が定められている。

・元本が10万円未満の場合：年20%

・元本が 10 万円以上 100 万円未満の場合：年 18%

・元本が 100 万円以上の場合：年 15%

　上記を超える部分は，超過部分につき無効とされている。また，名目にかかわらず，実質的に利息として課されているとみなされる金銭についてもこの利息制限法の適用を受けることとなる。

　遅延損害金については，上記制限利息の 1.46 倍が上限となっている。従って，利率の上限は下記のとおりとなる。

・元本が 10 万円未満の場合：年 29.2%

・元本が 10 万円以上 100 万円未満の場合：年 26.28%

・元本が 100 万円以上の場合：年 21.9%

▶**期限の利益の喪失**：期限の利益とは，弁済の期限内は債務者は借り入れた金銭を自由に費消できることを指すが，金銭消費貸借契約には，契約書中に借主の重大な信用喪失等，一定の場合に，債務者は期限の利益を失う旨の条項が設けられている。即ち債務者は，その段階で直ちに債務を弁済しなければならないことを意味する。一般的に期限の利益の喪失事由として下記のようなものがある。

・元本及び利息支払を怠ったとき

・債務者が他の債務につき，強制執行，保全処分などを受けたとき

・債務者に対し，破産手続・民事再生手続又は会社更生手続開始の申立てがあったとき

・債務者が国税滞納処分又はその例による差押えを受けたとき

・債務者が住所を変更し，その旨を債権者に告知しないとき　等

▶**コベナンツ条項**：銀行が法人相手に行う融資の中で，財務制限条項や格付維持条項等を設けられることがある。これらの条項が守られなかった場合，ペナルティとしてその時点で融資額分の全額返済，金利優遇の取消し等を課されたりする。財務制限条項は，純資産額維持条項（「前期決算期の○%維持」等），財産状態に係るもの（有利子負債制限，自己資本比率維持他），キャッシュ・フローに係るもの（利益維持，インタレスト・カバレッジ・レシオ維持　他）等の条項がある。

⑷ 融資実行

　担当部門による融資決定・融資契約に基づき，実行日までに支払依頼書を作成してもらい，経理・財務部門でその承認を行い，融資先へ払込を実行し，経理処理を行います。

⑸ グループ会社向け融資枠申請

　グループ会社への融資にあっては，あらかじめ融資枠を設定していることが多く，グループ会社から申請があった場合，融資枠申請額を確認するとともに連結への影響度を検証します。

　連結影響度とは，連結決算に与える影響を指し，親会社がその会社に対し過半の融資を行ったりしている場合等には連結対象になりますので留意が必要です。

【融資枠設定フロー】

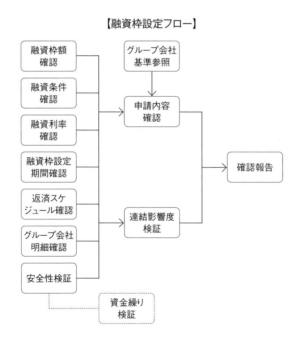

2. 融資残高管理

融資の実行後，元利金が約定どおり回収されるよう，残高管理を行う必要があります。

⑴ 元本回収

融資契約・返済スケジュール等に基づき，タイムリーに請求書を融資先に発行し，入金を確認し，経理処理を行います。

⑵ 融資利息回収

利息についても⑴と同様の処理を行います。

⑶ 残高管理

融資契約をもとに融資管理台帳（貸付金台帳）を整備し，実行・回収の事実を踏まえ適宜更新を行います。決算期末には先方に残高確認を依頼します。

また元利金の回収遅延・延滞をタイムリーに管理し，社内ルールに従って報告の上，対応策を協議します。

【返済遅延・滞留報告フロー】

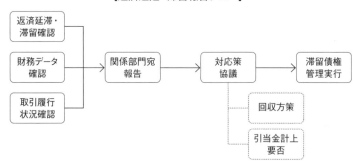

3. 融資条件見直し

融資先から条件変更の見直しの申請があった場合の業務手続きになります。

(1) 条件見直し・継続申請

　融資先の業績・返済状況を踏まえ，融資条件を検証し，社内の決裁権限規程に基づき承認手続きを行い，承認後，融資先に通知します。

(2) グループ会社向け条件見直し・継続申請

　グループ会社への融資にあっても(1)と同様の手続をとることになります。

◆ 会計上のポイント

1. 貸付金の会計処理

　貸付金は金銭債権であり，その会計処理は，会社計算規則，金融商品会計基準等に定めがあります。主なポイントは次のとおりです（上巻「1.売掛債権管理」参照）。

(1) 貸付実行時

　貸付実行時に，債権金額でもって債権の発生の認識（貸借対照表への計上）を行います。また当該債権を一般債権，貸倒懸念債権，破産更生債権等の3種類に分類する必要があります。

(2) 貸付金利息の認識

　貸付金利息は発生主義で計上します。

(3) 元本回収時

　元本回収時に，債権の消滅の認識（貸借対照表からの除外）を行います。

(4) 貸付金の評価

　貸倒見積高（貸倒引当金）を算定し，貸付金の評価を行う必要があります。

⑸ 貸付債権譲渡

　貸付債権譲渡にあたっては，譲渡先では貸付債権の発生の認識（貸借対照表への計上），譲渡側では貸付債権消滅の認識（貸借対照表からの除外）を行う必要がありますが，金融商品会計基準によれば，債権譲渡は**財務構成要素アプローチ**によるとされています。

　財務構成要素アプローチとは，貸付金を構成する経済価値，貸倒リスク等をそれぞれ分割できる財務構成要素とみなし，各構成要素に対する支配が他に移転した場合に，その移転した構成要素のみ貸借対照表から外してゆくというものです。

　とりわけ，資産流動化取引等で論点になるところですが，通常のビジネスでは，その債権譲渡後に買戻や遡及権等の制限条件が付されているようなことがなければ，債権譲渡時に貸借対照表から外すことになります。

⑹ 回収不能時

　貸付債権が回収不能となった場合は，担保処分見込額を勘案し，残額を貸倒損失として認識することとなります。通常は貸倒引当金を計上していますので，債権額から担保処分見込額，貸倒引当金を控除した金額を貸倒損失として計上することになります。

【貸付金の経理処理例】

- 当社は取引先に資金を3年契約で貸し付けた。利息は年1回払とし，元本は満期時一括返済とする。

	当社	取引先
◆融資実行時	(長期貸付金)XXX(預金)XXX	(預金)XXX(長期借入金)XXX
◆決算時(注)	(未収利息)XXX(受取利息)XXX (短期貸付金)XXX (長期貸付金)XXX	(支払利息)XXX(未払利息)XXX (長期借入金)XXX (短期借入金)XXX
◆期首 (洗替処理)	(受取利息)XXX(未収利息)XXX (長期貸付金)XXX (短期貸付金)XXX	(未払利息)XXX(支払利息)XXX (短期借入金)XXX (長期借入金)XXX
◆利息支払・受取時	(預金)XXX(受取利息)XXX	(支払利息)XXX(預金)XXX
◆元本返済・受取時	(預金)XXX(長期貸付金)XXX	(長期借入金)XXX(預金)XXX

(注)決算時には, 1年以内返済予定部分は短期貸付金(借入金), その他は長期貸付金(借入金)として
　　表示の組換えが必要。

・2年目決算前に取引先の経営状況が悪化し, 利息が不払となった。貸倒引当金を設定し, 貸倒
懸念債権として分類した。3年目には同社は破産し, 回収不能となり, 債権放棄を行った。

	当社	取引先
◆2年目決算時 ・未収利息の計上(注)	(未収利息)XXX(受取利息)XXX	(支払利息)XXX(未払利息)XXX
・貸倒引当金設定	(貸倒引当金繰入)XXX (貸倒引当金)XXX	――――
・貸倒懸念債権振替	(貸倒懸念債権)XXX (未収利息)XXX (長期貸付金)XXX	――――
◆回収不能時	(貸倒損失)XXX (貸倒引当金)XXX (貸倒懸念債権)XXX	(長期借入金)XXX (債務免除益)XXX

(注)期首の洗替処理は省略。

2. 子会社整理・再建

(1) 子会社整理

　業績不振の子会社を整理する場合, 通常それまでに子会社株式の評価, 子会社貸付金等債権に対する貸倒引当金の設定が行われています。しかし清算等の方針が固まり, 追加の損失が見込まれる場合, 企業会計上, 子会社整理に係る取締役会決議等の行われた時に, 整理損失を合理的に見積もり,「**子会社整理損失引当金**」として引当計上します。

(2) 子会社再建

業績不振の子会社に貸付を行っている場合において，債権放棄をしてその子会社の再建を行う場合，貸倒損失額を債権から直接減額し，当該貸倒損失額と当該債権に係る前期貸倒引当金残高のいずれか少ない金額まで貸倒引当金を取崩し，当該貸倒損失額と相殺しなければなりません。この場合，前期末の貸倒引当金が当該貸倒損失額に不足する場合，その不足額はそれぞれの債権の性格により，原則として「営業費用」又は「営業外費用」（注）に計上します。

(注) 従前の基準では，不足が計上時の見積り誤差で明らかに過年度損益修正に相当するものと認められる場合は「特別損失」に計上する取扱いでしたが，過年度遡及会計基準の適用に伴い，原則としてそれが認められなくなりました。

3. 連結範囲への影響

連結の範囲に関しては，支配力基準に基づきその範囲を検討する必要があります。連結会計基準によれば，「他の会社等の議決権の40％以上50％以下を自己の計算において所有している会社等であって」，かつ，「他の会社等の資金調達額（貸借対照表の負債の部に計上されているものに限る。）の総額の過半について融資（債務の保証及び担保の提供を含む）を行っている（自己と出資，人事，資金，技術，取引等において緊密な関係のある者が行う融資の額を合わせて資金調達額の総額の過半となる場合を含む。）」場合には，その会社を「子会社」とみて，連結の対象となります。従って，たとえ出資比率が50％以下でも貸付が多くなってしまい，上記の基準に該当すると，連結範囲の観点から留意が必要です。

◆ 税務上のポイント

1. 法人税

(1) 貸倒引当金・貸倒損失

上巻「1. 売掛債権管理」の中でも述べているとおり，現実に貸倒れになったかどうかは事実認定の問題であり，経理実務上，損金算入時期について問題になることが多いため，注意が必要です。

(2) 貸付金利息

　原則として発生主義で益金の額に算入しますが，金融・保険業等以外の一般事業法人については，支払期日が1年以内の一定の期間毎に到来する貸付金利息は，継続適用を前提として入金基準での益金算入が認められています。

(3) 役員向け貸付の留意点

　役員向け貸付の場合，取引の性格上恣意性が入りやすいため，下記の点につき留意する必要があります。

●利益相反行為

　会社法上，役員に対する貸付は，会社にとって**利益相反行為**に該当し，取締役会設置会社では取締役会の承認等が必要になります。また開示対象にもなりますので留意しなければなりません。

●利率

　貸付金の利率が，無利息や通常の利率よりも低い場合，原則としてその差額分は税務上，経済的な利益供与として，「役員給与」（源泉徴収要）となります。役員に低い利息で金銭を貸し付けた場合，その利率が通達の定める利率（注）以上であれば，原則として，給与として課税されません。しかし，その利率に満たない利率で貸付を行った場合，次の①から③に該当する場合を除き，通達で定める利率と貸し付けている利率との差額が，経済的な利益供与として，給与課税されることになります。

---

①災害や病気などで臨時に多額の生活資金が必要となった役員又は使用人に，合理的と認められる金額や返済期間で金銭を貸し付ける場合

②会社における借入金の平均調達金利など合理的と認められる貸付利率を定め，この利率によって役員又は使用人に対して金銭を貸し付ける場合

③通達の定める利率と貸し付けている利率との差額分の利息の金額が1年間で5,000円以下である場合

（注）貸付を行った日の属する年の特例基準割合（2023年の場合0.9％）を指します。

(4) グループ会社向け融資の留意点

子会社等に対し無償又は通常の利率よりも低い利率で貸し付けた場合，原則として，役員貸付金と同様，その差額は税務上，子会社等への経済的な利益供与として，法人税法上「寄附金」として扱われますので，注意が必要です。「寄附金」に該当しますと，損金算入額に限度がありますので，限度超の寄附金については損金不算入（社外流出）として課税されることとなり，税コストがかさみます。

なお，完全支配関係がある（100％グループ内の）内国法人間の寄附金については，グループ法人税制の導入に伴い，その経済実態を内部の資金移動と捉える観点から，支出側の法人において全額損金不算入となります。一方，寄附をうけた法人の受贈益は，全額益金不算入とされます（詳細については，「17. グループ通算制度」参照）。

(5) 子会社整理・再建損

税務上，子会社等を整理・再建する場合の損失負担等（債権放棄，無利息貸付含む）に**経済的合理性**を有している場合には，当該損失を寄附金課税しないこととしています。経済的合理性については，基本通達（9-4-1、9-4-2）等に判断基準が示されていますので，実務上これをもとに処理する必要があります。

2. 消費税

貸付金に係る取引の消費税の取扱いについて述べます。

(1) 貸付金の実行

貸付の実行は，資産の譲渡等には該当せず，課税の対象外となり，消費税は課されません。

(2) 貸付金の回収

貸付金の回収も課税の対象外となり，消費税は課されません。

(3) 貸付債権の譲渡

　貸付債権の譲渡は,「有価証券に類するものの譲渡」として非課税取引に該当し,消費税は課されません。課税売上割合の計算にあたっては譲渡対価の額の5%に相当する金額を分母に含めます。

(4) 貸倒引当金の繰入・戻入

　貸倒引当金の繰入・戻入は資産の譲渡等には該当せず,課税の対象外となり,消費税は課されません。

(5) 貸倒損失

　貸付金の貸倒損失は,資産の譲渡等には該当せず,課税の対象外となり,消費税は課されません。

(6) 貸付金利息

　貸付金利息は,「利子を対価等とする金銭の貸付け」として非課税取引に該当し,消費税は課されません。課税売上割合の計算にあたっては利息の額を分母に含めます。

◆ 内部統制上のポイント

1. 統制環境
●職務権限規定・規程等の整備
　与信管理が適切でないと,貸倒れのリスク等を負うことになります。貸付を行う場合には,金額の大きさ,リスクの高さ等に応じて,責任者・担当者の権限,手続を明確化しておく必要があります。

2. リスクの評価と対応
　前述のとおり,貸付金には貸倒リスクがありますので,以下のような対応が

必要となります。とりわけグループ企業に融資枠を設定する場合には特に重要
となります。

- 会社が負担できるリスク限度額の算定
- 貸付先の財務分析等企業審査による貸付限度額の設定
- 担保の取得等保全策の検討

　これらの検討結果に基づいて，貸付に関する規程や与信枠等を定めます。

3. 統制活動

　諸規程に盛り込まれない業務手順のようなものについては，業務マニュアル
を整備し，それに基づく運用を徹底していく必要があります。

4. 情報と伝達

　貸付先の信用状況は定期的に経理・財務部門に情報が入るような仕組みを作
ります。

5. モニタリング

　定期的に貸付先への残高確認等を行い，実在性を検証するとともに，貸付先
の信用状況を定期的にモニタリングする必要があります。

6. IT への対応

　融資台帳はなるべく担当者のみにアクセス権限を与えたソフトウェアを使っ
て管理します。できれば利息の計算も自動化できるツールを使い，計算ミスを
回避します。定期的に上司が融資台帳をチェックしたり，パスワードを変更す
ることも必要です。

ズバリ，ここが実務ポイント！

▶多額の融資を行うと，資本関係が強くない場合でも連結対象となる可能性があるので留意する。

▶グループ会社向け融資，役員向け融資にあたっては恣意性が入りやすいため，会計・税務上問題にならないよう融資条件について特に留意する。

▶子会社整理・再建に係る損失負担は「経済的合理性」があるかどうかがポイント。

▶融資にあたっては不正が行われないよう，承認権限の明確化・職務分離によって統制する。

▶極力，役員への貸付は行わない。

24. 借入金管理

　企業経営において，借入金は最も一般的な資金調達方法です。下表は代表的な資金調達方法である増資・社債発行・借入の比較表ですが，借入は税務上支払利息が損金算入できるという点や，手続が簡素な点が特徴的です。

【増資・社債・銀行借入の特徴比較】

	返済義務	議決権	担保の必要	配当・利息の税務処理	その他の特徴
増資	なし	（株主）議決権あり	必要なし	損金算入不可	・自己資本を増強することができ，安定性が増して銀行格付け等の向上にもつながる
社債	あり	（社債権者）議決権なし	必要ない場合が多い	損金算入可能	・満期一括償還が多く，借入と比較して期間中の資金繰りに余裕ができる
銀行借入	あり	（債権者）議決権なし	必要ある場合が多い	損金算入可能	・手続きが簡単かつ迅速 ・不況時でも銀行との良好な関係が築けていれば融資を受けることが可能 ・分割返済が一般的

(出所)経済産業省「地域金融人材プログラムテキスト」より加工

1. 借入（融資）の種類

　金融機関の融資には，通常下記の形態があります。

(1) 証書貸付

　貸付の証拠書類として証書（金銭消費貸借契約書）を作成するものです。証書には借入条件を明示します。通常，1年以上の長期の借入に使用されますが，資金使途としては，設備資金・運転資金等様々です。

(2) 手形貸付

　貸付の証拠書類として借入人が金融機関を受取人とする手形を振り出すもの

です。手形の期日は，通常1年未満の短期（1カ月，3カ月，6カ月等）であり，主に運転資金に使用されます。通常，「銀行取引約定書」を交わします。

(3) 手形割引

　借入人が商取引で受領した商業手形を，金融機関で割引いて資金化してもらうものです（「20. 手形・小切手管理」参照）。割り引いてもらった手形の期限に手形が決済されることにより，返済がされることになります。通常手形は振出日から1カ月〜数カ月で決済となりますので，短期の運転資金のために利用されます。

(4) 当座貸越

　「当座貸越契約」に基づき金融機関と融資枠を設定し，その枠内で繰り返し利用できるものです。当座預金の残高がマイナスになっても，一定の限度額まで金融機関で支払をしてくれるので，効率的な資金調達が可能となります。これも当座の運転資金に利用されています。

　上記4つの形態が一般的ですが，最近は次のような融資形態も利用されるようになってきています。

(5) コミットメントライン

　コミットメントラインとは金融機関が取引をしている企業に対して定めた融資枠のことで，金融機関と取引先の企業があらかじめ融資の上限枠を協議しておき，この融資の枠内でなら一定期間いつでも審査を必要とせずに金融機関が企業に資金を提供することを保証する制度を言います。

　コミットメントラインのメリットは次のとおりです。

●資金調達側：審査の必要がないため迅速な資金調達が可能になるほか，迅速かつ容易に調達できる資金があるために企業は流動資金を減らすことができ，貸借対照表のスリム化が実現されます。

- **金融機関側**：通常の金利に加えて企業から融資枠の金額に応じた契約料（コミットメントフィー）を徴収するため，フィービジネスが期待できます。

コミットメントラインの契約方法には，以下の二通りの方法があります。

① **バイラテラル方式（相対型）**

各金融機関と個別にコミットメントライン契約を締結する方法。

② **シンジケート方式（協調型）**

アレンジャー（幹事金融機関）を中心に，複数の金融機関と一つの契約書に基づき，同一条件でコミットメントライン契約を締結する方法。

(6) シンジケートローン（協調融資）

シンジケートローンは大型の資金調達ニーズに対して，複数の金融機関が協調してシンジケート団を組成し，一つの融資契約書に基づき同一条件で融資を行うことを言います。具体的には，取りまとめ役（アレンジャー）の金融機関（主幹事）が，資金の調達側（企業等）と調整して利率や期間などを設定し，複数の金融機関と分担して融資する方式となっています。

シンジケートローンのメリットは，次のとおりです。

- **資金調達側**：メインバンクに依存することなく，多額の資金を調達することができ，交渉や事務等の取引コストはアレンジャーが負担するため事務効率化が可能。
- **金融機関側**：貸倒れのリスクを分散できる一方，主幹事行は，貸出金利に加えて，アレンジメントフィー（組成手数料）やエージェントフィー等の手数料収入が入ります。

このように，シンジケートローンは，直接金融の特徴である「市場性」と間接金融の特徴である「柔軟性」を併せ持つ手法となっていることから，「**市場型間接金融**」とも呼ばれています。

Column 33　資本性借入金

　政府は，急激な経営環境の変化により資本の充実が必要となった企業への支援の手法として，「資本性借入金」（十分な資本的性質が認められる借入金）の活用を推進している。これを受け，日本政策金融公庫の「挑戦支援資本強化特例制度（資本性ローン）」等の融資が行われており，新たな中小企業の資金調達手段として注目されている。

　「資本性借入金」の主な特徴は次のとおり。

- 会計上は「負債」であるが，金融検査上は「自己資本」として取り扱われるため，既存の借入金を「資本性借入金」に変更（DDS：デット・デット・スワップ）することで，債務超過が減少，財務内容が改善し，新規融資が期待できる（ただし，融資の残存期間により「自己資本」とみなされる割合が変わってくる）。
- 償還条件は5年超。期限一括償還が原則。
- 金利は業績によって利率が変化し，業績悪化時には金利が低くなる。
- 無担保，無保証。仮に会社が倒産した場合，当該ローンは他の債務に劣後するため，返済の順位は最後になる（劣後ローン）。

2. 金融機関の種類

　通常借入先として，都市銀行・信託銀行，地方銀行・第二地方銀行，信用金庫・信用組合・協同組合，政府系金融機関等があり，それぞれの特徴を見てゆきます。

(1) 都市銀行・信託銀行

　全国に拠点を有しており利便性がある一方で，個別の地域の事情を細やかに融資方針に反映させることが難しいと言われています。とりわけ中小企業への融資に対しては定型的・標準化された融資商品を販売しており，規格外のものにあたっては，信用格付けが最も重視されるため，財務格付けをよくする努力

が必要となります。また信託銀行は銀行業務に加え，不動産や有価証券等の財産を預り，管理・運用する信託業務を行っています。

⑵ 地方銀行・第二地方銀行

　これらの銀行は特定の地域を営業エリアとしており，その地域への貢献度が求められています（リレーションシップバンキング）。地域にとって重要な産業や企業については，財務内容のみで判断されることはなく，思い切った支援が行われることがあります。従って，借入にあっては，その銀行にあった貢献度をアピールできることも重要となります。

⑶ 信用金庫・信用組合・協同組合

　これらは会員や組合員の相互扶助を目的とした金融機関であることから，きめ細かな支援が期待できます。ただし，一般的には借入条件は⑴・⑵の金融機関に比べれば見劣りするようです。

⑷ 政府系金融機関

　政府系金融機関は，民間金融機関では対応が困難な分野への資金貸付を行うのが主な業務です。特に創業支援や再生支援等融資制度も整っています。また適用金利も他の金融機関よりは低いものや固定金利のものも多く，借入側にとって有利な扱いとなるケースもあります。一方で，民間金融機関ほど制度の柔軟性が乏しいといった特徴もあります。

◆ 業務の流れ

　借入金の管理業務は大きく，借入の検討から借入に至るまでの「借入実施」と，借入後の「借入金残高管理」の２つに大別されます。

1. 借入実施

借入要件
定義　　借入契約　　借入実行

(1) 借入要件定義

　資金を借り入れるにあたっては，まず借入の諸条件（借入条件又は借入要件）を検討する必要があります。借入にあたっては,資金繰りやキャッシュ・フロー分析等に基づき，下記の条件を決定する必要があります。

- ●借入金額：いくら借りるか
- ●借入形態：手形貸付，証書貸付，手形割引，当座貸越等のどれにするか
- ●償還期限：いつ返済するか
- ●借入年月日：いつ借りるか
- ●借入利率：金利は何％になるか。通常は市場金利に一定のスプレッド（金融機関が受け取る利ざや）をのせて決定されますので，いくらのスプレッドになるかということになります。
- ●元利金の支払方法：年何回払いとなるか
- ●担保：担保として何を提供すべきか

　資金の借入は，取引金融機関と良好な関係が保たれている限り，社債の発行と比較すると機動的な実行が可能であるものの，取締役会決議等社内承認手続きのスケジュールの関係から，間に合わず会社資金がショートするリスクが生じます。

　従って,日頃から借入実施のスケジューリングを組んでおくことが重要です。

【借入条件検討フロー】

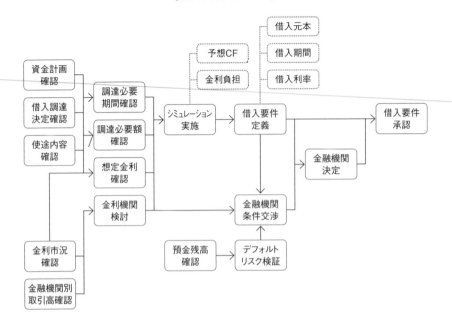

⑵ 借入契約

借入条件が詰まったら，社内承認手続を経た後，借入先と借入契約を取り交わします。

⑶ 借入実行

借入契約締結後，入金を確認し，経理処理を行います。

2. 借入金残高管理

借入後，返済に至るまでの業務として，借入金残高管理業務があります。

⑴ 借入利息管理

借入後は借入契約に基づき，借入条件を確認し，借入金台帳を準備し，利払いの遅延がないよう，元本及び利息の管理を行います。

Column 34 金利の計算方法

利息の計算方法は以下のとおり。

利息＝【元金】×【金利】×【借入日数】÷365日

●借入日数：**片端入れ**と**両端入れ**がある。片端入れとは，借入日と返済日のいずれか一方を借入日数に算入しない方法を指し，両端入れはいずれも算入する方法を指す。

●分母：通常は365日であるが，360日で計算する場合もある。

(2) 借入金残高管理

借入契約に基づき，借入条件を確認し，借入金台帳を準備し，返済の遅延がないよう，借入金の残高管理を行います。また決算期には，借入先より残高証明書を入手し，残高確認を行います。

【借入金台帳管理フロー】

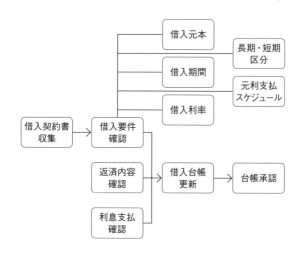

⑶ 借入金返済

　借入契約に基づき，返済日・返済額を確認し，支払依頼書を作成し，借入金の返済を行います。また，担保が設定されている場合は担保抹消を実施します。

　元本の返済方法として，大きく，返済期限の日に全額一括で返済する期日一括返済と一定の期間ごとに，融資金額を分割して返済期限までに返済する分割返済があります。また後者は**元利均等返済**と**元金均等返済**とがあります。

　いずれの方法をとるかは，資金繰り等を考慮して検討する必要があります。

【元利均等返済】

○特徴:毎回の返済額が均等になるよう元金部分と利息部分が組み合わされており,元金部分は利息の減少に従って増加していきます。

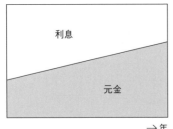

【元金均等返済】

○特徴:借入金残高の減少にともない利息部分は減少しますが,元金部分は均等(一定額)に返済しています。

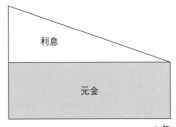

◆ 会計上のポイント

1. 借入金の会計処理

　借入金は金銭債務であり，その会計処理は，会社計算規則・金融商品会計基準等に定めがあります。主なポイントは次のとおりです。

⑴ 借入実行時

　借入金は，契約締結時に，債務額で，金融負債の発生を認識（貸借対照表への計上）する必要があります。

⑵ 借入金利息

借入金利息は発生主義で認識します。

⑶ 元本返済時

元本返済時に，金融負債の消滅の認識（貸借対照表から除外）を行います。

⑷ 借入金の評価

借入金等金銭債務は時価評価を行いません。

⑸ 債務免除があった場合

借入先から債務免除があった場合，免除額につき，借入金を取崩し，「債務免除益（特別利益）」を計上することになります。

2. 経理処理

「23.貸付金管理」の経理処理例の「取引先」の処理を参照。

◆ 税務上のポイント

1. 法人税

⑴ 支払利息の損金算入時期

借入金の支払利息は，原則として，発生主義の原則に基づき，その利息の計算期間の経過に応じその事業年度の損金の額に算入されます。1年以内に提供を受ける役務に係るものについて，継続適用を前提に**利払日基準**で損金算入することも認められます（短期前払費用）。ただし，借入金を預金や有価証券投資に運用する場合のその借入金の支払利息のように，収益と対応させる必要があるものに関しては，利払日基準は認められていませんので，注意が必要です。

(2) 役員からの借入金

中小企業等では，会社の運転資金不足等から代表者等役員より資金を借り入れるケースがありますが，下記のようなリスクがありますので，なるべく役員借入金はないようにしておきたいものです。また役員借入金は，税務調査の重点調査項目に入っているとも言われており，注意が必要です。

●利息が高額の場合

利息が通常支払うべき程度の範囲を超えるものについては，借入先の役員への役員給与として取り扱われるリスクがあります。

●利息が低額もしくはとらない場合

役員からの借入金につき利息を支払うことがなくても，相手が個人の場合であれば，法人とは異なり経済的合理性が要求される訳ではない（みなし収入規定がない）ので，同族会社を除いては特に問題になることはありません。同族会社の場合は，その役員の所得税負担を不当に減少させるものとして，行為計算否認規定により課税される可能性もあります。また，その役員借入金につき，会社が一切返済を行っていない場合は，実質的に役員からの贈与と認定され，その借入金につき受贈益として益金として認定されるリスクがあります。

●役員が死亡した場合

役員借入金を残したまま，その役員が死亡した場合，当該役員からみれば，会社への貸付金として相続財産となり，額面評価されます。万一会社が債務超過状態に陥っていた場合，役員の遺族は，回収不可能な貸付金を相続することとなり，相続税を負担せざるを得なくなるリスクがあります。

(3) 債務免除益

法人が債務の免除により利益を受けた場合，その免除を受けた金額は**債務免除益**として，受けた日の属する事業年度の益金の額に算入されます。債務免除は通常，経営危機にあるような時に受ける訳ですので，受けた債務免除益が繰越欠損金の範囲内であれば課税所得は生じませんが，免除益の方が大きい場合は課税所得が発生します。ただし，解散時に残余財産がないと見込まれるとき

には，いわゆる期限切れ欠損金の活用が認められ，解散に伴い生じた債務免除益と期限切れ欠損金を相殺できます。

2. 消費税

主な借入金に関わる取引の消費税の取扱いは下記のとおりです。

⑴ 借入金の受入・返済

借入金は，資産の譲渡等ではないため，課税対象外となり，消費税はかかりません。

⑵ 借入金利息の支払

利子を対価とする金銭等の貸付は非課税取引となるため，消費税はかかりません。

⑶ 信用保証料の支払

信用保証会社に支払う信用保証の保証料も借入金利息と同じ取扱いです。

⑷ 借入に係る手数料の支払い

借入に伴い，銀行に対して支払う手数料は一般的に課税仕入れに該当し，消費税が課されます。信用保証に係る手数料も同様です。ただし，実質が金利のようなものは，借入金利息と同様非課税取引となります。

◆ 内部統制上のポイント

1. 統制環境

● 職務権限規定・規程等の整備

諸規程の整備により，借入に関し責任者・担当者の権限，手続を明確化しておく必要があります。とりわけ，会社法では，「多額の借財（金銭等の借入れ）」は，

取締役会決議を必要とします。取締役会決議を要する金額基準は，通常規程等で定めていますので，確認する必要があります。また多額に該当しない場合でも，会社規程等で決裁権限者を定め，そのルールに従って承認をとる必要があります。また，借入条件を変更する際も所定の承認が必要です。

とりわけ上場企業においては，コーポレート・ガバナンス・コードの施行に伴って，社外取締役を含んだ取締役会が決議することが果たして合理的かという観点からルールを考えるようになってきています。

2. リスクの評価と対応

借入におけるリスクの評価と対応として，主に次のようなものがあります。

(1) 元利金の返済が滞留し，遅延損害金が発生又は借入金利が上昇もしくは将来借入できなくなるリスク

⇒対応：返済期日を見過ごさないよう定期的に借入金台帳をレビューし，スケジュール管理等を手厚くする必要があります。

(2) 変動金利の場合，将来金利が上昇するリスク

⇒対応：借入金規程又は業務マニュアルに基づいて，金利スワップの締結等変動金利を固定化する等の対応が考えられます。また，金利に関して日常的にウォッチできるよう職務分掌が必要です。

(3) コベナンツ条項に抵触するリスク

⇒対応：財務制限条項等がある場合は，職務分掌に基づいて，担当者が定期的に計算し，上司が確認する手続を確立します。

3. 統制活動

(1) 借入金管理業務マニュアルの整備・運用の徹底

諸規程に盛り込まれない業務手順のようなものについては，業務マニュアルを整備し，それに基づく運用を徹底していく必要があります。

(2) 担当者の定期的なローテーション

　借入金担当者を異動により定期的に交代させるようにします。

4. 情報と伝達

　借入の新規契約，契約更新内容等を定期的に経理・財務部門に情報が入るようにし，上司がチェックできるよう報告する体制が必要です。

5. モニタリング

　現場においては，借入金台帳と帳簿との照合を徹底するとともに，定期的に借入先より残高証明書を入手し，照合を行います。

6. IT への対応

　借入金台帳はなるべくソフトウェアを使って管理します。できれば利息の計算も自動化できるツールを使い，計算ミスを回避します。また，担当者のみにアクセス権限を与え，上司が定期的にチェックします。定期的にパスワードの変更も必要です。

 ズバリ，ここが実務ポイント！

▶企業側では，低い金利で必要資金をタイムリーに調達できることが重要であることから，日ごろから金融機関とのコミュニケーションをよくし，必要な情報を開示する姿勢が大切。

▶借入金の元利返済が延滞しないよう，台帳等で残高管理をすることが重要。

▶極力，役員から借入は行わない。

---

25. 社債管理

　社債は，かつては，一部の大手優良企業の資金調達手段でしたが，1980年代以降規制緩和が進み，1996年に金融ビッグバンの一環として適債基準（社債発行の資格要件）の撤廃・財務制限条項（社債の格付けに応じて付していた財務上の制限条項）の自由化により，社債発行が完全に自由化され，資金調達手段の一つとして大きな地位を占めるようになっています。

1. 社債の特徴

　社債は，借入金同様返済義務がある資金調達方法ですが，一般的に設備資金等長期の資金調達手段として用いられ，債権者が多数に及ぶこと，通常無担保社債が主流であることから，発行にあたっては一定の信用力が必要とされます。また，社債の発行手続も借入金と比べれば，手間のかかるものとなっています。

　従来は社債の発行は株式会社にしか認められていませんでしたが，会社法施行後，特例有限会社，合同会社等持分会社にもその発行が認められるようになったため，小規模の会社においても社債発行のニーズが拡大しています。

2. 社債の種類
(1) 公募債・私募債

　金商法においては，有価証券の募集を行う場合には，少額の場合等を除き原則として有価証券届出書の提出が義務付けられ，**募集**に該当する方法により発行される社債を，一般に**公募債**と呼び，公募債に該当しない社債を**私募債**と呼んでいます。金商法上の募集に該当する場合とは，新たに発行される有価証券の取得の申込みの勧誘であって，次のいずれにも該当しないものをいいます。

●プロ私募：適格機関投資家のみを相手方として行う場合で，当該有価証券が適格機関投資家以外に譲渡されるおそれが少ないもの

●**特定投資家私募**：特定投資家のみを相手方として行う場合で，以下の要件に該当するもの

　・相手方が国，日本銀行及び適格機関投資家以外の者である場合に，顧客からの委託又は自己のために当該勧誘を行うもの

　・当該社債がその取得者から特定投資家及び一定の非居住者以外の者に譲渡されるおそれが少ないもの

●**少人数私募**：適格機関投資家のほか，50名未満の者を相手方として行う場合で，50名以上のものに譲渡されるおそれが少ないもの

　私募債の場合，公募債とは異なり，譲渡制限はありますが，社債管理者設置義務はなく，有価証券届出書等の作成も不要等開示規制もなく，事務負担が大きく軽減されています。こういったメリットから，中小企業等では，銀行借入の代替手段として，少人数私募債の発行が実務上多く行われています。

(2) 担保付社債・無担保社債

　社債は担保の有無により，**担保付社債**と**無担保社債**に分類されます。また，担保付社債は**一般担保付社債**と**物上担保付社債**があります。

① 一般担保付社債

　社債の発行会社の全財産によって優先的に弁済される権利が付されている債券であり，電力債，ＮＴＴ債，ＪＲ債，特定目的会社（ＴＭＫ）の特定社債などがあります。

② 物上担保付社債

　社債券を担保するために物上担保が付された社債をいい，会社法のほか，担保付社債信託法（担信法）の規定が適用されます。担信法においては，物上担保の目的たる財産を有する者が，その財産につき，社債権者を受益者とし，受託会社を担保権者とする信託契約を締結する必要があり，担保付社債の担保はその信託契約に従う必要があります。

⑶ 現物債・登録債・振替債

① 現物債

現物債は，社債の券面が発行された債券をいいます。

② 登録債

登録債は，社債等登録法に基づき，債券を発行する際に本券が発行されず，登録機関に債券の銘柄名・額面・記番号等が登録された債券のことをいいます。2008年1月以降，登録債の新規発行はできなくなりました。

③ 振替債

登録債に代わって，2006年1月より，社債等の振替に関する法律（社振法）に基づき，債券における投資家の権利移転をコンピューター上の振替口座簿（銀行・証券会社等の口座管理機関が管理）における残高の増減額記録により行う決済制度（**一般債振替制度**）がスタートし，この制度にて扱う社債等を**振替債**と呼びます。

3. 社債関係者

社債の場合は，借入金とは違って多くの関係者が登場します。各関係者がどのような役割を果たしているのか，理解しておく必要があります。

【社債管理者設置債のケース】

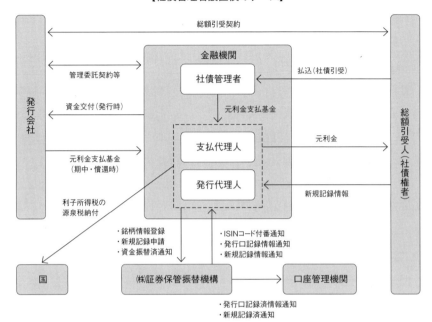

(1) 社債管理者

　社債管理者とは，社債権者のために，社債に関する債権の弁済の受領，債権の保全その他の社債の管理を行う者をいいます。言わば債権者保護のための機関になります。会社法では，原則として社債管理者の設置が強制されますが，次の要件のいずれかを満たす場合，社債管理者の設置義務が免除されます。

・各社債の金額が1億円以上である場合（社債権者が自己防衛能力のある投資家であることが予想されており，公衆としての保護は必要ないと考えられているため）

・ある種類の社債の総額を当該種類の各社債の金額の最低額で除して得た数が50を下回る場合（投資家数が50名未満を指し，少人数のグループ内での流通が予定されており，公衆としての保護は必要ないと考えられているため）。

① 社債管理者の資格

　社債管理者には，銀行，信託会社等一定の者のみが就任できます。

② 社債管理者の権限

　社債管理者が有する権限には，会社法に定めのある**法定権限**と社債発行会社との契約に基づく**約定権限**があります。

③ 社債管理者の義務・責任

　社債管理者は社債権者のために公平かつ誠実に社債の管理を行わなければならないという**公平・誠実義務**を負います。また，社債管理者は，社債権者に対して，善良なる管理者の注意をもって社債の管理をする義務（**善管注意義務**）を負います。社債管理者が会社法又は社債権者集会の決議に違反する行為を行い，これによって社債権者に損害が生じた場合には，社債管理者は社債権者に対して損害賠償責任を負います。

(2) **振替機関**（現在，㈱証券保管振替機構のみ。以下，「機構」と呼ぶ）

　2006 年 1 月に，一般債振替制度がスタートし，機構が振替機関として制度上の中心的役割を果たすこととなり，振替機関及び口座管理機関が備える振替口座簿において投資家等の権利を管理することとなりました。

(3) **口座管理機関**

　口座管理機関とは，振替機関の下位機関として，投資家等の他の者のために社債の振替を行うための口座を開設する者をいい，第一種金融商品取引業者，銀行，信託会社等の金融機関に限定されています。

(4) **発行代理人・支払代理人**

　一般債振替制度において，**発行代理人**とは，発行者の代理人として，機構が定める業務規程の定めるところにより一般債に係る記録等の手続を行う者をいいます。また，**支払代理人**とは，発行者の代理人として，一般債に係る払込後から抹消までの手続を行う者をいいます。通常は，社債管理者又は財務代理人が就任します。

⑸ 財務代理人（FA）

　社債管理者を置かない場合でも，社債の発行・期中管理・元利金支払等事務手続が発生するため，通常，**財務代理人**が指名されます。財務代理人はあくまでも発行会社にかわって社債発行・期中事務を代行する位置付けであり，社債管理者のような権限を持っている訳ではありません。

⑹ 発行事務代行会社・期中事務代行会社

　発行・期中事務代行会社とは，発行会社が行うべき発行事務（社債申込書の作成，払込金の受領，発行代わり金の交付等）・期中事務（元利金支払基金関連事務，源泉徴収・納付事務等）を発行会社からの委託を受けて，発行会社に代わって行う会社をいいます。当該事務の委託に際し，発行会社と当該事務委託会社との間で事務委託契約を締結します。通常は，社債管理者又は発行代理人・支払代理人がこれらを兼務するケースが多いようです。

⑺ 格付機関

　格付機関とは，債券等の元本及び利息を，発行体が償還まで予定通り支払えるかどうかの見通しを，ＡＡＡ等の記号で評価する機関をいいます。我が国の社債発行は，1995 年まで社債権者保護を目的として厳しい基準が設けられ，社債を発行できる企業は担保力があるか，又は業績の良い大企業に限られていました。ところが，その基準は規制緩和の流れを受け撤廃されました。その結果，投資家には自己責任原則が求められるようになり，独立した第三者機関である格付機関が行う債券格付けに対する関心が急速に高まり，投資家への信用情報を提供する役割を担っています。

 Column 35　社債管理補助者制度の導入

　社債発行にあたっては，社債権者保護の観点から社債管理者を置くのが原則で

あるが，社債管理者には厳格な義務・責任が課されていること，社債管理者の設置コストが高くなることや，なり手の確保が難しいことから，近年，例外規定を活用した社債管理者不設置債の発行が多数を占めている。しかし，こうした社債管理者不設置債のデフォルトが発生し，社債権者に損失や混乱が生ずるという事例が見られ，2019年の会社法改正で，社債管理補助者制度が導入された。主なポイントは次のとおり。

1．社債管理補助者の設置

　社債管理者の設置義務が免除される場合には，社債が担保付社債である場合を除き，社債権者のために社債の管理の補助を行う社債管理補助者を設置することができる。社債管理補助者の設置は，社債管理補助者となる者との委託契約による。

2．社債管理補助者の資格要件

　これまで社債管理者の資格は，銀行，信託銀行等の金融機関に限られていたが，新たに弁護士，弁護士法人が社債管理補助者になることができるようになった。

3．社債管理補助者の権限

　社債管理補助者の権限は，社債管理者のそれに比べて限定されており，また，重要な事項については，社債権者集会の決議によらなければならないとすることによって，裁量の余地を狭めている。

4．社債管理補助者の義務

　社債管理補助者の義務として，委託契約に従い，社債の管理に関する事項を社債権者に報告し，又は社債権者がこれを知ることができるようにする措置をとらなければならない。

5．社債管理補助者の責任

　社債管理者と同様に，社債管理補助者は，会社法又は社債権者集会の決議に違反する行為をしたときは，社債権者に対し，これによって生じた損害を賠償する責任を負う。

◆ 業務の流れ

　社債についても，借入金同様，大きく，社債の発行条件等の検討から社債発行に至るまでの「社債発行」とその後償還に至るまでの「社債残高管理」の2つに大別されます。

1. 社債発行

```
社債発行要件    社債発行取締    社債発行準備    社債発行実施
   定義        役会付議
```

(1) 社債発行要件定義

　社債発行にあたり，資金繰りやキャッシュ・フロー分析等に基づき，下記の社債発行条件（発行要件）を検討します。

　社債を発行する場合，取締役会決議から社債発行条件決定，そして実際の入金まで数週間要する場合が一般的であり，前もって詳細な資金繰りを把握し，また将来キャッシュフロー見通しからの償還見通しを考慮した上で適切な発行スケジュールを組まないと会社資金がショートするリスクが生じますので注意が必要です。

① 社債発行条件

　下記の社債発行条件を決定し，社債契約の中に規定します。

● **発行金額**：いくら発行するか

● **発行年限**：何年にするか

● **償還方法**：満期一括償還，期中償還等

● **利払方法**：固定か変動か。年何回払いとするか

● **手数料体系の決定**：発行・期中事務委託手数料等の手数料体系をどのように設定するか。

●利率の設定：どういう金利水準に設定するか。

●社債管理会社の決定

KEYWORD

▶**債券の償還：**償還とは投資家から集めた資金を一定期日に返済することをいい，償還方法として次の方法がある。

① **満期一括償還：**最終償還日に全額償還することを満期一括償還といい，現在はこの方式が主流となっている。

② **期中償還：**発行体の償還負担を平準化するため，最終償還期限が到来する前に債券の一部を償還する方法をいう。期中償還には次の方法がある。

ⓐ **定時償還：**一定の据置期間経過後に毎半年又は毎年に一定額を償還し，最終期限に残額を完済する方法。

ⓑ **任意償還：**一定の据置期間経過後，会社が任意にその社債の全部又は一部を繰上償還する方法。

【社債発行条件検討フロー】

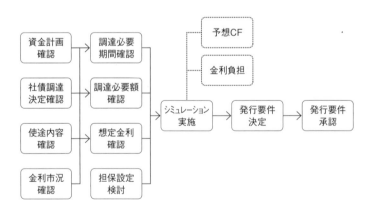

(2) 社債発行取締役会付議

会社法では次の事項の決定は取締役会の専決事項とされていますので，経理・財務部門は取締役会付議資料を作成し，取締役会に諮ります。

① 2以上の募集について，募集事項の決定を委任するときは，その旨

② 募集社債の総額の上限（2以上の募集の場合は，各募集についての募集社債の総額の上限の合計額）

③ 募集社債の利率の上限その他の利率に関する事項の要綱

④ 募集社債の払込金額に関する事項の要綱

(3) 社債発行準備

社債発行に先立ち，格付機関へ必要書類を提出し，格付依頼を行い，格付を取得します。また投資家の募集は金商法の規制を受け，**金融商品取引業**登録が必要となりますので，通常は証券会社等の登録業者が行うことになります。投資家からの社債の**引受**等も同様です。前述のとおり，社債発行には，多くの関係者が関与しますので，社債発行に先立ち，関係者と諸契約書の締結を行います。

KEYWORD

▶**金融商品取引業**：有価証券・デリバティブの販売・勧誘，投資助言・投資運用等の行為を業として行う行為で，金商法の規制の対象となる。従来の証券取引法で規定されていた証券業のほか，金融先物取引業，投資顧問業，投資信託委託業等を含む広い概念で，第一種金融商品取引業，第二種金融商品取引業，投資助言・代理業及び投資運用業の4種類ある。主に公募債の募集は第一種金融商品取引業者，私募債の募集は第二種金融商品取引業者でなければ取り扱うことはできない。

▶**引受**：発行される有価証券が全部取得され，未取得部分を残さないことを発行者に保証することをいう。資金調達が不成立に終わる等の危険を引受会社の負担により排除し，有価証券の発行を確実にする機能を果たしており，このリスク負担を引受責任という。

(4) 社債発行実施

社債発行日には，社債代金の入金を確認の上，社債発行費用の引落，支払を行い，会計帳簿への反映を行います。

2. 社債残高管理

社債発行後，償還に至るまでの残高管理の手続になります。

(1) 社債残高管理

社債契約をもとに社債台帳を整備し，社債残高を管理します。

【社債台帳管理フロー】

(2) 社債利息管理

社債契約をもとに，社債利息金額を算定し，支払を行い，会計帳簿への反映を行います。実務上は事務代行会社等から計算書が送られてきますので，これに基づき管理します。

(3) 社債償還

　社債契約をもとに，償還スケジュールを確認し，償還金額の支払を行い，会計帳簿への反映を行います。

KEYWORD

▶**コベナンツ**：無担保私募債の場合，担保が存在しないことから発行会社の財務内容，財務政策に対して一定の制限的な特約（財務上の特約）を付し，それに抵触した場合には，期限の利益を喪失させたり，担保付社債に切替えを行うことにより社債権の保全を図る場合があり，この特約をコベナンツ（Covenants）と呼んでいる。一般的に，コベナンツには，担保提供制限条項・利益維持条項・純資産額維持条項・配当制限条項・担保切替条項・資産譲渡制限条項・格付維持条項等，様々なものがある。

▶**期限の利益の喪失（デフォルト）**：社債の場合，下記の事項に抵触した場合，デフォルト（期限の利益の喪失）事項となり，社債権者が当該債券の保全に入ることとなるため注意が必要。

●当該社債の元利金について支払を遅延した場合

●発行会社が法的手続の申立てをした場合，開始決定を受けた場合，解散した場合等

●発行会社が社債要項の重要な規定に違背した場合

●発行会社がコベナンツ条項に違背した場合

▶**社債権者集会**：無担保社債における社債管理の基本は，社債権者の自主的管理機構である社債権者集会によることとされており，社債権者集会は，会社法に規定されている決議事項に加え，社債権者の利害に関する事項を決議することができる。社債権者集会は，同一種類の社債権者の共通の利益に関する事項について社債権者の総意を決定する機関で，社債権者全員の同意を必要とせず，多数決で決議され，その決議は社債権者全員を拘束することとなる。

◆ 会計上のポイント

1. 社債の発生の認識

　金融商品会計基準によると，社債は，契約締結時に金融負債の発生の認識（貸借対照表への計上）が必要となります。

　その時に計上する金額ですが，会社法施行前の同会計基準では，社債は社債金額をもって貸借対照表価額とし，社債を社債金額よりも低い価額又は高い価額で発行した場合には，当該差額に相当する金額（社債発行差金）を資産（繰延資産）又は負債として計上し，償還期に至るまで毎期一定の方法で償却するものとしていました。

　しかし，会社法施行後の改正後の同会計基準では，支払手形，買掛金，借入金，社債その他の債務は，債務額をもって貸借対照表価額とするが，社債を社債金額よりも低い価額又は高い価額で発行した場合など，収入に基づく金額と債務額とが異なる場合には，**償却原価法**に基づいて算定された価額をもって，貸借対照表価額としなければならないこととなりました。

KEYWORD

▶**償却原価法**：金融資産又は金融負債を債権額又は債務額と異なる金額で計上した場合において，当該差額に相当する金額を弁済期又は償還期に至るまで毎期一定の方法（利息法又は定額法）で取得価額に加減する方法をいう。なおこの場合，当該加減額を「社債利息」に含めて処理する。

---

2. 社債の消滅の認識

　金融負債の場合は下記のいずれかのときに，消滅を認識（貸借対照表から除外）しなければなりません。

① 債務者が契約上の義務を履行したとき
② 契約上の義務が消滅したとき
③ 債務者が法的な手続により，負債に係る第一次債務者の地位から法的に免除されたとき

社債の場合は，通常，償還時のタイミングで貸借対照表から外すこととなります。

3. 社債発行費の処理

(1) 社債発行費

社債発行費とは，社債募集のための広告費，金融機関の取扱手数料，証券会社の取扱手数料，目論見書・社債券等の印刷費，社債の登記の登録免許税その他社債発行のため直接支出した費用をいいます。

(2) 原則

支出時に費用（営業外費用）として処理します（一括費用計上）。

(3) 容認

社債発行費は，繰延資産として資産に計上することができます。この場合には，社債の償還までの期間にわたり利息法により償却をしなければなりません。なお，償却方法については，継続適用を条件として，定額法を採用することができます。

4. 社債利息の処理

発生主義により，経過期間に応じて費用として認識します。

5. 社債の経理処理例

（例）当社は以下の条件で機関投資家向けに X1 年 4 月 1 日に社債を発行し，払込金を当座預金に入金した。なお，その際手数料等発行費用 3,300 千円（税

込) を当座預金より支払っている。なお当社の決算日は 12 月 31 日である。

- ・社債額面総額：100,000 千円
- ・償還期限：3 年（満期日一括償還）
- ・社債発行価額：額面 100 円につき 97 円
- ・年利率：2%（実効利子率 3.054%）
- ・利払日：9 月 30 日・3 月 31 日
- ・源泉税率（対法人）：15.315%

(1) 利息法による場合

各利払日における利息及び償却原価の計算表は以下のとおり。

（単位：千円）

年月日	利息支払額	利息配分額	金利調整差額の償却額	償却原価（帳簿価額）
X1.4.1				97,000
X1.9.30	1,000	1,481	481	97,481
X2.3.31	1,000	1,489	489	97,970
X2.9.30	1,000	1,496	496	98,466
X3.3.31	1,000	1,504	504	98,970
X3.9.30	1,000	1,511	511	99,481
X4.3.31	1,000	1,519	519	100,000
合　計	6,000	9,000	3,000	－

・X1.4.1（社債発行時）

（借）当 座 預 金 97,000 千円	（貸）社　　　　債※1 97,000 千円
社 債 発 行 費※2　3,000 千円	当 座 預 金　3,300 千円
仮 払 消 費 税　　300 千円	

※1　社債は発行価額で記帳。100,000 千円 × 97/100 ＝ 97,000 千円
※2　社債発行費は原則費用処理だが，繰延資産として資産計上し，償還期限にわたり償却することも可能

・X1.9.30（利払時）

　・社債の契約利子支払総額と金利調整差額の合計額を社債の貸借対照表価額
　　に対し一定率(実効利子率)となるように複利計算で各期の損益に配分する。

　・償却額＝帳簿価額×実効利子率×月数/12カ月－クーポン利子

（借）社 債 利 息※1　1,481 千円	（貸）当 座 預 金	847 千円
	預り源泉税※2	153 千円
	社　　　　債※3	481 千円

　　※1　97,000 千円 × 3.054%（実効利子率）× 6/12 = 1,481 千円
　　※2　1,000 千円 × 15.315% = 153 千円
　　※3　1,481 千円 － 1,000 千円（クーポン利子）= 481 千円

・X1.12.31（決算時）

（借）社 債 利 息※4　744.5 千円	（貸）未払社債利息※5	500 千円
	社　　　　債※6	244.5 千円

　　※4　利息配分額 1,489 × 3/6 = 744.5 千円
　　※5　利息支払額 1,000 × 3/6 = 500 千円
　　※6　744.5 千円 － 500 千円 = 244.5 千円

・X2.3.31（利払時）

（借）未払社債利息　　　500 千円	（貸）当 座 預 金	847 千円
社 債 利 息※7　744.5 千円	預 り 源 泉 税	153 千円
	社　　　　債※8	244.5 千円

　　※7　利息配分額 1,489 千円 － 決算時計上 744.5 千円 = 744.5 千円
　　※8　489 千円 － 決算時計上額 244.5 千円 = 244.5 千円

・X2.9.30 ～ X4.3.31（利払時の仕訳省略）

・X4.3.31（償還時）

（借）社　　　　債 100,000 千円	（貸）当 座 預 金	100,000 千円

⑵ 定額法による場合

　定額法では社債の金利調整差額 3,000 千円を発行日から償還日までの期間（3年間）で除して各期に配分するため，利息法とは異なり，償却は利払日に行う必要はなく，決算日に行うこととなる。

・X1.4.1（社債発行時）

　⑴ 利息法の場合と同様

・X1.9.30（利払時）

（借）社 債 利 息※1	1,000 千円	（貸）当 座 預 金	847 千円
		預り源泉税※2	153 千円

　　※1　100,000 千円 × 2% × 6/12 = 1,000 千円
　　※2　1,000 千円 × 15.315% = 153 千円

・X1.12.31（決算時）

（借）社 債 利 息	500 千円	（貸）未払社債利息※3	500 千円

　　※3　100,000 千円 × 2% × 3/12 = 500 千円

（借）社 債 利 息	750 千円	（貸）社　　　　　債※4	750 千円

　　※4　（100,000 千円 − 97,000 千円）× 9/36 = 750 千円

・X2.3.31（利払時）

（借）未払社債利息	500 千円	（貸）当 座 預 金	847 千円
社 債 利 息※5	500 千円	預り源泉税	153 千円

　　※5　100,000 千円 × 2% × 6/12 − 決算時計上額 500 千円 = 500 千円

・X2.9.30 〜 X4.3.31（利払時の仕訳省略）

・X4.3.31（償還時）

（借）社 債 利 息※6	250千円	（貸）当 座 預 金	100,000千円
社　　　　　債※7	99,750千円		

※6　（100,000千円 − 97,000千円）× 3/36 ＝ 250千円
※7　97,000千円 ＋ 750千円（X1年度償却額）＋ 1,000千円（X2年度償却額）
　　　＋ 1,000千円（X3年度償却額）＝ 99,750千円

6. ディスクロージャー

社債は有価証券であるため，金商法の規制を受けることとなります。投資家への開示は，原則として金商法上の企業内容等開示制度に従うこととなります（上巻「11. ディスクロージャー（外部開示）」参照）。

(1) 発行市場における開示

有価証券届出書によって内閣総理大臣に対して募集・売出し（注）の届出を行い，行政による審査を経た後，届出の効力発生により，投資家に取得又は売付けが可能となりますが，それには目論見書を投資家に交付することが必要となります。募集・売出しをすることが前提となっていますので，公募債がその対象であり，私募の場合はこの限りではありません。また，発行価額・売出価額の総額が1億円未満の場合等投資家への影響が少ないと考えられるケースでは，有価証券届出書の作成・提出を免除しています。ただし，目論見書の作成・交付や有価証券通知書の作成が必要な場合があります。

（注）有価証券の売出し：原則としてすでに発行された有価証券の売付け・買付け申込の勧誘で，多数の投資家に対して行う場合等をいいます。

(2) 流通市場における開示

流通市場における開示は大きく，継続開示・臨時開示があります。継続開示としては，有価証券報告書，四半期報告書（又は半期報告書）等があり，臨時開示として臨時報告書等があります。また流通性が乏しいと判断される一定の場

合には，開示義務の免除の規定があります。

◆ 税務上のポイント

1. 法人税

(1) 社債発行費

社債発行費は，法人税法上，**繰延資産（社債等発行費）**に該当します。

① 繰延資産の償却費の損金算入

税法上，繰延資産（社債等発行費）の償却費として損金の額に算入される金額は，法人が償却費として損金経理した金額のうち，税法上の償却限度額に達するまでの金額です。

② 償却限度額

繰延資産（社債等発行費）の償却限度額は，その繰延資産の額（過年度の損金処理額控除後）が償却限度になります。つまり，いつ，いかなる金額の償却をするかは法人の任意ということです。

(2) 社債利息

社債の支払利息は，借入金利息同様，原則として，発生主義の原則に基づき，その利息の計算期間の経過に応じその事業年度の損金の額に算入されます。

(3) 金銭債務の償還差損益

金銭債務の償還差益又は償還差損（アキュムレーション・アモチゼーションの損益）については，発生日から償還日までの期間の経過に応じて次の算式により計算した金額を益金算入（償還差益の場合）又は損金算入（償還差損の場合）することとなっています。

$$
\begin{array}{c}
\text{益金又は} \\
\text{損金算入額}
\end{array}
=
\begin{array}{c}
\text{償還差益又は} \\
\text{償還差損の額}
\end{array}
\times
\frac{\text{当期の月数（発生年度にあっては発生日から期末までの月数）(注)}}{\text{発生日から償還日までの期間の月数}}
$$

(注)月数は，1カ月未満は1カ月とする。

つまり，税務も償却原価法を認めていますが，償却方法としては定額法のみで，利息法は認めていない点に留意が必要です。

2. 消費税

(1) 社債の発行・償還

社債の発行や償還行為は，「資産の譲渡等」には該当せず，課税対象外となり，消費税は課されません。

(2) 社債発行費

個々の費用の内容に応じて判定します。社債募集のための広告費，金融機関の取扱手数料，証券会社の取扱手数料，目論見書・社債券等の印刷費等は通常，課税仕入れとなり，消費税が課されますが，社債の登記の登録免許税は課税対象外取引となり，消費税は課されません。

◆ 内部統制上のポイント

1. 統制環境

●職務権限規定・規程等の整備

諸規程の整備により，社債に関し責任者・担当者の権限，手続を明確化しておく必要があります。とりわけ，会社法では，社債の発行は，取締役会決議を必要とします。

2. リスクの評価と対応

社債におけるリスクの評価と対応として，主に次のようなものがあります。

(1) 社債利息・償還金の支払が滞留し，遅延損害金が発生，又はデフォルトとなるリスク

⇒対応：借入とは異なり，投資家は多数に及び，会社の信用問題になりかねないため，返済期日を見過ごさないよう定期的に社債台帳をレビューし，スケジュール管理・償還資金の手当て等を手厚くする必要があります。

(2) 変動金利の場合，将来金利が上昇するリスク

⇒対応：社債規程又は業務マニュアルに基づいて，金利スワップの締結等変動金利を固定化する等の対応が考えられます。また，金利に関して日常的にウォッチできるよう職務分掌が必要です。

(3) コベナンツに抵触するリスク

⇒対応：財務制限条項等がある場合は，職務分掌に基づいて，担当者が定期的に計算し，上司が確認する手続を確立します。

3. 統制活動

● 社債管理業務マニュアルの整備・運用の徹底

諸規程に盛り込まれない業務手順のようなものについては，業務マニュアルを整備し，それに基づく運用を徹底していく必要があります。とりわけ，少人数私募債の場合，社債管理会社等を設置しないことから発行会社が行わなければならない事務がたくさんありますので最初に必要事務をリストアップしておくことが重要です。

4. 情報と伝達

社債の発行内容等を定期的に経理・財務部門に情報が入るようにし，上司がチェックできるよう報告する体制が必要です。

5. モニタリング

現場においては，社債台帳と帳簿との照合を徹底します。

6. IT への対応

(1) 管理ソフトウェアの活用

社債台帳はなるべくソフトウェアを使って管理します。できれば利息の計算も自動化できるツールを使い，計算ミスを回避します。また，担当者のみにアクセス権限を与え，上司が定期的にチェックします。定期的にパスワードの変更も必要です。

(2) ペーパーレス化への対応

内部管理上は，不正・盗難等の防止の観点から，社内で券面を管理することがないようにペーパーレス化（振替債の活用等）を推進するのが望ましいです。

☞ ズバリ，ここが実務ポイント！

▶社債は満期一括償還が主流であるので，償還時の資金をどのように調達するかあらかじめ検討しておく必要がある。

▶社債の元利返済が延滞しないよう，台帳等で残高管理をすることが重要。

▶社債の利息は，借入金の利息とは異なり，原則として源泉徴収の対象となることに注意。

▶社債の償却原価法は会計上は利息法が原則，定額法が容認となっているが，税務上は定額法のみなので注意。

---

26. デリバティブ取引管理

近年は金融技術の進展に伴い，一般事業会社に対してもデリバティブ取引を活用する機会が増えています。変動金利の借入金を，金利スワップを使って固定金利に変換したり，輸出・輸入業者が先物取引を行うようなケースが代表例です。また銀行が薦める預金にもデリバティブを組み込んだものも出てきています。

1. デリバティブ取引とは

(1) デリバティブ取引の種類

デリバティブ（金融派生商品）とは，通貨，金利，株式，債券等の原資産から派生した金融商品で，大きく，先渡取引（フォワード），先物取引（フューチャー），スワップ，オプションに大別されます。

【デリバティブ取引の種類】

原資産	先渡 （フォワード）	先物 （フューチャー）	スワップ	オプション
金利	FRA （金利先渡）	金利先物	金利スワップ	金利オプション（キャップ・フロア・カラー）
債券		債券先物		債券オプション
通貨	為替予約，FXA （為替先渡）	通貨先物	通貨スワップ	通貨オプション
株式 （株価指数）		株価指数先物	エクイティ スワップ	株価指数オプション等
商品		商品先物	コモディティ スワップ	商品オプション
その他				天候デリバティブ，クレジットデリバティブ等

① 先渡取引（フォワード）・先物取引（フューチャー）

先渡取引・先物取引とも，ある商品のある特定された量につき，将来の一定

の日を受渡日として，現在定める価格で売買の約束をすることですが，先渡取引の場合は相対取引であるのに対し，先物取引は取引所取引です。また，決済方法に関し，先渡取引の場合は**受渡決済**が原則であるのに対し，先物取引は**差金決済**が一般的であることが相違しています。

KEYWORD

▶**受渡決済と差金決済**：約束の日に実際に対象商品と代金の受け渡しを行う決済方法が「受渡決済」。先物取引では，受け渡しを伴わずに，当初行った取引の反対の取引（反対売買）を行って決済することもできる。この場合，買値と売値の差額の受け渡しによって決済することになる。この方法の決済を「差金決済（差額決済）」と呼ぶ。

---

② スワップ取引

スワップとは「交換」を意味し，将来の一定期間に起こる経済価値が等価であると考えられる２つのキャッシュ・フローを相対する当事者間で合意した条件のもとで支払・受取をお互いに行う取引です。代表的なものに，金利スワップ，通貨スワップがあります。スワップ取引は全て相対取引になります。

③ オプション取引

原資産を，将来の一定期日までに，特定の価格（権利行使価格）で，売り付ける権利又は買い付ける権利（オプション）の取引です。売る権利をプット・オプション，買う権利をコール・オプションといいます。オプションには相対取引と取引所取引があります。

(2) デリバティブ取引の利用目的

デリバティブ取引を利用する目的として，一般的には下記の３つの目的があると言われています。

① ヘッジ目的

　デリバティブを利用して，現存の資産・負債や将来予定された取引が相場の変動やキャッシュ・フローの変動によって不利な状況に陥らないようにする（ヘッジ）ことを目的とするものです。原資産等の価格変動リスク等のリスクを回避するためにデリバティブ取引を活用することです。

② 投機目的

　デリバティブは**投機**（スペキュレーション）の手段としても利用されています。投機とは，純粋にデリバティブ価格の値上がり，値下がりを見込んで取引を行い，短期間で利益を得ようとする取引のことです。投機は市場の撹乱要因になることもありますが，市場に厚みを与え，市場参加者がヘッジをしやすくするという長所もあります。

③ 裁定目的

　裁定（アービトラージ）取引とは，価格形成の歪みを利用して利益を獲得するものであり，鞘取引とも呼ばれます。

(3) 代表的なデリバティブの損益イメージ

① 先物取引

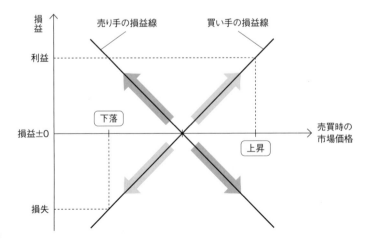

● 先物の買い手の損益

　先物での買い手は，予想どおり，満期日の市場価格が約束の価格よりも値上がりすれば，先物の実行により約束した価格で買う商品をそれよりも高い価格で市場で売ることができるので，その差額分の利益が出ます。逆に市場価格の方が低いと損が発生します。

● 先物の売り手の損益

　反対に先物での売り手は，予想どおり，満期日の市場価格が約束の価格より値下がりしていれば，先物の実行により約束した価格で売る商品をそれよりも安い価格で調達できるので，その差額が利益になります。逆に市場価格の方が高くなると，逆鞘になり損失が発生します。

② オプション取引

　オプションの買い手は，オプション・プレミアムを支払って権利を取得し，オプションの売り手は，オプション・プレミアムを受け取って買い手が権利を行使した際に，これにこたえる義務を負います。また買い手は行使をしても利益が得られない場合は，この権利を放棄すればよく，売り手は何の義務も生じません。

【コール・オプションとプット・オプション】

	コール・オプション	プット・オプション
買い手	コール・オプションの買い（買う権利を行使又は放棄）	プット・オプションの買い（売る権利を行使又は放棄）
売り手	コール・オプションの売り（買い手が権利を行使した時は売る義務あり）	プット・オプションの売り（買い手が権利を行使した時は買う義務あり）

・コール・オプションの例
　－オプション売買日：9月1日
　－権利行使価格：1,000円, プレミアム100円, 期日10月1日
　－コール・オプション→10月1日に1,000円で株式を買う権利

●コール・オプションの買い手の損益　　　●コール・オプションの売り手の損益

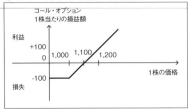 

・10/1に株価が1,100円より下回った場合は買い手は
　権利を放棄（プレミアムしか損しない）
　　→out of the money
・10/1に株価が1,100円を上回った場合は買い手は
　権利を行使。→in the money

・10/1に株価が1,100円より下回った場合は売り手は
　プレミアム分もうかる→in the money
・10/1に株価が1,100円を上回った場合は売り手は義
　務を履行することから損失拡大。→out of the money

・プット・オプションの例
　－オプション売買日：9月1日
　－権利行使価格：1,000円, プレミアム50円, 期日：10月1日
　－プット・オプション→10月1日に1,000円で株式を売る権利

●プット・オプションの買い手の損益　　　●プット・オプションの売り手の損益

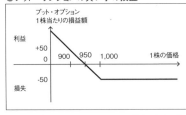 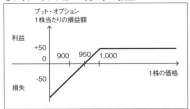

・10/1に株価が950円より下回った場合は買い手は
　権利を行使。→in the money
・10/1に株価が950円を上回った場合は買い手は権
　利を放棄（プレミアムしか損しない）
　→out of the money

・10/1に株価が950円より下回った場合は売り手は義
　務を履行することから損失拡大。→out of the money
・10/1に株価が950円を上回った場合は売り手はプレ
　ミアム分もうかる→in the money

⑷ デリバティブ取引のメリットとリスク

① メリット

● 取引の多様化

　例えば，株式の利益を得るための売買の鉄則は，右肩上がりの局面で安く買って高く売るというシンプルなものです。ところがデリバティブ商品は，右肩上がりに限らず，右肩下がりの局面，即ち価格の値下がりによって利益が得られるものや，あるいは価格が上がりも下がりもしないときに利益を得られるものもあります。この多様な商品性のおかげで，市場の動向に応じた様々な活用が可能になります。

● リスクヘッジ機能

　ヘッジ目的のところで述べたように，デリバティブは様々なリスクヘッジをする機能があります。

● レバレッジ効果

　デリバティブ取引の元手は，オプション料，証拠金等で，原資産の取引よりも少額で済みます。この結果デリバティブ取引で得られる損益は大きなものとなり，梃子の原理（レバレッジ効果）が働きます。

● 流動性の向上

　裁定取引により，現物市場に流動性不足等の問題が生じたときにも，デリバティブ市場が現物市場の代替市場として働き，流動性の向上に役立つことがあります。

② リスク

　一方で，デリバティブには下記のようなリスクがあり，リスク管理が必要となります。

● 市場リスク（マーケットリスク）：金利や為替などが市場の変化により，デリバティブの価値が変動し，それに伴って損失が発生するリスク

● 信用リスク：取引企業の倒産等により契約どおりの取引ができなくなるリスク

- **オペレーションリスク**：取引の事務処理が過誤やコンピュータ・システムの欠陥などにより迅速性や正確性が損なわれることによって損失を被るリスク
- **流動性リスク**：市場の流動性が欠如することによって取引に支障が生じ，損失を被るリスク
- **リーガル・リスク**：取引の法律面での不備によって損失を被るリスク
- **システミック・リスク**：一つの金融機関の破綻により連鎖的に他の金融機関の破綻にまでおよび金融システム全体の安定が損なわれるリスク。このリスクは政策当局・監督機関が対処すべき問題ですが，金融市場での相互依存性が高まっており，デリバティブ取引の拡大によりリスクは増加していく可能性があります。

◆ 業務の流れ

「経理・財務サービス・スキルスタンダード」では，一般事業会社での業務を想定していることから，デリバティブ利用目的が「ヘッジ」目的を前提とした業務の流れになっています。

大きく，下記の業務があります。
- **ヘッジ取引**：ヘッジ方針の策定から商品・取引選定，契約，取引実行等
- **ポジション管理**：ポジション残高の台帳管理，定期的なポジション報告，ヘッジ取引の有効性確認等
- **時価評価**：デリバティブ取引の時価評価

1. ヘッジ取引

ヘッジ方針策定　　　契約　　　取引実行

(1) ヘッジ方針策定

デリバティブ取引を実施するにあたり，まずは会社のリスク管理方針の確認

を行い，これに基づきヘッジ方針を策定してゆきます。

Column 36　ヘッジ方針の開示例

▶有価証券報告書では「ヘッジ方針」として下記のような記載例がある。

> 「営業活動及び財務活動により発生する為替レート及び金利変動リスクを
> ヘッジすることを目的とし，原則として債権債務の範囲内で取引を行って
> います。また，取引の信用リスクを低減するために，国際的な優良金融機
> 関と取引を行うとともに，先物為替予約取引及び通貨オプション取引に関
> しては「為替予約規則」を設けています。」

> 「外貨建取引に係る相場の変動リスクを回避する目的で為替予約取引を
> 行っております。投機的な取引及び短期的な売買差益を得る取引は行って
> おりません。」

> 「ニッケル相場変動に対するステンレス価格の変動を回避する目的で ヘッ
> ジ取引を行っております。」

【ヘッジ取引方針策定フロー】

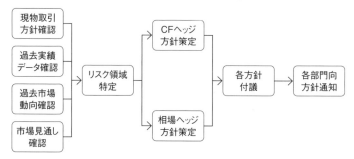

(注)CFヘッジとは，キャッシュ・フロー・ヘッジを，相場ヘッジとは公正価値ヘッジを指す。

(2) 契約

策定したヘッジ方針に基づき，取引先の選定，商品の検証を行い，契約手続きに入ります。

① 取引先選定

社内のヘッジ方針や過去の取引実績を参考に，取引先の安全性を検証の上，取引先候補を判定します。

② 商品検証

提案を受けた商品に対し，社内のヘッジ方針に沿ってヘッジの有効性判定を行い，商品の採否を検証します。

③ 契約実行

採用する商品の契約内容を検証し，基本契約を締結します。

KEYWORD

▶契約：通常デリバティブ取引の契約書はISDA（国際スワップ・デリバティブ協会）が作成した基本契約書である**ISDAマスターアグリーメント**を基準に作成される。本契約書は，デリバティブ取引を相対で行う場合に，あらかじめ相手方と基本的なルールや枠組みを決めておこうという考え方に基づき，主に金融機関が参加するマーケットで一般的に利用されている。また，個々の取引については，取引ごとに簡単な「取引明細（内容確認書：コンファメーション）」を交わし，基本契約書と合わせて，取引全体の契約書として機能させている。

なお，ISDAとは，デリバティブの効率的かつ着実な発展を促進するため，1985年にアメリカ合衆国のニューヨークで設立されたデリバティブに関する世界的な組織（全世界的な業界団体）である。

【商品検証フロー】

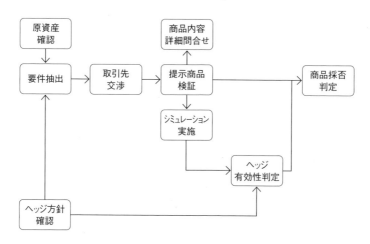

(3) 取引実行

取引要件を確定し，社内決裁の後，発注，権利行使を行い，取引後会計伝票に反映します。

① 要件確定

現物取引内容を確認し，それに対応するヘッジ取引要件（金額・期間・金利等）になっているか確認します。

② 取引通知

現物取引に対応するヘッジ取引実行要件を取引先に通知します。

③ 権利行使

金利，通貨等のヘッジ取引対象商品の権利を行使し，実現損益を検証します。

④ 伝票計上

検証事実を踏まえ伝票を起票します。

2. ポジション管理

(1) ポジション管理

　ポジション残高の台帳管理，定期的なポジション報告，ヘッジ取引の有効性確認等を行います。

① 台帳管理

　ポジション台帳と取引先からのステートメント（取引明細書）を日々突合し，台帳の記載内容を検証します。

② ポジション報告

　現物取引と複数存在するヘッジ取引とが誤りなく対応していることを確認し，各々をネッティングしたポジションの状況を算定し，一定の報告を行います。

③ ヘッジ有効性検証

　時価の変動状況，変動幅を確認し，ヘッジ取引の有効性を検証します。

KEYWORD

　▶**ポジション**：金融商品を将来の時点で売買しようとすると，相場の変動により売買差益が変動するという市場リスクを負うことになる。金融商品を買っている状態を「**ロングポジション**（買い持ち）」と呼ぶ。買い持ちは，金融資産（株式・債券・為替）を保有している場合や，先物で買付予約を行っている時のポジションである。一方，金融商品を売っている状態を，「**ショートポジション**（売り持ち）」と呼ぶ。この市場リスクを回避するには，現物のポジションで発生した損失を，反対のデリバティブのポジションで発生する利益で穴埋めする方法がある。

---

3. 時価評価

　デリバティブ取引の時価評価を行い，会計伝票に反映させ，一定の報告を行

います。

◆ 会計上のポイント

1. デリバティブ取引の会計処理の原則

　デリバティブ取引は，金融商品会計基準，金融商品会計に係る実務指針等に基づき会計処理を行います。主なポイントは次のとおりです。

・デリバティブ契約を締結した時には，当該金融資産・金融負債の発生を認識（貸借対照表への計上）しなければなりません（**約定日基準**）。

・デリバティブ取引によって生じる正味の債権・債務は，原則として**時価評価**（当期の損益処理）されます。

・時価とは，算定日において市場参加者間で秩序ある取引が行われると想定した場合の，該当取引における資産の売却によって受け取る価格又は負債の移転のために支払う価格をいいます（「21. 有価証券管理」参照）。

・ヘッジ目的のデリバティブについては，一定の適格要件を満たすもののみ，ヘッジ会計の適用が認められます。

・デリバティブ取引においても，契約上の権利を行使したとき，契約上の権利を喪失したとき，又は契約上の権利に対する支配が他に移転したときに，その消滅を認識（貸借対照表から除外）しなければなりません。

2. ヘッジ会計

(1) ヘッジ会計とは

　ヘッジ会計とは，ヘッジ取引のうち一定の要件を満たすものについて，ヘッジ対象（リスクを抱えている資産等）に係る損益とヘッジ手段（ヘッジ目的のデリバティブ取引）に係る損益を同一の会計期間に認識し，ヘッジの効果を財務諸表に反映させるというものです。これによって例えば，原資産が損失を発生したとしても，ヘッジが利益に計上され，損益が相殺される効果があります。

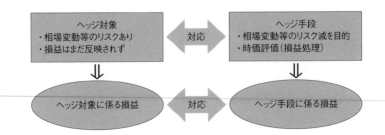

(2) ヘッジ取引の種類

　金融商品会計基準実務指針では，ヘッジ取引を次の2種類に区分し，会計処理もそれぞれで異なってきます。

① 公正価値ヘッジ（相場を相殺するヘッジ取引）

　ヘッジ対象が，相場変動リスクにさらされており，かつ，ヘッジ対象の相場変動とヘッジ手段の相場変動との間に密接な経済的相関関係があり，ヘッジ手段がヘッジ対象の相場変動リスクを減少させる効果を持つもの。

② キャッシュ・フロー・ヘッジ（キャッシュ・フローを固定するヘッジ取引）

　ヘッジ対象がキャッシュ・フロー変動リスクにさらされており，かつ，ヘッジ対象のキャッシュ・フロー変動とヘッジ手段のキャッシュ・フロー変動との間に密接な経済的相関関係があり，ヘッジ手段がヘッジ対象のキャッシュ・フロー変動リスクを減少させる効果を持つもの。

(3) ヘッジ会計の要件

　ヘッジ取引にヘッジ会計が適用されるのは，次の要件が全て満たされた場合になります。要するに，ヘッジ取引は特殊な取引であり，通常認められていない会計処理を要請することになるので，文書化・リスク管理体制の構築・運用，有効性の評価等厳しい要件が定められている訳です。

① ヘッジ取引開始時の要件（事前テスト）

　ヘッジ取引が企業のリスク管理方針に従ったものであることが，取引時に，

次のいずれかによって客観的に認められること

> ・文書による確認
>
> 　当該取引が企業のリスク管理方針に従ったものであることが，取締役会議事録，稟議書等の文書により確認できること。
> ・内部規程及び内部統制組織の存在による確認
>
> 　企業のリスク管理方針に関して明確な内部規程及び内部統制組織が存在し，当該取引がこれに従って処理されることが期待されること。具体的には，ヘッジのためのデリバティブ取引を実行する部門とリスク管理部門とが分離し，ヘッジ取引の実行を適切に管理するシステムが確立されていることなどが挙げられます。

② ヘッジ取引時以降の要件（事後テスト）

　ヘッジ取引時以降において，ヘッジ対象とヘッジ手段の損益が高い程度で相殺される状態又はヘッジ対象のキャッシュ・フローが固定されその変動が回避される状態が引き続き認められることによって，ヘッジ手段の効果が定期的に確認されていること（ヘッジ有効性の評価）。

⑷ ヘッジ会計が適用されるヘッジ対象

　ヘッジ会計が適用されるヘッジ対象には次のものがあります。

> ・相場変動等による損失の可能性がある資産又は負債で，当該資産又は負債に係る相場変動等が評価に反映されていないもの（例：固定金利の貸付金。変動金利がその固定金利より上昇した場合，その貸付金の価値は低下するため）
> ・相場変動等が評価に反映されているが評価差額が損益として処理されないもの（例：「その他有価証券」に区分される有価証券）
> ・当該資産又は負債に係るキャッシュ・フローが固定されits変動が回避されるもの（例：変動金利の借入金を，変動受取固定支払の金利スワップでキャッシュ・フローを固定化する場合の，その借入金）

⑸ ヘッジ有効性の評価方法

　企業は，ヘッジ期間を通じて一貫して，企業が定める評価方法により，その

ヘッジが高い有効性をもって相殺が行われていることを確認しなければなりません。

● 判定方法

---

① 公正価値ヘッジ

　　ヘッジ対象の相場変動とヘッジ手段の相場変動の間に高い水準で相殺が行われたかどうかをテストしなければならない。

② キャッシュ・フロー・ヘッジ

　　ヘッジ対象のキャッシュ・フロー変動とヘッジ手段のキャッシュ・フロー変動との間に高い水準で相殺が行われたかどうかをテストしなければならない。

● 判定頻度

　決算日には必ず判定を行い，少なくとも6カ月に1回程度，有効性の評価を行わなければなりません。

● 判定基準

　概ね下記の比率が80%〜125%の範囲内にあれば「ヘッジの有効性が高い」と判断されます。

$$80\% \leq \frac{\text{ヘッジ手段の変動相場の累計}}{\text{ヘッジ対象の変動相場の累計}} \leq 125\%$$

　又は

$$80\% \leq \frac{\text{ヘッジ手段のキャッシュ・フローの累計}}{\text{ヘッジ対象のキャッシュ・フローの累計}} \leq 125\%$$

　例えば，ヘッジ手段の損失が90でヘッジ対象の利益が100ならば，上記比率は90%となり（ヘッジ対象のうち90%がヘッジ手段で相殺されているという意味），この範囲内ですので，ヘッジは「有効」であると判断されます。

●判定を省略できる場合

　一般的にヘッジ手段とヘッジ対象の資産・負債又は予定取引に関する重要な条件が同一である場合には，ヘッジ開始時及びその後も継続して，相場変動又はキャッシュ・フロー変動を完全に相殺するものと想定することができます。このような場合は，有効性の判定を省略することができます。

(6) ヘッジ会計の方法

① 繰延ヘッジ（原則）

　時価評価されているヘッジ手段（デリバティブ）に係る損益又は評価差額を，ヘッジ対象（原資産等）に係る損益が認識されるまでは，「繰延ヘッジ損益」勘定等を用いて，純資産の部において繰り延べる方法。繰延にあたっては，税効果会計を適用しなければなりません。

　なお，連結財務諸表においては，包括利益会計基準により，繰延ヘッジ損益の当期の変動額については，「その他の包括利益」として，連結包括利益計算書にも表示しなければなりません。

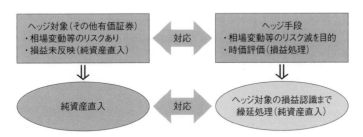

※ヘッジ対象，ヘッジ手段ともP/Lには反映されない。

【仕訳例】

(a) ヘッジ対象：「その他有価証券」に区分される債券

(b) ヘッジ手段：債券先物

●ヘッジ対象（債券）の時価評価

| （借）投資有価証券 ××× | （貸） | その他有価証券評価差額金 ××× |
| | | 繰延税金負債 ××× |

●ヘッジ手段（債券先物）の時価評価

| （借）繰延ヘッジ損益(注) ××× | （貸）債券先物 ××× |
| 繰延税金資産 ××× | |

(注)「繰延ヘッジ損益」勘定は，純資産の項目であり，損益計算書上の項目ではありません。なお，「繰延ヘッジ損益」の当期の変動額は連結包括利益計算書上にも反映されます。

② 時価ヘッジ（例外）

　ヘッジ対象である資産又は負債に係る相場変動等を損益に反映させることにより，その損益とヘッジ手段（デリバティブ）に係る損益とを同一の会計期間に認識することもできます。我が国ではヘッジ対象が「その他有価証券」の場合にのみ認められる処理です。一方 IFRS や USGAAP では公正価値でヘッジの場合，時価ヘッジの会計処理が強制されます。

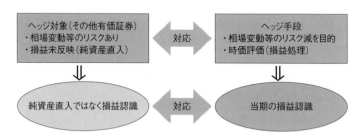

※ヘッジ対象，ヘッジ手段ともP/Lに反映される。

【仕訳例】

(a) ヘッジ対象：「その他有価証券」に区分される債券

(b) ヘッジ手段：債券先物

●ヘッジ対象（債券）の時価評価

（借）投資有価証券　×××	（貸）その他有価証券 評価損益（注）　×××

（注）当期損益処理であることに注意

●ヘッジ手段（債券先物）の時価評価

（借）債券先物損益　×××	（貸）債　券　先　物　×××

⑺ 金利スワップの特例処理

　金融商品会計基準においては，金利スワップについては利用状況を勘案して特例処理を認めています。金利スワップをヘッジ手段とした場合にヘッジ会計の要件を満たしているものについて，さらに一定の要件を満たした場合には，金利スワップを時価評価せず，金利スワップに係る金銭の受払いの純額等をヘッジ対象たる資産又は負債にかかる利息に加減して処理するというものです。これは，金利スワップ後の利息でもって会計処理をすることを意味しています。

　なお，一定の要件とは金融商品会計実務指針に細かな定めがありますが，ヘッジ対象資産と金利スワップの間で金額やヘッジ期間等のほぼ一致等が要件となっています。

【金利スワップの特例処理例】

①借入契約（ヘッジ対象）
　・当社は変動金利支払により，損益は▲100,000千円×2.1％＝▲2,100千円
②金利スワップ契約（ヘッジ手段）
　・当社は変動金利を受け，固定金利を支払うことから，＋100,000千円×2.1％－
　　100,000千円×2.5％＝▲400千円
③合計＝①＋②＝▲2,500千円→固定金利支払と同額

→特例処理では，借入金利息2,100千円に，スワップ差額400千円を加えた
　2,500千円をP/L上「支払利息」勘定で認識します。

想定元本
100,000千円

借入金 100,000千円　　　　　　　　固定金利払(2.5%)

| A銀行 | → | 借入契約 | 当社 | スワップ契約 | → | B銀行 |

変動金利払　　　　　　　　　　　　変動金利受
(金利指標＋1.0%)　　　　　　　　　(金利指標＋1.0%)

(注)金利指標は1.1%と仮定。

(8) ヘッジ会計の中止

　次の事態が発生した場合，ヘッジ会計の適用を中止しなければなりません。

> ① ヘッジ関係が企業のヘッジ有効性の評価基準を満たさなくなった場合
> ② ヘッジ手段が満期，売却，終了又は行使のいずれかの事由により消滅した場合

　ヘッジの中止時点までのヘッジ手段（デリバティブ）に係る損益又は評価差額は，ヘッジ対象（原資産等）に係る損益が認識されるまで繰延処理されることになります。

　上記①のケースでは，中止以降のヘッジ手段に係る損益又は評価差額は，発生した会計期間の損益として計上しなければなりません。

(9) ヘッジ会計の終了

　ヘッジ対象が消滅したとき，又はヘッジ対象である予定取引が実行されないことが明らかになった場合，繰り延べられていたヘッジ手段に係る損益又は評

価差額は当期の損益として処理しなければなりません。

◆ 税務上のポイント

1. 法人税

　企業会計上，デリバティブ取引が時価評価されることに合わせて，法人税法上でもデリバティブの評価損益を益金又は損金の額に算入するという取扱いになりました。またヘッジ会計を適用している場合，繰延ヘッジ・時価ヘッジとも，基本的には，会計と税務で取扱いに大きな相違はありませんが，帳簿書類への記載要件が税法特有の要件になります。

(1) デリバティブ取引の損益

① 原則

　法人がデリバティブ取引を行った場合に，期末で未決済になっているものがあるときは，一定のものを除き，これについて期末で決済をしたものとみなしてその損益を益金の額又は損金の額に算入します（**時価基準**）。なお，これにより益金又は損金の額に算入された金額は，「洗替え」方式により戻入することとなっています。「切放し」方式は認められていません。

② 例外

　下記の取引については，たとえ期末において未決済であっても，時価基準の対象から除かれます。

・外貨建資産等の円換算額を確定させるための先物外国為替予約等（為替予約取引。「27. 外貨建取引管理」参照）

・金利変動損失を減少させるための金利スワップ取引等のうち一定の要件を満たすもの（金利スワップの特例処理。後述）

(2) 繰延ヘッジ処理による損益の繰延

① 概要

　法人がヘッジ目的でデリバティブ取引等を行った場合において，期末までにヘッジ対象の譲渡等が未済となっており，かつ，ヘッジとして「有効」であると認められる一定の要件を満たすものであるときは，時価基準の例外として，そのデリバティブ取引等に係る利益額又は損失額のうち，ヘッジとして有効である部分は，そのヘッジ対象資産等の譲渡等があるまでは，これを益金の額又は損金の額に算入しません。

② 繰延ヘッジの対象となる資産・負債等

・価額の変動により損失が生ずるおそれのある資産・負債
　→企業会計上の「公正価値ヘッジ」に対応
・決済額の変動により損失が生ずるおそれのある資産・負債
　→企業会計上の「キャッシュ・フロー・ヘッジ」に対応

③ 繰延ヘッジの対象とならない資産・負債等

・売買目的有価証券
・期末時換算をする外貨建資産等

④ ヘッジの有効性判定

　原則として期末時及び取引の決済時において，次の割合が概ね80％〜125％の範囲内にあるときは，ヘッジが有効であると判定されます。

・資産又は負債に対してヘッジを行った場合

$$80\% \leqq \frac{\text{期末又は決済時におけるデリバティブ取引等の損益}}{\text{ヘッジ対象資産等の評価差額}} \leqq 125\%$$

・金銭に対してヘッジを行った場合

$$80\% \leqq \frac{\text{期末又は決済時におけるデリバティブ取引等の損益}}{\text{ヘッジ対象金銭の受払差額}} \leqq 125\%$$

⑤ 帳簿書類への記載要件

　繰延ヘッジ処理が認められるためには，デリバティブ取引等を行った日において，契約の締結等に関する帳簿書類に次に掲げる事項を記載しなければなりません。この要件は，企業会計にはない税務のみの要件ですので，留意が必要です。

・対象デリバティブ取引等がヘッジ目的で行ったものである旨
・ヘッジ対象資産又は負債及び金銭
・デリバティブ取引等の種類，名称及び金額
・ヘッジ期間　等

⑥ 決済損益額の計上時期

　上記の規定により繰り延べた利益又は損失相当額は，ヘッジ対象資産の譲渡もしくは消滅又は金銭の受取もしくは支払の日の属する事業年度の益金の額又は損金の額に算入します。

(3) 時価ヘッジ処理による損益の計上

① 概要

　法人が売買目的外有価証券（「21. 有価証券管理」参照）のヘッジ目的のためにデリバティブ取引等を行った場合において，期末までにヘッジ対象の売買目的外有価証券の譲渡等が未済となっており，かつ，ヘッジとして有効であると認められる一定の要件を満たすものであるときは，その売買目的外有価証券の時価と簿価の差額のうち，そのデリバティブ取引等による損益に対応する部分の金額を当期の益金の額又は損金の額に算入します。

　また，これにより益金の額又は損金の額に算入された金額は「洗替え方式」

により，翌事業年度の損金の額又は益金の額に戻入します。

② 時価ヘッジの対象となる資産・負債等

・ 価格の変動（償還期限及び償還金額の定めのある外貨建有価証券の為替相場による変動を除く）による損失が生ずるおそれのある売買目的外有価証券

③ ヘッジの有効性判定

　原則として期末時及び取引の決済時において，次の割合が概ね 80% ～ 125% の範囲内にあるときは，ヘッジが有効であると判定されます。

$$80\% \leqq \frac{\text{デリバティブ取引等の損益}}{\text{ヘッジ対象売買目的外有価証券の評価差額}} \leqq 125\%$$

④ 帳簿書類への記載要件

　時価ヘッジ処理が認められるためには，デリバティブ取引等を行った日において，契約の締結等に関する帳簿書類に次に掲げる事項を記載しなければなりません。この要件は，企業会計にはない税務のみの要件ですので，留意が必要です。

・ 時価ヘッジ処理の適用を受ける旨
・ ヘッジ対象売買目的外有価証券及びそのデリバティブ取引等の種類，名称及び金額
・ ヘッジ期間　等

⑷ 金利スワップの特例処理

　一定の要件を満たす金利スワップ取引等については，例外的に，その取引に係る金銭の受払額をその対象資産・負債に係る利息に加減して認識することが認められています。一定の要件は，法人税法施行規則，基本通達に詳細の定めがありますが，企業会計とほぼ同様の取扱いとなっています。また税務上特有要件として，金利スワップの特例処理にも帳簿記載要件があります。

2. 消費税

(1) 主なデリバティブ取引

・ 証券先物取引（注），株式指数先物取引，オプション取引につき，有価証券
の受渡しがないものは，課税対象外取引として消費税はかかりません。

（注）現渡しが行われた時は，有価証券の譲渡に該当し，非課税取引となります。この
場合，課税売上割合の計算にあっては，有価証券の譲渡対価の5%が分母に含まれ
ます。

・ スワップ取引は非課税取引ですが，支払手段の譲渡として，課税売上割合の
計算上は含めません。

・ デリバティブ取引に関連して証券会社等に支払う手数料は課税仕入れに該当
し，消費税が課されます。

◆ 内部統制上のポイント

1. 統制環境

(1) リスク管理方針・デリバティブ利用方針の策定

　デリバティブ取引には様々なリスクを伴うため，あらかじめリスク管理方針・
デリバティブ利用方針を定めておく必要があります。特にヘッジ会計にあたっ
ては，前述の金融商品会計基準に定める要件が必要になります。

(2) 職務権限規定・デリバティブ管理規程等の整備

　諸規程の整備により，責任者・担当者の権限，取引の手続を明確化しておく
必要があります。特にデリバティブ取引は，企業へ与えるインパクトが大きい
ことから，職務権限規程で取引の種類・金額について担当者の裁量の範囲を定
めておくことが必要です。

(3) 経営者の理解

　経営者がデリバティブ取引内容を理解していることが重要となります。また，

デリバティブ取引の利用目的・利用方針を取締役会等で十分に審議，決定していることが大切です。

2. リスクの評価と対応

(1) リスクを認識・理解せずに契約を締結してしまうリスク

デリバティブ取引の契約にあたっては，適切にリスクを認識・報告させる社内体制を構築する必要があります。とりわけ，承認担当者がヘッジ方針を正しく理解し，提示された商品はヘッジが有効な商品であるか検証し，商品選択を行うためのツールやマニュアルを整備しておくことが大切です。

また，ヘッジ方針の確認に加え，取引先より提示される商品については，商品内容について詳細な問い合わせやシミュレーションの実施により，十分にヘッジの有効性の検証を行うことが必要となります。

(2) 相場変動等のリスク

デリバティブ取引は，前述のとおり相場変動等のリスクがあるため，定期的に時価評価を行い，経営者がレビューする体制が必要です。またヘッジ会計を適用している場合には，ヘッジの有効性の評価を定期的に行い，経営者がレビューする必要があります。

3. 統制活動

(1) 職務の分離

デリバティブ取引を実行する部署（フロントオフィス）と取引を記帳・管理する部署（バックオフィス）に分離します。

(2) 担当者の定期的なローテーション

デリバティブ取引は専門性が必要であることから，担当者・責任者が固定しがちであるため，不正・共謀等の誘因となりやすく，適切な職務の分離や定期的なローテーション等の対応が必要になります。

4. 情報と伝達

　デリバティブ取引には，取引開始時に現金の受払いがないことが多く，帳簿に反映されないリスクがあります。これを防ぐためには，契約締結前に経理・財務部門の承認プロセスを構築する必要があります。

　2.(2)でも述べたとおりデリバティブ取引は，相場変動等のリスクがあるため，定期的に経営者がレビューできるよう報告する体制が必要です。

5. モニタリング

(1) デリバティブ管理台帳と帳簿との照合・確認

　現場（バック・オフィス）においては，デリバティブ管理台帳と帳簿との照合を徹底するとともに，定期的に取扱金融機関等に残高の確認を行うことで牽制をきかせる必要があります。

(2) 事前及び事後の有効性の評価

　内部監査人等によって，デリバティブ取引が自社のデリバティブ利用方針に沿ったものであるか取引実施前に評価する必要があります。また，取引後も当初の意図したとおりに機能しているか適宜評価する必要があります。特にヘッジ会計にあたっては，ヘッジ有効性の評価を行う必要があります。

6. IT への対応

　デリバティブ取引は複雑であることから，デリバティブ台帳はなるべく専門のソフトウェアを用いて管理します。担当者のみにアクセス権限を与え，上司が定期的にチェックします。また，定期的にパスワードの変更も必要です。

ズバリ，ここが実務ポイント！

▶デリバティブ取引は会社に与える影響が大きいため，自社が許容できるリスクを超えるものであってはならない。そのためにはきちんとしたリスク管理方針・デリバティブ取引の利用方針を整備・運用する必要がある。また事前及び事後の有効性の評価を定期的に行う必要がある。

▶デリバティブ取引の会計の原則は時価評価である。ヘッジ会計は例外的会計処理であることから，要件が厳格である。

▶税務上も基本的には，会計との取扱いに大きな相違はないものの，帳簿書類への記載要件が税法特有の要件である。

▶デリバティブ取引はその影響の大きさから内部統制上の重要ポイントである。

27. 外貨建取引管理

　輸出・輸入取引等を通して日常的にドル等外貨を通じたビジネスを行っている場合は，円高や円安等為替変動の影響を受けますので，外貨建債権・債務の管理が重要となってきます。また外貨預金や外国債券等で資金運用したり，外貨で資金調達をしたりするようなケースも同様に，為替変動の影響をいかに低減させるかを検討していく必要があります。

1. 外国為替とは

　外国為替とは，通貨を異にする国際間の貸借関係を，現金を直接輸送することなく，為替手形や送金小切手などの信用手段によって決済する方法のことを言います。かつて我が国では，外国為替取引は許可を受けた場合のみ許されるという閉鎖的な為替取引でしたが，1980 年に法律が大きく改正され，外国為替，外国貿易その他の対外取引が自由に行われることを基本とされることとなりました。さらに 1998 年の外為法改正によって自由化が進展し，下記のような取引が許可や事前届出を必要とせずにできるようになりました。

・海外預金の保有
・居住者間の外貨建取引
・クロスボーダーの証券取引
・ネッティングによる決済
・外国為替業務の外国為替公認銀行以外の参入自由化　等

2. 外国為替市場

　銀行同士が直接，あるいは為替ブローカーを通じて外国為替取引を行っているマーケットを，**銀行間取引市場**といい，個人や一般の企業等が外国為替取引を行っているマーケットを**顧客市場**といいます。

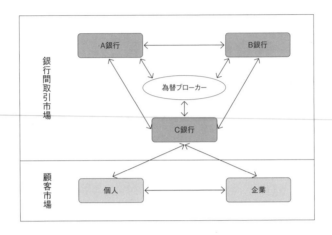

3. 為替相場（為替レート）

(1) 銀行間為替相場と対顧客為替相場

前述の銀行間取引市場での為替相場を**銀行間為替相場**（インターバンク・レート）といい，顧客市場での為替相場を**対顧客為替相場**（カスタマーズ・レート）といいます。対顧客為替相場は，銀行間為替相場を基準にして仲値（売値と買値の間）が決められます。

(2) 売り相場と買い相場

仲値が決定されると，これに手数料，金利，マージン等が加味され，ドルの場合は1円上乗せしたものを**電信売り相場**（TTS: Telegraphic Transfer Selling），逆に1円引いたものを**電信買い相場**（TTB: Telegraphic Transfer Buying）といいます。「売り」「買い」はあくまでも銀行側からみた呼び方で注意が必要です。一般事業会社がドルを買う場合は，TTSが適用され，ドルを売る場合はTTBが適用されます。またTTSとTTBの仲値をTTMといいます。

(3) 直物相場（直物レート）と先物相場（予約レート）

銀行間市場では，取引契約の締結日から2営業日以内後が受渡日になる取引を直物取引といい，直物取引に適用される為替相場を**直物相場**（直物レート，

スポットレート）と呼びます。一方，受渡しが３営業日以降になる取引を先物取引といい，先物取引に適用される為替相場を**先物相場**（予約レート，フォワード・レート）と呼びます。なお，顧客市場では，直物取引は一般的に契約と同時に受渡しが行われます。

4. 為替リスクとそのヘッジ方法

(1) 為替リスク

企業の為替リスクは，大きく次の３つに大別されます。

① 決済リスク

企業が自国通貨以外で取引を行う場合，契約から決済までの間に為替レートが変動し，キャッシュ・フローに影響を及ぼすリスクのことです。輸出企業がドル建てで契約し，決済までの間に円高になってしまい輸出代金が目減りするようなケースです。

② 換算リスク

企業が自国通貨以外で海外子会社等を設立した場合，決算期末に連結するにあたり，その子会社等の財務諸表を円換算する必要がありますが，その場合の換算に際し発生する為替リスクをいいます。

③ 経済的リスク

為替変動に伴い国際競争力を喪失するリスクをいいます。

(2) 為替リスクのヘッジ方法

① 債権通貨と債務通貨の同一化

機能通貨（Functional Currency）が円である日系企業が輸出をドルベースで行い，輸入を円で行うと，ドルのキャッシュ・イン，円のキャッシュ・アウトということで，**為替ポジション**は積み上がります。従って，輸出をドルから円

に，又は輸入を円からドルに変更すると，為替ポジションは減少し，為替リスクを低減させることが可能となります。

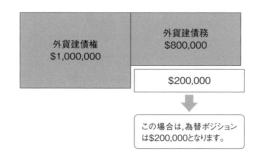

KEYWORD

▶**為替ポジション**：ある企業が外貨建ての資産（例，輸出売掛金，外貨預金等）と外貨建ての負債（例，輸入買掛金，外貨建借入金等）を保有している場合の差額残高のこと。外貨建資産＞外貨建負債の場合，「買い持ち」（ロングポジション）と言い，逆に，外貨建資産＜外貨建負債の場合，「売り持ち」（ショートポジション）と言う。また，両者がバランスしている状態を「スクエア」（スクエアポジション）又は「マリー」とも言う。「買い持ち」もしくは「売り持ち」の場合は，為替相場のリスクを受けることになるので，自社のリスク管理方針に従って，何らかの為替リスクを回避する方策を検討する必要がある。

外貨建債権
$1,000,000

外貨建債務
$800,000

$200,000

この場合は，為替ポジションは$200,000となります。

② 輸出企業の場合の外貨資金調達

　輸出企業の場合，為替ポジションは「買い持ち」になりがちですので，資金調達手段として外貨借入金や外貨建社債発行等を実行することで，為替ポジションを減少させることが可能となります。

③ 輸出から現地生産への切替

　為替リスクのみの対応方法ではありませんが，輸出では売掛金や売上に為替

リスクがありましたが,現地生産ではこういうリスクはなくなります。ただし,海外子会社・関連会社投資勘定に為替リスクが移行することになりますので,全く為替リスクが遮断されるという訳ではありません。

④ デリバティブ取引

為替リスクヘッジのために,先物為替予約等のデリバティブ取引を活用することが挙げられます。

先物為替予約(為替予約 Forward exchange contract)とは,将来の特定の日あるいは期間内に,外国為替の受渡しをする契約のことをいいます。例えば,ドル建ての輸出をした場合,代金回収が3カ月後と取り決めをしたとします。そうしますと,この3カ月の為替相場の変動により売上代金が大きく変動するリスクがあります。この場合,先物為替の売り予約をすることで,あらかじめ円価額を確定することが可能となります。先物為替予約は,このように為替相場変動リスクを回避する手段として用いられています。先物為替予約は相対取引になります。

⑤ ネッティングの活用

総合商社やグローバルに業務を展開するメーカーでは,国内外に多くの子会社・関連会社等をもち,各社が多くの貿易取引を行っています。外為法改正前は,一々各社の取引ごとに決済を行わねばなりませんでしたが,1998年4月1日施行の改正外為法では,例えば親会社のネッティングセンターがグループ間の債権債務を一括管理し,差額決済する**ネッティング**(相殺)が自由に行えるようになりました。

(a) ネッティングのメリット

・債権額が債務額と圧縮されることにより,相手先が倒産した場合の損失の発生を軽減できます。

・為替手数料を軽減できます。

・取引決済に必要な資金が減少し,資金の効率運用が可能になります。

・取引ごとに決済するのに比べて決済回数も減少し，事務効率がよくなります。

(b) ネッティングの分類

ネッティングは，決済の当事者数（二者間か，三者以上か）によって，次の2つに分けられます。

●バイラテラル・ネッティング：二者間で行われるネッティングで，企業間の決済を相殺するものです。

●マルチラテラル・ネッティング：多者間（三者以上）で行われるネッティングで，グループ企業同士や継続取引を行う企業間の決済を相殺するものです。IT技術の進展により，ネットワークシステムの構築が容易になったことから，マルチラテラル・ネッティングの導入が可能になりました。

◆ 業務の流れ

外貨建取引管理業務には大きく次の業務があります。

●為替管理：為替方針の策定，ポジション管理，為替予約の管理

●期末評価：外貨建債権・債務，有価証券等の評価，為替予約の振当等

●外貨預金管理

1. 為替管理

(1) 為替方針策定

外貨建取引を実施するにあたり，過去の為替実績データ，今後の為替市場動向や自社の為替リスク管理に関する経営方針から為替管理方針を策定します。

Column 37 為替方針の開示例

有価証券報告書上，下記のような開示例が見られる。

> 当社のデリバティブ取引（為替予約）は，将来の為替変動によるリスク回避を目的としており，投機的な取引は行わない方針であります。

> 主に当法人の内規である「資金管理外国通貨運用細則」に基づき，為替変動リスクをヘッジしている。

> 当社グループは，通貨関連のデリバティブ取引については，通常の外貨建輸出取引及び外貨建輸入取引の為替相場の変動によるリスクを軽減するために先物為替予約取引（主に包括予約）を行っている。外貨建金銭債権債務及び外貨建予定取引の為替変動リスクに対し，為替予約取引（主に包括ヘッジ）及び通貨スワップ取引を行っている。

(2) 為替ポジション管理

① ポジション報告

　外国為替取引により発生した外貨建債権債務を集計し，為替ポジションを確定させ，リスクエクスポージャーを評価，リスクマネジメント方針に照らし合わせ，必要な対策を講じるための一定の報告を行います。

KEYWORD

▶**リスクエクスポージャー**：投資家のもつ金融資産のうちリスクにさらされている資産の割合もしくは投融資などの総量のこと。

② 台帳管理

　外国為替ポジション台帳を作成し，外貨建債権債務残高，為替予約残高を管理し，為替ポジションの報告を行います。

【為替ポジション報告フロー】

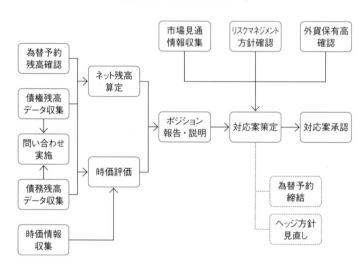

(3) 為替予約管理

　策定した為替リスクのヘッジ方針に基づき，所定の決裁を経て，取引先の選定，商品の検証を行い，契約手続きに入っていきます。取引要件を確定し，取引先に通知，権利行使を行い，取引後会計伝票に反映します。これらの一連の取引を為替予約管理台帳にて管理していきます。

2. 期末評価

　期末に，外貨建債権・債務残高，決算日レートを確認し，期末評価を行います。また為替予約の振当処理を行う場合はヘッジ取引の有効性確認等を行います（ヘッジ取引の有効性については，「26. デリバティブ取引管理」参照）。

【評価換算フロー】

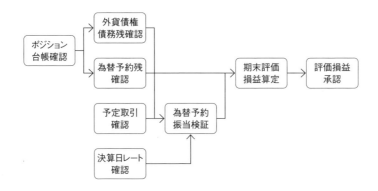

3. 外貨預金管理

　外貨預金を設定する場合，外貨預金台帳を整備し，管理します。基本的には「19. 現金出納管理」で解説した流れとなります。

◆ 会計上のポイント

1. 外貨建取引の会計処理

　外貨建取引の会計ルールは，「外貨建取引等会計処理基準」及び「外貨建取引等実務指針」に詳細な定めがあります。外貨建取引（例：ドルの取得）が発生した場合，日本の帳簿は円表示であることから，その外貨をどの為替レートで円換算するかという問題が経理実務上発生します。「外貨建取引」とは，売買価額その他取引価額が外国通貨で表示されている取引をいい，下記のようなものがあります。

・ 取引価額が外国通貨で表示されている物品の売買又は役務の授受
・ 決済金額が外国通貨で表示されている資金の借入又は貸付
・ 券面額が外国通貨で表示されている社債の発行
・ 外国通貨による前渡金，仮払金の支払又は前受金，仮受金の受入
・ 決済金額が外国通貨で表示されているデリバティブ取引等

(1) 取引発生時の処理

原則，取引発生時の為替レートで円換算します。取引発生時のレートとは下記のものになります。

・TTS・TTB・TTM（仲値）等企業で定めたレートを用います。

・平均レートや取引が発生した日の直近の一定の日の直物レートを使用することも可能です。例えば，外貨建取引が多いような企業は，前月の月中平均レートや前週金曜日のレートを使用する等のケースがありますが，社内規程等で明らかにしておく必要があります。

(2) 取引決済時の処理

外貨建金銭債権債務の決済（外国通貨の円転換を含む）に伴って生じた損益は，当期の「為替差損益」として処理します。

(3) 決算時の処理

決算時には，原則として，次表のとおり「子会社及び関連会社株式」以外は決算時レートで換算替えを行います。

【主な外貨建資産・負債の期末換算・評価】

区　分	貸借対照表計上額	期末時換算レート	評価差額の処理	換算差額の処理
外国通貨	取得原価	決算時レート	なし	当期の損益
外貨預金	取得原価	決算時レート	なし	当期の損益
その他外貨建金銭債権債務	取得原価（＊1）	決算時レート	なし	当期の損益
有価証券				
売買目的有価証券	時価	決算時レート	当期の損益	当期の損益
満期保有目的債券	取得原価又は償却原価	決算時レート（＊2）	なし	当期の損益
子会社及び関連会社株式	取得原価	取得時レート	なし	なし
その他有価証券	時価（＊5）	決算時レート（＊3）	純資産の部（税効果控除後）（＊3）（＊4）	純資産の部（＊3）（＊4）
デリバティブ（原則）	時価	決算時レート	当期の損益	当期の損益

（＊1）債権にあっては，貸倒見積高を控除する。
（＊2）当期償却額は，期中平均レートで換算。
（＊3）債券については，外貨時価変動に係る換算差額を評価差額とし，それ以外の換算差額については当期の損益に計上する処理も可能。
（＊4）連結財務諸表においては，当期の増減を「その他の包括利益」として連結包括利益計算書に表示することになる。
（＊5）但し，市場価格のない株式等にあっては取得原価。

　また，有価証券については，決算時には評価の問題が絡んできますので，各有価証券でどのように処理するかをみましょう。

① 売買目的有価証券

　評価差額・換算差額とも「有価証券評価損益」（又は「有価証券運用損益」）勘定に計上します。

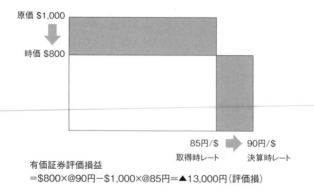

有価証券評価損益
＝$800×@90円－$1,000×@85円＝▲13,000円（評価損）

② 満期保有目的有価証券

アモチゼーション・アキュムレーション分については「有価証券利息」勘定，換算差額については「為替差損益」勘定に計上します。

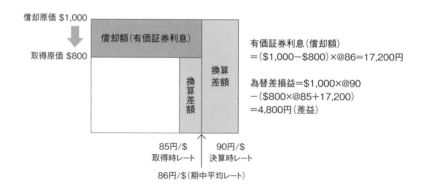

有価証券利息（償却額）
＝（$1,000－$800）×@86＝17,200円

為替差損益＝$1,000×@90
－（$800×@85＋17,200）
＝4,800円（差益）

③ その他有価証券

(a) 個別財務諸表

全部純資産直入法の場合は，評価差額・換算差額とも「有価証券評価・換算差額」として税効果適用後の金額を純資産の部に計上します。

部分純資産直入法の場合は，評価損の出ている銘柄は「有価証券評価損」勘定に，評価益が出ている銘柄は全部純資産直入法と同様です。

(b) 連結財務諸表

　包括利益会計基準の導入に伴い，連結財務諸表においては，当期の「有価証券評価・換算差額」の増減額は，連結包括利益計算書上「その他の包括利益」として表示されます。

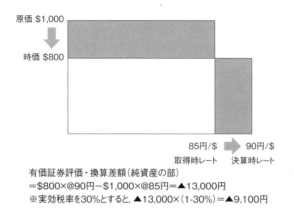

有価証券評価・換算差額（純資産の部）
＝$800×@90円－$1,000×@85円＝▲13,000円
※実効税率を30%とすると，▲13,000×（1-30%）＝▲9,100円

④ 外貨建子会社・関連会社株式

　決算時に評価，換算も行いませんので，特に何も処理をしません。

2. 為替予約の会計処理

　為替予約はデリバティブ取引の一種でもあり，外貨建取引等会計処理基準のほか，金融商品会計基準もみていく必要があります。主に独立処理，繰延ヘッジ処理，振当処理の3つの会計処理があります。

(1) 独立処理（原則）

　為替予約取引それ自体を外貨建取引とは別個のデリバティブ取引として会計処理を行う方法。即ち，為替予約（ヘッジ手段）を期末に時価評価し，ヘッジ対象である外貨建金銭債権債務等も期末換算・評価を行うというものです（「26.デリバティブ取引管理」参照）。

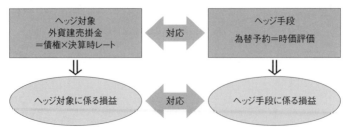

※ヘッジ対象，ヘッジ手段ともP/Lに反映。

(2) 繰延ヘッジ処理

　為替予約取引と外貨建金銭債権債務等との関係が，金融商品会計基準におけるヘッジ会計の要件（「26. デリバティブ取引管理」参照）を満たしている場合にはヘッジ会計を適用することができます。

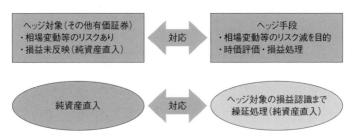

※ヘッジ対象，ヘッジ手段ともP/Lに未反映。

(3) 振当処理

　為替予約取引を外貨建取引に振り当てて円換算額を算定する方法。金融商品会計基準における**ヘッジ会計**の要件を満たすものにつきその適用が認められています。振当処理の場合は，為替予約と外貨建取引を別個の処理とは考えず，一体としてみる経理処理といえます。

①為替予約の対象となった外貨建金銭債権債務等（ヘッジ対象）が，物品の売買・役務の授受に係るもの（売掛金・買掛金・受取手形・支払手形等）である場合
(a) 取引発生時に為替予約が付された場合

予約レートで換算します。

⒝ 取引発生後に為替予約が付された場合

予約レートによる円換算額と金銭債権債務等の円換算額との差額（為替予約差額）を下記の２要因に分け，**直々差額**は，予約日の属する期に損益として計上します。**直先差額**は，金利としての性質をもつことから，決済日にわたり期間配分します。次期以降分は，「（長期）前払費用」「（長期）前受収益」勘定等で資産・負債に計上し，償却します。

【直々差額と直先差額】

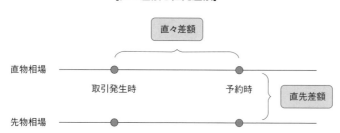

②ヘッジ対象が資金の借入・貸付に係るもの（短期貸付金・短期借入金等）である場合

⒜ 取引発生時に為替予約が付された場合

短期貸付金の場合等は，取引発生時に為替予約が付された場合であっても，直先差額が生じるため，これを期間按分します（為替予約日の属する期間の損益とすることも可能）。

⒝ 取引発生後に為替予約が付された場合

①⒝ のケースと同様になります。

③振当処理の要件

上記の振当処理を行うには，次の２要件を満たす必要があります。

- 金融商品会計基準に規定されている「ヘッジ会計」の要件を満たすこと（「26.デリバティブ取引管理」を参照）
- 為替予約等によって円貨でのキャッシュ・フローが固定されていること

【為替予約の経理処理例】

(例) 外貨建取引後に為替予約を締結するケース
- 当社は8/31に自社商品を1,000ドル, 中国のC社に輸出する契約を締結した。
- 10/31に商品を船積みし, 売上を計上した。なお売掛金は3カ月後に回収予定。
- 11/30に円高リスクのヘッジのため, 2カ月先物のドル売り為替予約(81円/ドル)を締結。
- 各為替相場は下記のとおりであった。

	内容	直物相場	先物相場
8/31	輸出契約締結	90	86
10/31	船積み(売上認識)	85	82
11/30	為替予約締結	84	81
12/31	決算日	80	79
1/31	決済日	83	—

直々差額

直先差額

	独立処理	振当処理
8/31	仕訳なし	仕訳なし
10/31	(売掛金)85,000　(売上)85,000 ※船積日の為替レートで収益認識	(売掛金)85,000　(売上)85,000
11/30	仕訳なし	(為替差損)1,000　(売掛金)4,000 (前払費用)3,000 ※直々差額は当期損益, 直先差額は期間配分。
12/31	(為替差損)5,000　(売掛金)5,000 ※売掛金を決算時レートで換算替え (為替予約資産)2,000　(為替差益)2,000 ※為替予約の時価評価。(81-79)×1,000	(為替差損)1,500　(前払費用)1,500 ※当期分を為替差損勘定で償却。3,000×1月/2月=1,500
1/31	(外貨預金)83,000　(売掛金)80,000 　　　　　　　　　(為替差益)3,000 ※直物レートで一旦換算。83×1,000 (現預金)81,000　(外貨預金)83,000 (為替差損)4,000　(為替予約資産)2,000 ※回収された1,000ドルを売り, 予約後の81,000を円として入金。	(現預金)81,000　(売掛金)81,000 (為替差損)1,500　(前払費用)1,500 ※予約後の81,000を回収。 ※未償却の直先差額残額を償却

3. 在外子会社の財務諸表の円換算

上巻「10. 連結決算業務」参照。

◆ 税務上のポイント

1. 法人税

外貨建取引に関しては，企業会計と法人税との間で取扱いが異なるところがありますので，留意が必要です。

(1) 外貨建取引の発生時の換算

法人が外貨建取引を行った場合には，その取引金額は，その取引時点における為替レートにより円換算します（ただし，一定の要件を満たした為替予約を付したものは除く）。

(a) 原則：TTM を用いるのが原則です。

(b) 容認：継続適用を前提に次の為替レートも認められています。

●収益・資産：TTB

●費用・負債：TTS

(2) 外貨建資産等の期末換算

①外貨建資産等の期末換算の方法の選定及び届出

外貨建取引を行った場合には，原則として，確定申告書の提出期限までに，所轄税務署長宛てに，そのよるべき換算方法の**届出**をしなければなりません。なお，その届出を行わなかった場合には，**法定換算方法**により期末換算しなければなりません。また，外貨建資産等の期末換算方法を変更しようとするときは，新たな換算の方法を採用しようとする事業年度開始の日の前日までに所轄税務署長に申請書を提出し，承認を受ける必要があります。

②期末換算方法

【法人税と企業会計との比較】

外貨建資産等の区分			会計上の換算方法	法人税法上の換算方法
外国通貨				期末時換算法
外貨預金	短期外貨預金		決算時の為替相場により換算	期末時換算法（法定換算方法）又は発生時換算法
	上記以外のもの			期末時換算法又は発生時換算法（法定換算方法）
外貨建債権債務	短期外貨建債権債務		決算時の為替相場により換算（ただし、旧商法による転換社債については、発行時の為替相場）	期末時換算法（法定換算方法）又は発生時換算法
	上記以外のもの			発生時換算法（法定換算方法）又は期末時換算法
外貨建有価証券	売買目的有価証券		期末時価を決算時の為替相場により換算	期末時換算法
	売買目的外有価証券	償還期限及び償還金額のあるもの（満期保有目的）	取得原価又は償却原価を決算時の為替相場により換算	発生時換算法（法定換算方法）又は期末時換算法
		償還期限及び償還金額のあるもの（満期保有目的外）(注)	期末時価を決算時の為替相場により換算（原則：換算差額は純資産の部に計上、例外：換算差額は当期の損益）	
		償還期限及び償還金額のないもの（株式）(注)	期末時価を決算時の為替相場により換算（換算差額は純資産の部に計上）	発生時換算法
		子会社株式及び関連会社株式	取得原価を取得時の為替相場により換算	

(注) 会計上は，「その他有価証券」である。

　期末時換算法において決算時レートによる円換算により計上される為替差損益は，「洗替え」方式により，翌期の損益に振り戻しされます。

　期末換算方法の選定の届出を行わず，法定換算方法となった場合は，企業会計と法人税とで相違が発生するものが出てくるため，申告調整や税効果会計の適用等が必要になりますので，注意が必要です。

(3) 為替予約の取扱い

　先物外国為替契約等により外貨建資産の取得又は外貨建負債の発生に伴って支払又は受け取る外国通貨の円換算額を確定させ，その先物外国為替契約の日にその旨を帳簿書類に記載したときは，その確定させた円換算額をもってその

外貨建資産・負債の円換算とします。

また，為替予約差額は契約の日の属する事業年度から決済日等の属する事業年度末までの各事業年度に配分します。なお，短期外貨建資産等の為替予約差額については，一括計上することも認められています。

この特例を選定しようとする場合は，その事業年度の確定申告期限までに，所轄税務署長に届出をしなければなりません。

⑷ 外国為替の売買相場が著しく変動した場合の外貨建資産等の期末時換算法（15%ルール）

①制度の概要

事業年度終了の時に有する外貨建資産等に係る外国為替の売買相場が著しく変動した場合には，その外貨建資産等と通貨の種類を同じくする外貨建資産等のうち外国為替の売買相場が著しく変動したものの全てにつき，当該事業年度終了の時にその取得又は発生の基因となった外貨建取引を行ったものとみなして，外貨建取引の換算及び外貨建資産等の期末換算の規定を適用することができます。

要するに，下記割合が概ね15%以上になると，たとえ発生時換算法の外貨建資産等であっても，**決算時レートに換算替えが行える**ということです。これは異常な為替相場の変動が経営に与える影響を考慮されたものであると言えます。

②著しい変動の判定基準

$$\frac{期末の外貨建資産等の額 \times 決算時レート - 期末の当該外貨建資産等の帳簿価額}{期末の外貨建資産等の額 \times 決算時レート} \geq 概ね15\%$$

③適用除外

上記15%ルールは，実質的に為替リスクが生じない下記のものは適用除外

となっています。

・為替予約が締結されている外貨建資産等

・繰延ヘッジ処理の適用を受けている外貨建資産等

・時価ヘッジ処理の適用を受けている売買目的外有価証券

2. 消費税

(1) 外貨建取引の課税標準

　外貨建取引の資産の譲渡等の対価の額は，通達において，所得税又は法人税の課税所得金額の計算において外貨建ての取引に係る売上金額その他の収入金額につき円換算して計上すべき金額によることとされています。

　従って，外貨建取引の資産の譲渡等の対価の額の円換算は，原則として事業者が資産の譲渡等を行った日の TTM によるものとされますが，継続適用を条件として，資産の譲渡等の対価の額についてはその計上する日の TTB によることも認められています。

(2) 外貨建取引の課税仕入れ

　外貨建取引の課税仕入れに係る支払対価の額についても，法人税の取扱いの例によることになります。従って，外貨建取引の資産の課税仕入れに係る支払対価の額の円換算は，原則として事業者が資産の課税仕入れを行った日の TTM によるものとされますが，継続適用を条件として，課税仕入れに係る支払対価の額についてはその計上する日の TTS によることも認められています。

(3) 為替差損益

　以上により，外貨建取引に伴う消費税の取扱いにおいては，原則として資産の譲渡等を行った日又は課税仕入れを行った日の電信売買相場の TTM で換算した円貨による金額を売上金額又は仕入金額とすることになり，決済時との差額は調整する必要はありません。

◆ 内部統制上のポイント

概ねデリバティブ取引とポイントは同じであり,「26. デリバティブ取引管理」
を参照ください。

☞ ズバリ,ここが実務ポイント！

▶日常の為替ポジション残高の管理が重要。

▶会計上,為替予約も他のデリバティブ取引と同様,時価評価（独立処理）が原則である。ヘッジ会計の要件が認められる場合のみ,繰延ヘッジ処理・振当処理が可能。

▶税務上は,法定換算方法・為替予約等会計上の取扱いと異なるケースがあるので,留意のこと。

28. 資金管理

　資金は企業経営にとっては，血液のようなもので，体の隅々まで行き渡らねばなりませんし，健全に体内を流れていないといけません。それと同様，資金も各部門が事業活動をしていく上で欠かせないもので，資金繰りがうまくいかなくなりますと，「勘定合って銭足らず」と言われるように，会計上の利益は計上されているものの，資金繰りに行き詰まり黒字倒産という事態にもなりかねません。そこで，経理・財務部門は資金ショートしないように資金の流れをウォッチするとともに，必要な際に資金調達できるようにしておかねばなりません。さらに，企業の全ての部門はこうした資金管理の重要性を理解しておかねばなりません。

◆ 業務の流れ

　資金管理業務には大きく，次の業務があります。
- **中長期資金管理**：中長期（3〜5年）資金計画の策定，実績管理
- **単年度資金管理**：単年度（1年）資金計画の策定，実績管理

1. 中長期資金管理

(1) 中長期資金計画策定

　中長期経営計画（上巻「12. 中長期計画管理」参照）を資金面から見た中長期資金計画に落とし込んでいきます。通常3年〜5年に及ぶ販売計画，生産計画，設備投資計画，人員計画等各事業計画をもとに資金需要を想定し，貸借対照表の右側，即ち調達サイド（負債・資本）を全体的に把握し，全体の資金調達コストを抑えつつ，いかに安定的な資金調達を行うか財務戦略を検討し，資金調達案を策定していきます。

　とりわけ，中長期資金計画の場合は，設備資金投資資金の調達の検討を重点に置く必要があります。中長期資金計画の資金計画表としては，キャッシュ・フロー表を用いるのが一般的です。

　中長期資金計画で検討すべき主なポイントは次のとおりです。

・ 販売計画達成を目指し支店・拠点はどの程度増設するか

・ 販売拡張に応じた工場設備をどの程度拡張するか

・ 設備資金の調達は，新株の発行，社債の発行・長期借入金等どのような方法で進めるか

・ 生産計画・販売計画からみて利益計画に無理はないか

・ 社債の償還や長期借入金の返済への準備はできているか

・ 増資の場合，配当政策をどうするか

2. 単年度資金管理

(1) 単年度資金計画策定

　期間が1年の単年度資金計画策定にあたっても，中長期資金計画策定の場合と同様，会社全体の年次予算をもとに計画する必要があります。短期の場合はとりわけ，資金ショートが発生しないよう，資金収支を重視する必要があります。単年度資金計画の場合の資金計画表としては，キャッシュ・フロー表のほか，資金繰表，資金運用表，資金移動表等を用います。

【単年度資金計画策定フロー】

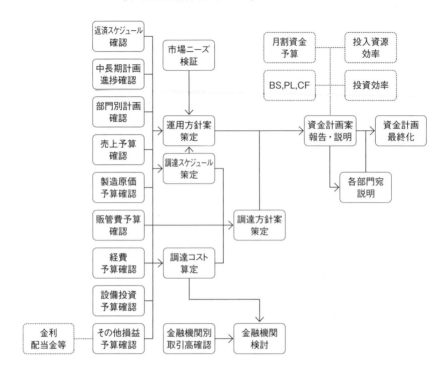

(2) 実績管理

中長期資金計画・単年度資金計画で立案した資金計画と実績値との比較・分析・マネジメントへの報告を月次ベースで行っていきます。必要に応じて資金計画の見直しを行います。

実績管理のためのツールとしては，キャッシュ・フロー表，資金繰表，資金運用表，資金移動表等を用います。とりわけ，資金繰表は資金繰りを計算するにあたって重要なツールとなります。

◆ 会計上のポイント

1. 設備投資資金計画のポイント

中長期資金計画立案にあたっては，金額が多額となる設備投資に関して特に財務数値面・資金面での検討が必要となります。

(1) 設備投資計画にあたっての留意点

設備投資は，会社の将来を長期にわたって方向付ける戦略的な投資で，多額の資金を必要とし，その回収は長期間にわたるのが一般的です。万一設備投資の効果が上がらなければ，設備資金を借入金で調達していると支払利息や元本返済により資金繰りの圧迫要因になります。また，減価償却費，支払利息等が固定費となり，利益を圧迫します。さらに，一旦設備投資をすると簡単に変更ができませんので，経営の身軽さがなくなります。

しかし，設備投資にあまりにも慎重になってしまうと成長発展の機会を失ってしまいかねません。従って，投資採算を厳密に算定し，不測の事態等のリスクも想定した上で，意思決定を行うことが重要となります。

(2) 設備投資計画のチェックポイント

① 投資目的・必要性の明確化

まずは何のために設備投資を行うのか，それによってどういう効果が期待できるのか，を明確にすることが重要となります。

【設備投資の目的例】

分　類	目　的
生産設備投資	増産拡大，合理化，省力化，高度化，取替更新，環境改善，研究開発
販売拠点投資	拠点拡大，改装
物流拠点投資	拠点拡大，合理化，省力化
IT 投資	合理化，効率化

② 中長期経営計画との整合性

設備投資にあたっては，会社の中長期経営計画に基づいて優先順位を定める必要があります。

③ 投資効果の測定と評価

①で定めた投資目的が計画通り達成しているかどうかを判断するために，定期的に投資効果を測定し，評価する必要があります。

(3) 設備投資の投資効果の測定方法

設備投資の投資効果を測定する代表的な財務的手法として次のものがあります。

① 投資利益率法（ROI：Return on Investment）

投資利益率とは，設備投資で得られる投資効果を投資に対する収益性で判定する方法で，下記の算式で計算します。

$$投資利益率(\%) \quad = \quad \frac{投資利益}{投資額} \quad \times \quad 100$$

- **投資利益**：会計上の税引前の当期純利益を使用するのが一般的ですが，フリー・キャッシュ・フローを用いることもあります。
- **投資額**：新規投資額のみならず，追加投資額を加える場合もあります。

この指標のメリットとしては，投資収益性が判断できますので，規模の異なる投資の比較に有効になるという点が挙げられます。一方で，長期投資の場合は貨幣の時間的価値が反映されていないことがデメリットとして挙げられます。

② 回収期間法（PP：Payback Period Method）

初期投資額をその後のキャッシュ・フローにより回収するまでにどれくらいの回収期間がかかるかを算定する方法です。

$$回収期間(年) = \frac{投資額}{キャッシュ・フロー}$$

　例えば，100百万円の設備投資を行い，毎年10百万円のキャッシュ・フローが生ずるとすると，回収期間は100/10=10年ということになります。

　回収期間法のメリットは，計算が簡易で一定の有効性を持つ点にありますが，デメリットとしては，この方法も貨幣の時間的価値を考慮していないことや，投資回収後のキャッシュ・フローは無視される点などが挙げられます。

③ 割引現在価値法（DCF法：Discounted Cash Flow Method）

　割引現在価値法は，将来のキャッシュ・フローを一定の割引率を用いて現在価値（PV）に換算することで初期投資額と比較し，投資採算を算定する方法です。

$$
\begin{matrix}正味現在価値\\(NPV)\end{matrix} = \frac{C_1}{1+r} + \frac{C_2}{(1+r)^2} + \cdots + \frac{C_n}{(1+r)^n} - C_0
$$

　　C：キャッシュ・フロー
　　r：割引率
　　n：投資期間

【NPVの考え方】

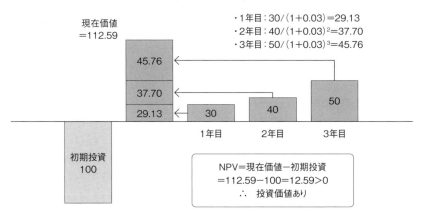

・1年目：30/(1+0.03)＝29.13
・2年目：40/(1+0.03)²＝37.70
・3年目：50/(1+0.03)³＝45.76

現在価値
＝112.59

45.76
37.70
29.13

30　40　50

1年目　2年目　3年目

初期投資
100

NPV＝現在価値－初期投資
＝112.59－100＝12.59＞0
∴　投資価値あり

要するに，初期投資額（Co）がどれだけの価値を純額で創出したかを表すもので，NPV ＞ 0となれば，投資以上の価値を創出しており，逆にNPV ＜ 0となれば，採算割れが生じていることを意味します。

　通常，割引率には**資本コスト**を用います。資本コストとは，企業が事業を行う際調達した資本に対して支払うことが期待されるリターンを指します。資本コストは，自己資本（株式）コストと他人資本（負債）コストの二つに区別できます。自己資本の提供者は株主であり，株主が株式に対して出資した金額に対して期待するリターンが自己資本コスト（株式）です。一方，他人資本の提供者は社債の投資家や借入金の貸出者であり，これら債権者が要求するリターン，つまり社債の利回りや借入金利が他人資本（負債）コストです。この自己資本と他人資本それぞれの期待収益率を構成比率により加重平均したものが**加重平均資本コスト**（WACC：Weighted Average Cost of Capital）として定義されます。

$$\text{加重平均資本コスト（WACC）} = \left[\frac{E}{D+E}\right] r_E + \left[\frac{D}{D+E}\right] (1-t) \times r_0$$

r_E：自己資本コスト
t：法人税率
r_0：負債コスト
D：負債総額
E：株式総額

④ **内部収益率**（IRR：Internal Rate of Return）

　内部収益率とは，NPV ＝ 0となるような割引率を指します。

　IRRは，投資額と投資に伴うキャッシュ・フローが同金額となる場合に0％となり，キャッシュ・フローが投資額を上回る場合にプラスとなります。IRRは，投資額が同じ場合，キャッシュ・フローの金額が多いほど，また回収期間が早いほど高くなる傾向があります。

【IRRの考え方】

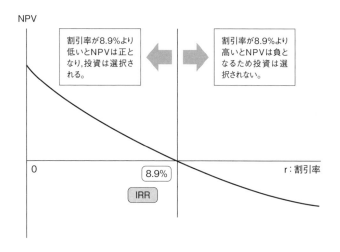

(4) 設備投資の健全性を示す指標

① 固定比率（％）＝（固定資産÷自己資本）× 100

　100％以下であることが望ましいとされています。

② 固定長期適合率（％）＝ ｛固定資産÷（自己資本＋固定負債）｝× 100

　100％以上になるのは，流動負債の一部が固定資産の取得に充当されている
ためで，財務構成としては危険な状態とされています。

(5) 設備投資資金調達のポイント

　前述のとおり，設備資金は一般的に多額になり，投資の回収期間も比較的に
長期になりがちであるため，設備投資資金はできる限り，まずは内部資金で調
達し，不足する場合は，長期安定資金で賄うことがポイントとなります。

【設備投資資金の調達方法】

主な資金調達方法	特　徴
内部資金 （自己金融）	留保利益，減価償却等通常のビジネスで生んだ内部資金であり，返済義務はない。利払いはないものの，資本コストは発生している。
増資	資本市場を通じて多額の資金調達が可能。返済義務はなし。ただし，資本コストは発生している。
社債の発行	資本市場を通じて多額の資金調達が可能。返済義務があり，利息の支払もあるが，税務上損金算入可能。
長期借入金	メインバンクより設備投資資金の借入として最も一般的。返済義務があり，利息の支払もあるが，税務上損金算入可能。
リース	初期に多額の資金を必要とせず，資金流出を均等化することが可能。中途解約は基本的に不可で，リースに係るコストも発生。

また，資金繰りを図る指標として下記のようなものがあります。

【資金繰りに関する指標】

指　標	計算式	判　断
売上債権回転期間 （月）	（売掛金＋受取手形） ÷（売上高÷12）	期間が短いほど現金化が早いことを意味するため，よいとされる。
売上債権回転率 （回）	売上高÷（売掛金＋受取手形）	回転率が高ければ高いほど掛売上から売上債権回収までの期間が短いことを意味し，よいとされる。
在庫（棚卸資産）回転期間 （月）	（棚卸資産）÷（売上原価÷12） ※分母は売上高を使用する方法もある。	期間が短いほど棚卸資産がすぐ使用もしくは販売されていることをあらわし，在庫の効率がよいとされる。
在庫（棚卸資産）回転率 （回）	売上原価÷棚卸資産 ※分母は売上高を使用する方法もある。	回転率が高いほど在庫を仕入れて販売されるまでの期間が短く，資本効率的にはよいとされる。
インタレスト・カバレッジ・レシオ（倍）	事業利益÷金融費用 ※事業利益＝営業利益＋受取利息・配当金＋有価証券利息 ※金融費用＝支払利息・割引料＋社債利息	高いほど資金繰りに余裕がある。

2. 資金収支と損益との関係

　資金管理を行うにあたって，初めに認識しておくべきポイントは，収支（収入と支出。資金の流入と流出）は損益（会計上の収益と費用）と一致しないということです。

【収支と損益の違い】

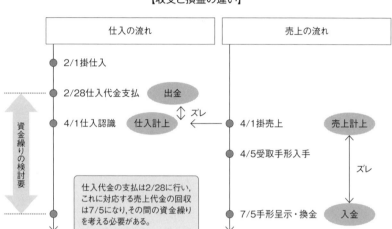

　会計では，収益認識会計基準により収益を認識し，原価は費用収益対応の原則によって，販売費及び一般管理費等は発生主義によって費用を認識します。

　例えば4月1日に商品の掛売上を行い，その後顧客より4月5日に3カ月サイトの手形を入手したとします。この場合，売上が計上されるのは4月1日ですが，7月5日の手形の呈示によって売上代金が回収（資金流入）できます。つまり，損益計算書では4月1日に売上は計上されますが，実際に入金になるのは7月5日ということになります。従って，3カ月超もその間資金は入ってこないことになる訳です。

　一方，上記の売上に対応する商品の仕入が2月1日に入荷されたものであると仮定しましょう。この時の請求書の支払期限が2月28日であったとします。2月1日に在庫（資産）を認識しますが，費用の認識は，先の商品が売れた4月1日で，実際の支払（資金流出）はそれ以前の2月28日ということになります。

そうすると，損益計算書を見ると，売上も仕入も4月1日に計上されますが，実際の資金収支は，2月28日にまず支払が発生し，入金は7月5日になり，大きなズレがあることがわかります。この間，何らかの資金融通をしないと資金ショートしてしまうことになります。

　そういう訳で，資金管理をするにあたっては，単に損益計算書を見ているだけではダメで，収支の流れを追っていかねばならないということなのです。「損益は意見，キャッシュは事実」と言われる所以です。

(1) 主な収益と収入のズレ

【収益と収入のズレ】

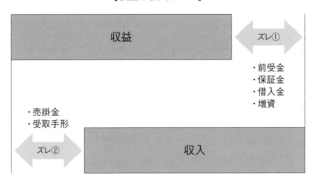

● ズレ①

　収入があるが，収益とはならないもので，前受金・保証金・借入金・増資などの負債・資本項目があります。基本的には損益よりも資金収支が楽になる項目と言えます。

● ズレ②

　収益となるが，収入のないもので，売掛金・受取手形等の売上債権（資産）が代表例です。基本的には損益よりも資金収支が苦しくなる項目と言えます。

(2) 主な費用と支出のズレ

【費用と支出のズレ】

●ズレ③

支出があるが，費用とならないもので，前払金，在庫，固定資産，貸付金等の投融資などがあり，資産項目となります。基本的には損益よりも資金収支が苦しくなる項目と言えます。

●ズレ④

費用となるが，支出とならないもので，買掛債務や未払金，減価償却費，引当金などが挙げられ，負債項目になります。基本的には損益よりも資金収支が楽になる項目と言えます。

(3) 収支と損益との関係

以上より，収支と損益の関係を見てゆきますと，

・資金収支＝収入－支出

・収入＝収益－②＋①

・支出＝費用＋③－④

であることから，

・資金収支＝（収益－②＋①）－（費用＋③－④）

$\quad\quad\quad$ ＝（収益－費用）－（②＋③）＋（①＋④）

即ち,

> 資金収支＝（収益－費用）－（資産項目の増減）＋（負債・資本項目の増減）

ということになります。

従って，在庫・売掛債権の滞留や過大な設備投資，投融資など資産項目の増加は収支を逼迫させることが理解いただけるかと思います。また，減価償却や引当金などは資金流出がない項目となりますので，「自己金融」と呼んだりします。

Column 38　キャッシュ・コンバージョン・サイクル（CCC）

資金管理において，特に運転資金（売掛債権＋在庫－買掛債務）を日常的にうまく管理していくことは言うまでもないが，これをより実務的にした指標として，キャッシュ・コンバージョン・サイクル（CCC）がある。

1. CCC の構成要素

CCC とは，営業循環サイクル（商品を仕入れてから，販売代金を回収するまでの期間）の中でキャッシュが循環化する期間（日数）を示すものである。具体的には，次のように計算される。

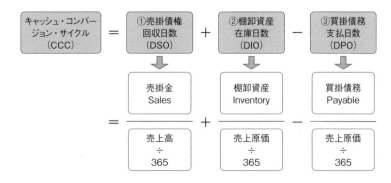

CCC は短いほど運転資金が必要な期間が短くなり，資金繰りは改善すること
を意味する。従って，その構成要素である①売掛債権回収日数，②棚卸資産在庫
日数をできるだけ短くするとともに，③買掛債務支払日数を延ばすことによって
CCC は短縮化できる。

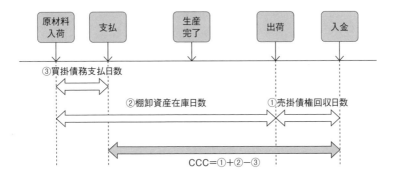

2.CCC のマネジメント

　CCC は業種によって様々で，日銭を稼ぎ，在庫がほとんどないビジネスであ
る宿泊業，飲食店，医療美容業等はマイナスになる。一方，在庫期間が長くなり
がちな製造業や不動産業などは CCC が長くなる傾向がある。しかし，米国デル
社のように製造業でありながらも CCC をマイナスにしている企業もある。デル
社の CCC がマイナスである理由の一つとして，「受注生産方式」というビジネ
スモデルにあると言われている。受注生産なので，在庫を多く抱える必要がない
ため，棚卸資産在庫日数が短くなる。

　今後，ビジネスサイクルがますます短期化していく中で，CCC のマネジメン
トの重要性が高まっていると言えよう。

　CCC に関連して連結経営管理の観点から子会社のキャッシュも含み，親会社
の経理・財務部門が集中的に管理するキャッシュマネジメントシステム（CMS）
の採用も一考に値する。

　一方，監査上は損益の動向だけでなく在庫，債権，債務の月次残高の動きを注
意深く見ておく必要がある。なぜならば無理して売上を計上しようとすると，結
果としてこれらの残高が大きく変動することにつながり，異常点が見つかるきっ
かけになるからである。

3. 資金管理のためのツール

　資金管理のための代表的なツールとして，資金繰表，資金運用表，資金移動表，キャッシュ・フロー計算書等があります。

(1) 資金繰表

　資金繰りとは，一定期間の収入と支出を一定の区分に従い集計し，資金の過不足の調整をとることをいい，その内訳を一覧表にしたものが資金繰表です。

① 資金繰表の構成

　資金繰表は，内部の資金管理目的に作成するものであるため，定められた様式は特にありませんが，一般的には下記のルールで作成されます。

$$前月の資金残高 + 当月収入 - 当月支出 = 翌月繰越資金残高$$

　月次ベースで作成するのが一般的ですが，週次ベースや日次ベースで作成することもあります。自社のニーズに応じて作成することとなります。

　一番シンプルな資金繰表を，**一部制資金繰表**といいます。

　一方，収入・支出を，大きく，「営業収支」と「財務収支」の2区分に分けたものを**二部制資金繰表**といいます。

　さらに，収入・支出を，「経常収支」・「経常外収支（設備関係等収支)」・「財務収支」に3区分に分けたものを**三部制資金繰表**といいます。下記は三部制資金繰表のひな型になります。

- ●**経常収支**：企業の本業に係る収支を表します。ここが常にマイナスになっていると本業がうまくいっていないことを示すため注意が必要です。

- ●**経常外収支**：設備投資や納税，ボーナス，配当等の支払などの収支を表します。ここは固定資産の売却等がない限りプラスになることはない項目です。

- ●**財務収支**：借入などの資金調達や返済，定期預金等の出し入れなどの収支を表します。ここは理想的にはマイナスとなっているべき項目です。

　上記のいずれを用いるかは各社の目的によって変わってきますので，自社に

あったものを選べばよい訳です。

また，**予定資金繰表**（見積ベース）と**実績資金繰表**（実績値ベース）という区分に分けることもできます。

【資金繰表】

（自 X01年4月1日　至 X02年3月31日）

（単位 百万円）

			期首	年　月	年　月	年　月	年　月	年　月	年　月	合計
前期繰越現金・当座預金(A)										
経常収支	収入	売上代金	現金売上							
			売掛金現金回収							
			（手形回収）							
			手形期日落							
			手形割引							
			（割引手形落込）							
		その他収入								
		収入合計(B)								
	支出	仕入代金	現金仕入							
			買掛金現金支払							
			（手形支払）							
			手形決済							
		賃金給与								
		その他経費								
		支払利息・割引料								
		支出合計(C)								
	差引過不足(D=B−C)									
経常外収支	収入	固定資産等売却収入								
		収入合計(E)								
	支出	税金・役員賞与配当								
		固定資産等購入支払(除く支手)								
		（固定資産等手形支払）								
		固定資産等購入支払手形決済								
		支出合計(F)								
	差引過不足(G=E−F)									
財務収支	収入	長期借入金調達								
		短期借入金調達								
		定期性預金取り崩し								
		増資								
		収入合計(H)								
	支出	長期借入金返済								
		短期借入金返済								
		定期性預金預け入れ								
		支出合計(I)								
	差引過不足(J=H−I)									
翌月繰越現金・当座預金(A+D+G+J)										
残高	売掛金									
	受取手形									
	買掛金									
	支払手形									
	設備支手等営業外手形									
	短期借入金									
	長期借入金									
	割引手形									

② 資金繰表の特徴

　資金繰表は見積ベースで数カ月先の分を作成しておくと（予定資金繰表），どの項目で過不足が発生するか一目で把握できるため資金管理上有益です。しかし，どうして過不足が生じているかという原因把握まではできないというデメリットがあります。

③ 資金繰表の作成手順

　資金繰表は通常，経理・財務部門の出納担当部署が作成しますが，予定資金繰表を作成するには，販売計画，売上回収計画，生産計画，在庫計画等各部門の経営計画・利益計画をもとに作成する必要があります。しかし，その計画が実績と大きく乖離するような場合は，ある程度保守的に見積もっておくことも必要です。到底達成不可能な販売計画をもとに資金繰りを計算してしまうと，期待していた資金が入金せず，資金ショートするという事態にもなりますので，注意が必要です。

(2) 資金運用表

　資金運用表とは，連続する2期分の貸借対照表を比べて，その1年間に資金がどのように動いたかを見るものです。つまり，1年間にいくら資金を調達（収入）し，どこに，いくら運用（支出）したかが示されるので，資金の運用状況を分析するのに適しています。

① 資金運用表の構成

　資金収支を貸借対照表の変動でみますので，
- **資金の源泉**（調達）＝資産の減少，負債の増加，資本の増加
- **資金の使途**（運用）＝資産の増加，負債の減少，資本の減少
ということが言えます。

　これを運転資金，固定資金，財務資金という3つの項目で区分することによって各項目の資金の調達・運用を明らかにしています。

- **運転資金**：財務資金の部に表示される現金預金，短期借入金以外の流動資産・流動負債の増減を表します。概ね，売掛債権＋在庫－買掛債務で計算され，商品を仕入れてから売上代金を回収するまでの期間を表し，事業継続にあたって必要な資金ということから**必要運転資金**ともいわれます。また当期末の運転資金と前期末の運転資金の増減を，**増加運転資金**といいます。

- **固定資金**：利益・減価償却，固定資産・負債の増減，税金・配当金支払を表します。

- **財務資金**：各部の資金余剰や資金不足を現金預金，借入金・増資等資金調達で調整している項目になります。

【資金運用表】

(自 X01 年 4 月 1 日　至 X02 年 3 月 31 日)　　　(単位：百万円)

	運用		調達	
運転資金	売上債権増加		売上債権減少	
	仕入債務減少		仕入債務増加	
	商品在庫増加		商品在庫減少	
	運転資金余剰①		運転資金不足②	
	合計		合計	
固定資金	法人税等支払		税引前当期純利益	
	配当金支払		減価償却費	
	固定資産増加		固定資産減少	
	固定負債減少		固定負債増加	
	固定資金余剰③		固定資金減少④	
	合計		合計	
財務資金	運転資金不足②		運転資金余剰①	
	固定資金不足④		固定資金余剰③	
	資本の減少		増資	
	短期借入金減少		短期借入金増加	
	長期借入金減少		長期借入金増加	
	現金・預金増加		現金・預金減少	
	合計		合計	

② 資金運用表の特徴

資金運用表のメリットは，資金余剰・資金不足の原因究明ができる点にあります。例えば，運転資金不足になった場合は，左側（運用）にその原因が示さ

れますが，売上債権の増加，仕入債務の減少，商品在庫の増加という形で現れ
ます。売上債権の増加であれば，売上が増加したのか，債権回収が遅れている
のか等を調査することができます。

③ 資金運用表の作成手順

　基本的には，2期分の貸借対照表を用意し，各勘定科目間の増減を算出し，
後は分類し直すことで作成できます。

(3) 資金移動表

　資金移動表は，損益計算書の損益と，貸借対照表の在高増減を結び付けて収
支をとらえたもので，実際の事業活動の資金フローに近い表であり，キャッ
シュ・フロー計算書と同じ役割を持っています。

① 資金移動表の構成

　前述の「2.資金収支と損益との関係」の項で，資金収支と損益のズレが貸借
対照表上の資産・負債・資本の増減に現れる旨を説明しました。
　資金移動表は，損益計算書を出発点として，貸借対照表の増減を加味して，
資金収支表に転換するという構成で作成されるものです。

② 資金移動表の特徴

　資金移動表は，資金繰表と資金運用表のデメリットをカバーしたものであり，
実際の事業活動の資金フローに近い表です。また，資金移動表は，現状の企業
の支払能力を調査する時や，予算作成時に予算ベースの支払能力を確認する際
にも利用されています。

【資金移動表】

(自 X01年4月1日　至 X02年3月31日)　　　(単位：百万円)

	支出			収入	
経常収支	経常支出			経常収入	
	売上原価	P/L		売上高	P/L
	人件費	P/L		売上債権増加	B/S
	諸経費	P/L			
	営業外費用	P/L			
	棚卸資産増加	B/S			
	仕入債務減少	B/S			
	減価償却費	P/L			
	その他資産増加	B/S			
	その他負債減少	B/S		経常収支尻①	
	合計			合計	
経常外収支	経常外支出			経常外収入	
	税金	P/L		有形固定資産売却	B/S
	配当金	S/S		借入金増加	B/S
	有形固定資産購入	B/S			
	投融資	B/S		経常外収支尻②	
	合計			合計	
総合収支	経常収支尻①			総合収支尻②	
	経常外収支尻②				

③ 資金移動表の作成手順

　資金移動表は，損益計算書と貸借対照表から作成します。貸借対照表は2期分の増減を把握しなければなりませんので，最初に増減表を作成した上で，上記各項目に当てはめていきます。

(4) キャッシュ・フロー計算書

　キャッシュ・フロー計算書とは，企業の一会計期間における資金（現金及び現金同等物）の増減（キャッシュ・フロー）の状況を一定の活動区分別にその算出過程を要約表示した計算書です。　その役割は，資金移動表と同じく，貸借対照表・損益計算書では，把握できない資金の流れを把握するためのものです。上場企業では2000年3月期から，開示書類の一つとして報告が義務付けられました。最近では，開示目的のみならず，資金計画書のツールとして用いられ

ています。第3の財務諸表と呼ばれることもあります。

　将来 IFRS が適用された場合には，純資産の期首・期末の差額が包括利益という形で示されるようになります。場合によっては公正価値に基づく未実現の評価損益の比重が高まり，何をもって企業が稼得した利益なのかわからなくなってしまう恐れがあります。このことは企業経営者にとってキャッシュ・フローによる経営管理手法が益々重要になることを意味しています。

① 資金の範囲

　キャッシュ・フロー計算書において，資金とは**現金及び現金同等物**を言います。現金（Cash）とは，手許現金及び要求払預金（普通預金や当座預金など）をいう。また，現金同等物（Cash equivalents）とは，容易に換金可能であり，かつ価値の変動について僅少なリスクしか負わない短期投資を指します。具体的には，定期預金（3カ月以内のもの），譲渡性預金，コマーシャル・ペーパー（CP）などがこれに含まれます。

【キャッシュ・フロー計算書】

(自 X01年4月1日　至 X02年3月31日)

(単位：百万円)

項目	金額
Ⅰ 営業活動によるキャッシュ・フロー	
(1)当期純利益(+)	
(2)非資金の費用項目	
1.減価償却費(+)	
2.諸引当金の増加(+)・減少(−)額	
(3)回収・支払サイト	
1.受取手形の増加(−)・減少(+)額	
2.売掛金の増加(−)・減少(+)額	
3.棚卸資産の増加(−)・減少(+)額	
4.その他の流動資産の増加(−)・減少(+)額	
5.支払手形の増加(+)・減少(−)額	
6.買掛金の増加(+)・減少(−)額	
7.前受金の増加(+)・減少(−)額	
8.その他の流動負債の増加(+)・減少(−)額	
9.その他の固定負債の増加(+)・減少(−)額	
(Ⅰの計)	
Ⅱ 投資活動によるキャッシュ・フロー	
1.有価証券の購入(−)・売却(+)額	
2.短期貸付金の貸付(−)・回収(+)額	
3.土地の購入(−)・売却(+)額	
4.減価償却資産の増加(−)・減少(+)額	
5.建設仮勘定の増加(−)・減少(+)額	
6.無形固定資産の増加(−)・減少(+)額	
7.投資有価証券の購入(−)・売却(+)額	
8.長期貸付金の貸付(−)・回収(+)額	
9.その他の固定資産の増加(−)・減少(+)額	
10.繰延資産の増加(−)・減少(+)額	
(Ⅱの計)	
フリー・キャッシュ・フロー(Ⅰ+Ⅱ)	
Ⅲ 財務活動によるキャッシュ・フロー	
1.短期借入金の増加(+)・減少(−)額	
2.長期借入金の増加(+)・減少(−)額	
3.社債の増加(+)・返済(−)額	
4.増資(+)額	
5.自己株式の取得(−)・処分(+)額	
6.剰余金の配当の支払(−)額	
(Ⅲの計)	
現金及び現金同等物の増加・減少額(Ⅰ+Ⅱ+Ⅲ)　(Ⅳ)	
現金及び現金同等物の期首残高　(Ⅴ)	
現金及び現金同等物の期末残高(Ⅳ+Ⅴ)	

② キャッシュ・フロー計算書の構成

　基本的な構成は資金移動表と同じですが，開示書類ですので，様式が定まっています。大きく，下記の3区分構成となっています。

・営業活動によるキャッシュ・フロー

・投資活動によるキャッシュ・フロー

・財務活動によるキャッシュ・フロー

【キャッシュ・フロー計算書の構成要素】

営業活動による キャッシュ・フロー	・会社の本業（事業＋投融資）から生じた現預金の流れ ・運転資本の増減といったBS, PLに現れない現預金の増減や, 減価償却費等の現預金の減少がない費用の流れも含む
投資活動による キャッシュ・フロー	・既存事業維持や新規事業のための設備投資, 株式等への短期・長期の投資, M&Aなど, 企業が将来に向けて投資している現預金の流れ ・BS, PLとは異なり, 固定資産等の取引の結果だけでなく, そのプロセスが表示される
財務活動による キャッシュ・フロー	・短期・長期借入, 社債の発行, 増資など資金調達流れと, 支払期限の到来した借入金の返済, 配当金の支払, 有利子負債の圧縮, 自社株購入など分配の流れ ・BS, PLでは把握できない, 期中の調達・返済の資金の流れが表示される

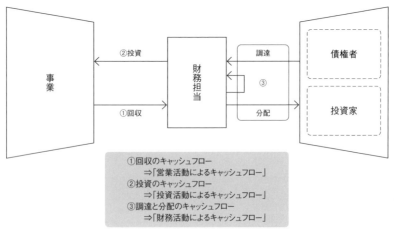

（出所：経済産業省「地域金融人材育成プログラムテキスト」より）

③ キャッシュ・フロー計算書の作成方法

　営業活動によるキャッシュ・フロー計算書を作成する方法には，**直接法**と**間接法**があり，選択適用が認められています。

●**直接法**：現金収支に収益・費用を関連付けて計算する方法。

●**間接法**：当期純利益から**非資金損益項目**（注）を加算して資産・負債の増加減少を逆算することにより計算する方法。

　具体的には，直接法では，例えば売上代金の入金額が「商品代金の入金額」というように内容がほぼそのままの名称で表示されるのに対して，間接法では

「売上債権の増減額」というように売上代金の入金額というフローが売上債権の増減というようにストックの増減で表示されるという違いがあるということです。直接法では，収支ベースで作成されるものの，損益計算書との紐付きが不明となります。一方，間接法は，損益計算書の利益からスタートしますので，損益計算書との関連が明らかになります。また，資金の流出に関係しない減価償却費や貸倒引当金の繰入額が表示されます。実務では間接法によることが多いようです。これは，特に連結での直接法キャッシュ・フロー計算書が作成困難であり，比較的に間接法によって作成することが簡便であることが理由の一つです。直接法は間接法に比べてキャッシュ・フローに対する収益・費用の関連性を表記できる反面，実務が煩雑である難点を持っています。

(注) 非資金損益項目とは，減価償却費，引当金繰入額・戻入額等現金収入・支出の伴わない収益・費用項目をいう。

④ キャッシュ・フロー計算書の読み方

(a) 営業活動におけるキャッシュ・フロー

　営業活動によるキャッシュ・フローを見ることで，経営の健全度を把握することができます。

〈営業活動によるキャッシュフローを見るポイント〉
・事業の健全性の分析
　営業活動によるCFはプラスか
　⇒事業リスクの大きい事業であれば，一時的にマイナスになることはあるが，マイナスの状態が何年も続いている場合，経営上，問題を抱えていることを示している

・事業の収益性，財務力，株主への還元の分析
　BS，PLにおける各種指標とキャッシュフローの比率は業界平均と比べてどうか
　⇒売上等の収益に対して，減価償却費等や運転資本増加分等の非キャッシュ項目を織り込んだキャッシュフローの指標を用いることにより，より実態に即した企業の姿を見ることができる

(出所：経済産業省「地域金融人材育成プログラムテキスト」より)

(b) 投資活動におけるキャッシュ・フロー

　投資活動によるキャッシュ・フローを見ることで，企業がリターンを得るために「どのように投資しているか」を把握することができます。

　営業キャッシュ・フローから投資キャッシュ・フローを差引いたものが企業が自由に使える資金，即ちフリー・キャッシュ・フロー（FCF）になります。

$$\boxed{\text{FCF} \quad = \quad \text{営業キャッシュ・フロー} \quad - \quad \text{投資キャッシュ・フロー}}$$

またフリー・キャッシュ・フローは次の計算式から求められます。

$$\boxed{\text{FCF} = \frac{\text{税引後}}{\text{営業利益}_{(注1)}} + \frac{\text{減価償却費}}{\text{等の償却費}} - \text{設備投資額} - \frac{\text{正味運転}}{\text{資本}_{(注2)}\text{増加額}}}$$

(注1) NOPAT = EBIT（支払利息・税金控除前利益）×（1－実効税率）を用いることが多い。

(注2) 正味運転資本＝売上債権＋棚卸資産＋その他の営業流動資産－仕入債務－その他の営業流動債務

　つまり，FCFは企業活動の継続に必要な設備投資・運転資本を再投資した後に残る余剰資金であり，投資家に配分できるキャッシュと言うことができます。

〈投資活動によるキャッシュフローを見るポイント〉
・投資内容の分析
　固定資産，有価証券への投資の割合とボリュームは業界平均と比べてどうか
　⇒投資活動によるCFには，（既存事業維持のための）設備投資，M&A（合併，買収），新規事業投資，投融資投資などが含まれており，固定資産と有価証券への投資の割合，ボリュームを業界平均と比べることにより，大まかに企業の投資の方向性がわかる

・投資意欲・安全性の分析
　営業活動によるCFを超える投資をしていないか
　⇒投資活動によるCFが営業活動によるCFを上回っている場合，①新興企業で成長局面にある，②既存活動を維持するための最低限のCFを営業CFで賄えていない，などが考えられる
　⇒特に，②の場合には短期的には借入れによる調達などで対応できるが，長期的にこの状況が続くと，既存事業の維持が危うくなり，倒産の危機に陥る

（出所：経済産業省『地域金融人材プログラムテキスト』より）

(c) 財務活動におけるキャッシュ・フロー

　財務活動によるキャッシュ・フローを，営業活動によるキャッシュ・フロー，投資活動によるキャッシュ・フローと合わせ，調達した資金が何に使われているかを見ることで，企業の経営状況を推測することができます。

〈財務活動によるキャッシュフローを見るポイント〉
・財務状況の分析
　財務活動によるCFはプラスか, マイナスか
　⇒財務活動によるCFがプラスの場合, 必要な資金が不足しており, 新たに調達したことを示している
　⇒マイナスの場合は, 営業活動によるCFで投資活動によるCFを賄え, さらに有利子負債償却等を行っていること
　　を示している

・調達内容の分析
　資金調達は何で行っているか
　⇒長期借入, 短期借入, 社債, 株式発行のどれにウエイトを置いて資金調達を行っているかを見ることで, 企業の
　　借入限度までの余裕度や, 短期借入に頼らざるを得ない現状などがわかる

・財務政策の分析
　財務活動によるCFがマイナスの場合, 何にCFを使用しているのか
　⇒財務活動によるCFの使途を見ることで, 有利子負債圧縮, 自社株買い, 配当など, 自社の経営を安定化し, 株
　　主重視経営を行っているかどうかがわかる

（出所：経済産業省「地域金融人材プログラムテキスト」より）

(d) まとめ

営業活動によるCF	投資活動によるCF	財務活動によるCF	企業の経営状況（例）*
+	−	−	・営業活動が順調で, 新規投資も積極的に行っており, 余った資金で有利子負債の圧縮など, 財務体質を改善していることが伺える
+	−	+	・新規投資を積極的に行っている成長企業で, 営業活動によるCFはプラスだが, 不足分を資金調達で補っている
+	+	−	・事業ポートフォリオの最適化や事業運営の効率化, 不要投融資の処分, 資本構成の最適化に取り組み, 効果を上げつつある企業
−	−	+	・新規参入の成長企業（ハイテクベンチャー等）で, 新規投資を積極的に行い, 資金調達も順調に行っているが, まだ営業活動として結果が出ていない企業
−	+	−	・営業活動によるCFの不足分を, 事業ポートフォリオの最適化や不要投融資の処分等で補い, 余ったCFを有利子負債の圧縮等, 財務体質の改善に当てている企業
−	−	−	・過去の余剰金を取り崩し, 有利子負債等を圧縮しつつも, 営業活動を立て直すべく新規投資を行っており, 危険な状態に陥っている企業

安定・成長傾向 → 危険・衰退傾向

※企業の経営状況を把握するためには, 実際には各キャッシュフロー項目の内容を見て判断する必要がある
※プラス, マイナスのみならず, 各キャッシュフローのボリュームとバランスを見ることも重要である

（出所：経済産業省「地域金融人材育成プログラムテキスト」より）

Column 39　営業利益と営業キャッシュ・フローについて

　まず，会計上の利益について考えてみよう。ご存じのとおり，損益計算書の構造は一番上の売上高から始まって，①売上総利益，②営業利益，③経常利益，④税引前当期純利益，そして一番下に⑤当期純利益と五つの利益からなっている。

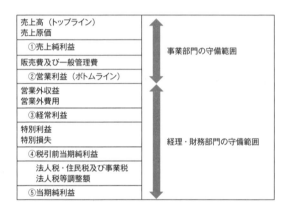

売上高（トップライン） 売上原価	
①売上純利益	事業部門の守備範囲
販売費及び一般管理費	
②営業利益（ボトムライン）	
営業外収益 営業外費用	
③経常利益	
特別利益 特別損失	経理・財務部門の守備範囲
④税引前当期純利益	
法人税・住民税及び事業税 法人税等調整額	
⑤当期純利益	

　経営管理の観点で見ると事業現場の守備範囲は売上（トップライン）から営業利益（彼らはここをボトムラインと呼ぶ）で，経営会議等の経営意思決定機関で議論される月次損益はもっぱら営業利益までである。営業利益の下にくる経常利益（営業外損益），税引前当期純利益（特別損益），当期純利益（法人税等）はCFO（経理・財務部門）の守備範囲という考えが強い。期中に重要な特別損益項目が発生した場合を除き，月次決算レベルではあまり議論されない。特に税引前当期純利益の次にくる「法人税・住民税及び事業税」「法人税等調整額」のコントロールはCFOの専管事項と言ってよい。こうして会計上の損益は発生主義等，一般に公正妥当と認められた会計原則に従って計算され損益計算書（PL）が作成される。

　一方，キャッシュ・フロー計算書（CFS）の構造は企業が①営業活動で稼得した営業CF，②工場の建設，子会社投資等に使った投資CF，③借入，増資等の財務CFの三つの枠からなる。特徴的なのは現金主義による収入と支出の差額で計算されるため，CFSの一番下に来る現預金の期末残高は必ず貸借対照表の

それと一致する。経営管理の観点で見ると重要なのは損益計算書の営業利益と同様，営業活動で稼ぎ出した「営業 CF」である。営業 CF は当期純利益に減価償却費等の現金支出を伴わない費用を戻し入れたり，運転資本の増減を加味して計算されたものである。世間で「利益は意見（見積り），キャッシュは事実」という言葉があるゆえんといってよい。

　よく，見積りの要素が入った損益計算書上の利益よりも事実を反映するキャッシュの方が重要であるといわれるが，必ずしもそうとは思わない。私見になるがどちらも重要だと思う。即ち経営者は利益の最大化を図るとともに資金ショートを起こさないようにするのが責任だからだ。そのためには両方を注意深くコントロールしていく必要がある。

　黒字倒産という言葉をご存じだと思う。損益計算書上は利益が出ていながら，お金が回らなくなり倒産することだ。なぜそうなったのか，どこに注意しておけばよいのか考えてみよう。

　まず，損益計算書の営業利益と CFS 上の営業 CF の比較である。減価償却費等の現金支出を伴わない費用を戻し入れるのだから営業 CF の方が大きいのが通常である。もし逆の現象が現れたら要注意。無理して売上を計上したり，必要な費用を計上しなかったりしている可能性がある。

　次に注意すべきは営業循環サイクルの過程で発生する売上債権や棚卸資産が増加傾向にある時だ。業績が悪くなると無理して売上を計上したり，決済日数を伸ばして得意先からの返品が増えて棚卸資産が増加する。返品の中には不良在庫が含まれているケースが多いので注意が必要。異常値を見つけるには年に一度の増減分析では不十分で，月次の傾向を注意深く見る必要がある。

　経理・財務部門として重要なことは営業利益と営業 CF をバランスよく見ておくことである。自分の会社は「何百億の現預金を持っているから安心だ」というのは過信に過ぎない。企業というのは業績が下がりだすとあっという間に現預金がなくなることを認識しておかねばならない。

Column 40　伊藤レポート

---

1. 伊藤レポート 1.0

　現在，金融危機の反省から欧米諸国を中心に，投資家や企業の短期志向（ショートターミズム）の是正やコーポレートガバナンスの強化，企業と投資家との対話（エンゲージメント）の促進，ディスクロージャーのあり方などが国際的な議論となっている。こうした中で，国際的な課題を日本的な文脈の中で検討し，投資家等に発信していく必要があるという問題意識の下，経産省が中心となって「持続的成長への競争力とインセンティブ～企業と投資家の望ましい関係構築～」プロジェクト（座長：一橋大学　伊藤邦雄教授）が発足し 2014 年 8 月その最終報告書（通称「伊藤レポート」）が公表された。伊藤レポートでは，諸課題解決に向けて次の提言が行われ，一連のコーポレートガバナンス改革等，具体的な取組みが始まっている。主なポイントは以下のとおり。

- 企業と株主の「協創」による持続的価値創造へ
- 資本効率を意識した企業価値経営への転換

　企業の持続的成長には，資本コストを上回る利益を生み出す必要がある。グローバルな投資家との対話にあたっては，必要最低ラインとして 8％を上回る ROE を達成することが求められている。これが「稼ぐ力」である。また ROE を利益率や回転率に分解して事業現場の目標に落とし込む努力をすべきである。

- インベスト・チェーンを最適化するインセンティブ構造へ

　インベスト・チェーン（資金の拠出者から，資金を最終的に事業活動に使う企業までの経路）の弱さや短期志向化の問題を克服し，全体最適に向けて中長期投資に結びつけるインセンティブへの転換を図る必要がある。

- パッシブ運用（ベンチマークに連動した運用）から深い分析に基づく銘柄選択へ
- 長期的な応援株主としての個人投資家の育成
- 「対話先進国」に向けた共通理解とプラットフォーム（「経営者・投資家フォーラム」）の創設
- 持続的な企業価値につながる企業開示へ

　短期的な業績にのみ偏ることなく，非財務情報も含め，各企業の価値創造プロセスを適切に評価するための統合的な報告が求められる。
- 「緊張と協調」による企業と投資家の真の対話促進

2.　伊藤レポート 2.0

　今後，第四次産業革命が企業の競争のあり方を大きく変化させ，競争力の源泉として無形資産に対する戦略的投資の重要性が高まっている。こういった環境の変化も踏まえて企業と投資家との長期投資を巡る課題等の検討が行われ，2017 年 10 月に「持続的成長に向けた長期投資（ESG（注）・無形資産投資）研究会報告書」（通称「伊藤レポート 2.0」）が公表され，下記の提言が行われた。
　（注）ESG 投資：環境（Environment），社会（Social），企業統治（Governance）に配慮している企業を重視・選別して行う投資を指す。
- 企業と投資家の共通言語としての「価値協創ガイダンス」策定
- 企業の統合的な情報開示と投資家との対話を促進するプラットフォームの設立
- 機関投資家の投資判断，スチュワードシップ（受託者責任）活動におけるガイダンス活用の推進
- 開示・対話環境の整備
- 資本市場における非財務情報データベースの充実とアクセス向上取組
- 政策や企業戦略，投資判断の基礎となる無形資産等に関する調査・統計，研究の充実
- 企業価値を高める無形資産（人的資本，研究開発投資，IT・ソフトウェア投資等）への投資促進のためのインセンティブ設計
- 持続的な企業価値向上に向けた課題の継続的な検証

3.　伊藤レポート 3.0

　「伊藤レポート」（2014 年 8 月）公表後も，依然として日本企業の資本効率性や長期成長に向けた投資は伸び悩んでおり，「稼ぐ力」や長期的な企業価値の向上は，今や待ったなしの状況にある。一方，国際的には，サステナビリティ課題を巡る状況は企業活動の持続性に大きな影響を及ぼしており，サステナビリティへの対応は，長期的かつ持続的な価値創造に向けた企業経営の根幹をなす要

素となりつつある。

　こうした中，経産省では2021年5月に「サステナブルな企業価値創造のための長期経営・長期投資に資する対話研究会（SX研究会）」を立ち上げ，2022年8月に報告書（通称「伊藤レポート3.0（SX版伊藤レポート）」）を取りまとめるとともに，「価値協創ガイダンス」の改訂（価値協創ガイダンス2.0）を行った。

　主なポイントは以下のとおり。

- SX（サステナビリティ・トランスフォーメーション）とは，社会のサステナビリティと企業のサステナビリティを「同期化」させていくこと，及びそのために必要な経営・事業変革（トランスフォーメーション）を指す。「同期化」とは，社会の持続可能性に資する長期的な価値提供を行うことを通じて，社会の持続可能性の向上を図るとともに，自社の長期的かつ持続的に成長原資を生み出す力（稼ぐ力）の向上と更なる価値創出へとつなげていくことを意味する。
- 日本企業の長期成長に向けた投資の伸び悩みや，国際的にサステナビリティへの対応が長期経営の根幹をなす要素となりつつある状況は，日本の企業・投資家をはじめとするインベストメントチェーン全体にとって試練であるとともにチャンスでもある。
- SXの実践こそ，これからの日本企業の「稼ぎ方」の本流となっていく。
- 企業が投資家等との建設的な対話を通じ，従来の企業活動の延長線上にはない非連続的な変革を加速することが重要。
- SXの実現のための具体的な取組としては，以下の三点が挙げられる。
  ① 社会のサステナビリティを踏まえた目指す姿の明確化
  ② 目指す姿に基づく長期価値創造を実現するための戦略の構築
  ③ 長期価値創造を実効的に推進するためのKPI・ガバナンスと，実質的な対話を通じた更なる磨き上げ
- バリューチェーン全体（中堅・中小企業やスタートアップを含む）やインベストメントチェーン上の多様なプレイヤー（運用機関・アセットオーナー，証券アナリスト，ESG評価機関など）も含め，日本全体でSXを効果的に推進していくことが必要。

4. まとめ

　このように伊藤レポートは，日本企業は他の欧米企業と比較して何処がいけないのか，そして金融市場はどうやって支えていくべきなのか，解決策を提言した文書である。我が国は長期にわたる経済的低迷に苦しんでいる間，新しい産業の創出に関しては，欧米のみならず韓国，中国に追い越され、今や周回遅れとなった感が否めない。日本企業がガラパゴス化に陥ることないよう，イノベーションを起こすためにも，政官財一体となって集中的に人材開発，研究開発に投資しなければ日本経済には未来がないと言って差し支えない。

 ズバリ，ここが実務ポイント！

▶損益と収支は一致しない。必ずズレが発生する。

▶設備投資の投資効果手法をマスターする。

▶資金管理用の代表的な４つのツール（資金繰表・資金運用表・資金移動表・キャッシュ・フロー計算書）の特徴を押さえる。

▶資金繰表を作成するにあたってはなるべく収入を堅めに予測する。楽観的な売上計画をそのまま信じてはいけない。

29. 内部統制

　21世紀に入って海外だけでなく国内においても企業不祥事が多発し，これにより企業は処罰されたり倒産の危機に陥ったりしました。継続して安定的な収益を計上するという企業の目的を果たすためには，企業経営を安定させ，さらなる成長のために業務を行う必要があります。この業務を行わせる仕組みのことを内部統制といいます。また，利害関係者の信頼を保つためにも内部統制は有効です。本章では，金商法で定められている内部統制報告制度を中心に内部統制について述べます。なお，各章の「◆内部統制上のポイント」は，個々の業務処理統制の主だった内容の記述であり，本章の内部統制報告制度に含まれるものです。

1. 全般事項

(1) 内部統制の定義

　内部統制は，企業の目的を達成するために必要な仕組みです。経営者は，健全なコーポレートガバナンスを維持していくため，内部統制を構築し有効性と効率性を維持する責任があります。ここで，内部統制とは，基本的に下記の4つの目的が達せられているとの合理的な保証を得るために，業務に組み込まれ，組織内の全ての者によって遂行されるプロセスをいいます。

(2) 内部統制の目的

目　的	内　容
①業務の有効性・効率性	事業活動の目的達成のため，業務の有効性及び効率性を高めることです。
②財務報告の信頼性	財務諸表及び財務諸表に重要な影響を及ぼす可能性のある情報の信頼性を確保することです。

③法令等の遵守	事業活動に関わる法令その他の規範の遵守を促進すること です。
④資産の保全	資産の取得，使用及び処分が正当な手続及び承認のもとで 行われるように，資産の保全を図ることです。

　これら4つの目的は，各々固有の目的ですが，相互に密接に関連しています。内部統制を構築する際は，目的相互間の関連性を理解し，整備，運用することが大事です。

KEYWORD

▶**財務報告**：財務諸表及び財務諸表の信頼性に重要な影響を及ぼす開示事項等に係る外部報告をいう。

---

(3) 内部統制の基本的要素

　内部統制の目的を達成するために必要とされる内部統制の構成部分をいい，内部統制の有効性の規準となるものです。

① 統制環境

　組織が保有する価値基準及び組織の基本的な人事，職務の制度等を総称する概念です。具体的には，誠実性及び倫理観，経営者の意向及び姿勢，経営方針及び経営戦略，取締役会及び監査役等の有する機能，組織構造及び慣行，権限及び職責，人的資源に対する方針と管理が挙げられます。

② リスクの評価と対応

　組織目標の達成に影響を与える事象のうち，組織目標の達成を阻害する要因をリスクとして識別，分析及び評価するプロセスをいいます。

　リスクの評価と対応の実務は，個々の組織が置かれた環境や事業の特性等に

よって異なるものであり，一律に示すことはできませんが，リスクの評価の流れの例を示すと次のようになります。

● リスクの評価の流れ

リスクの識別

組織目標の達成に影響を与える可能性のある事象を把握し，そのうちにどのようなリスクがあるのかを特定します。リスクは，全社的なレベルから業務プロセスのレベルまで様々な段階で存在することから，各段階において適切にリスクを識別することが重要です。

リスクの分類

識別したリスクを，「全社的なリスク」，「業務プロセスのリスク」，「過去に存在したことのあるリスク」，「未経験のリスク」等の観点から分類することが重要です。

リスクの分析と評価

当該リスクが生じる可能性及びリスクがもたらす影響の大きさを分析し，リスクの重要性を見積もることとなります。その上で，見積もったリスクの重要性に照らして，対応策を講じるべきリスクかどうかを評価します。

リスクの対応へ

リスクの評価を受けて，当該リスクへの適切な対応を選択するプロセスをいいます。リスクへの対応にあたっては，評価されたリスクについて，その回避，低減，移転，受容等適切な対応を選択します。

KEYWORD

▶**リスク**：組織目標の達成を阻害する要因をいう。例えば，次のようなものがある。

外部的要因	内部的要因
・天災 ・盗難 ・市場競争の激化 ・為替や資源相場の変動	・情報システムの故障，不具合 ・会計処理の誤謬・不正行為の発生 ・個人情報及び高度な経営判断に関わる情報の流失又は漏洩

内部統制でのリスクは，組織に負の影響，即ち損失を与えるリスクのみを指し，組織に正の影響，即ち利益をもたらす可能性は，ここにいうリスクには含まない。

▶**全社的なリスク**：組織全体の目標の達成を阻害するリスクをいう。例えば，特定の取引先・製品・技術等への依存，重要な訴訟事件等の発生，経営者個人への依存等が挙げられる。全社的なリスクについては，明確な経営方針及び経営戦略の策定，取締役会及び監査役等の機能の強化，内部監査部門などのモニタリングの強化等，組織全体を対象とする内部統制を整備，運用して対応することが必要となる。

▶**業務プロセスのリスク**：組織の各業務プロセスにおける目標の達成を阻害するリスクをいう。業務プロセスのリスクについては，通常，業務の中に組み込まれた統制活動等で対応することになる。

▶**過去に存在したことのあるリスク**：過去に生じたことのあるリスクである。リスクの影響を推定できる。なお，時の経過とともに状況等が変化し，影響の度合いが変化している可能性がある。

▶**未経験のリスク**：組織にとっていまだ経験したことのないリスクである。どういう影響が生じるかということについて不透明であることが多い。従って，その影響について，より慎重に検討する必要がある。

③ 統制活動

　経営者や部門責任者などの命令及び指示が適切に実行されることを確保するために定める方針や手続のことをいいます。

　経営者においては，不正又は誤謬等の行為が発生するリスクを減らすために，各担当者の権限及び職責を明確にし，各担当者が権限及び職責の範囲において適切に業務を遂行していく体制を整備していくことが重要となります。その際，職務を複数の者の間で適切に分担又は分離させることが重要です。例えば，取引の承認，取引の記録，資産の管理に関する職責をそれぞれ別の者に担当させることにより，それぞれの担当者間で適切に相互牽制を働かせることが考えられます。

④ 情報と伝達

　必要な情報が識別，把握及び処理され，組織内外や関係者相互間に正しく伝えられることを確保することをいいます。

　情報の伝達には，下記の2種類があります。

内部伝達	外部伝達
経営者及び組織内の適切な管理者に適時かつ適切に伝達される仕組みを整備することが重要です。また，経営者の方針は組織内の全ての者に適時かつ適切に伝達される必要もあります。	株主，監督機関その他の外部の関係者に対する報告や開示等において，適正に情報を提供していく必要があります。また，組織の外部からも情報が提供されることがあるため，組織の外部からの情報を入手するための仕組みも整備することも重要です。

⑤ モニタリング

　内部統制が有効に機能していることを継続的に評価するプロセスをいいます。モニタリングにより，内部統制は常に監視・評価され，是正されることになります。業務に組み込まれて行われる**日常的モニタリング**及び業務から独立した視点から実施される**独立的評価**があります。両者は個別に又は組み合わせて行われる場合があります。

KEYWORD

▶**日常的モニタリング**：通常の業務に組み込まれた一連の手続を実施することで，内部統制の有効性を継続的に検討・評価することをいう。業務活動を遂行する部門内で実施される内部統制の自己点検ないし自己評価も日常的モニタリングに含まれる。

▶**独立的評価**：日常的モニタリングでは発見できないような経営上の問題がないかを，別の視点から評価するために定期的又は随時に行われるもの。経営者，取締役会，監査役等，内部監査部門等による独立的評価がある。

⑥ IT への対応

　組織目標を達成するために，あらかじめ適切な方針及び手続を定め，業務の実施において組織内外の IT に対し適切に対応することをいいます。特に，組織の業務内容が IT に大きく依存している場合や情報システムが IT を高度に取り入れている場合等には，内部統制の目的を達成するための不可欠の要素となります。

　IT への対応は，他の基本的要素と必ずしも独立に存在するものではなく，関係としては下記のようになります。

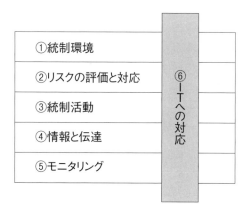

①統制環境
②リスクの評価と対応
③統制活動
④情報と伝達
⑤モニタリング
⑥ IT への対応

ITへの対応は次のように区分されます。

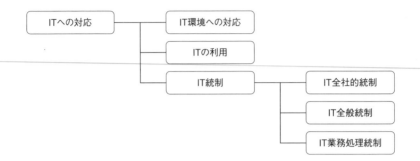

　・システムの利用に関する認証，操作範囲の限定などアクセスの管理

これらの業務処理統制は，手作業により実施することも可能だが，システムに組み込むことにより，より効率的かつ正確な処理が可能となる。

⑷ 内部統制の限界

　適切に整備され運用されている内部統制であっても，内部統制が本来有する制約のため有効に機能しなくなることがあり，内部統制の目的を常に完全に達成するものとはならない場合があります。

　内部統制は次のような固有の限界を有するため，その目的の達成にとって絶対的なものではありませんが，各基本的要素が有機的に結びつき一体となって機能することで，その目的を合理的な範囲で達成しようとするものです。

・判断の誤り，不注意，複数の担当者による共謀によって有効に機能しなくなる場合があります。

・当初想定していなかった組織内外の環境の変化や非定型的な取引等には，必ずしも対応しない場合があります。

・内部統制の整備及び運用に際しては，費用と便益との比較衡量が求められます。

・経営者が不当な目的のために内部統制を無視ないし無効ならしめることがあります。

⑸ 関係者の役割と責任

関係者	役割と責任
経営者	・組織のすべての活動について最終的な責任を有しており，その一環として，取締役会が決定した基本方針に基づき内部統制を整備及び運用する役割と責任があります。 ・責任を果たすための手段として，社内組織を通じて内部統制の整備及び運用を行います。 ・組織内のいずれの者よりも，統制環境に係る諸要因及びその他の内部統制の基本的要素に影響を与える組織の気風の決定に大きな影響力を有しています。

取締役会	・内部統制の整備及び運用に係る基本方針を決定します。 ・経営者の業務執行を監督することから，経営者による内部統制の整備及び運用に対しても監督責任を有しています。 ・「全社的な内部統制」の重要な一部であるとともに，「業務プロセスに係る内部統制」における統制環境の一部です。
監査役等	取締役及び執行役の職務の執行に対する監査の一環として，独立した立場から，内部統制の整備及び運用状況を監視，検証する役割と責任を有しています。
内部監査人	内部統制の目的をより効果的に達成するために，モニタリングの一環として，内部統制の整備及び運用状況を検討，評価し，必要に応じて，その改善を促す職務を担っています。
組織内のその他の者	内部統制は組織内のすべての者によって遂行されるプロセスであることから，上記以外の組織内のその他の者も自らの業務との関連において，有効な内部統制の整備及び運用に一定の役割を担っています。

2. 財務報告に係る内部統制

　財務報告に係る内部統制の有効性の評価については，経営者自らが行い，その結果を表明します。実際には，自らの業務を評価することとならない範囲で，経営者の責任のもと，経理部や内部監査などの部署が実行部隊として作業を行うこととなります。原則として，連結ベースで行います（持分法適用となる関連会社，在外子会社も対象に含まれます）。

(1) 評価範囲の決定

　財務報告に対する金額的及び質的影響の重要性を考慮して，評価の範囲を決定します。

① 重要な事業拠点の選定

　連結売上高等の重要性をもとに業務プロセスの評価対象となる重要な拠点を選定します。例えば，売上高の大きい順に連結売上の2/3程度に達するまでの拠点を選定することも考えられます。

② 評価対象とする業務プロセスの識別（勘定の重要性）

　上記①で選定した重要な事業拠点における企業の事業目的に大きく関わる勘

定科目として，「売上」，「売掛金」，「棚卸資産」に至る業務プロセスは，原則として全てを評価対象とします。これら3勘定はあくまで例示であり，企業の特殊性に応じて判断します。

③ 評価対象とする業務プロセスの識別（個別判断の重要性）

上記①や②で選定されない項目について，財務報告への影響を考慮して重要性の大きい業務プロセスについて個別に評価対象を追加します。具体的には下記のとおりです。

・リスクが大きい取引を行っている事業又は業務に係る業務プロセス
　　（例）デリバティブ取引
・見積りや経営者による予測を伴う重要な勘定科目に係る業務プロセス
　　（例）引当金，繰延税金資産（／負債）
・非定型，不規則な取引など虚偽記載が発生するリスクが高いものとして，特に留意すべき業務プロセス　　（例）期末に集中しての取引
・上記その他の理由により追加的に評価対象に含める特定の取引又は事象等

(2) 評価の方法

① 経営者による内部統制評価

経営者は有効な内部統制の整備及び運用の責任を負う者として，財務報告に係る内部統制を評価します。経営者は連結ベースでの財務報告全体に重要な影響を及ぼす内部統制の評価を行った上で，業務プロセスに係る内部統制を評価しなければなりません。なお，経営者による内部統制評価は，期末日を評価時点とします。

② 全社的な内部統制の評価

経営者は全社的な内部統制の整備及び運用状況，その状況が業務プロセスに係る内部統制に及ぼす影響の程度を評価します。その際，経営者は組織の内外

で発生するリスク等を十分に評価するとともに，財務報告全体に重要な影響を及ぼす事項を十分に検討します。例えば，全社的な会計方針及び財務方針，組織の構築及び運用等に関する経営判断，経営レベルにおける意思決定のプロセス等がこれに該当します。

(a) 全社的な内部統制の評価方法

評価対象となる内部統制全体を適切に理解及び分析した上で，関係者への質問や記録の検証などの手続を実施します。具体的には，下記の方法が考えられます。

整備状況の評価	主に規程類を入手し，査閲や担当者への質問により評価します。
運用状況の評価	関係者への質問や記録の検証などを行います。チェックリストによる回答の場合は，実際の業務を具体的に記載し，実施状況を把握します。

(b) 全社的な内部統制と業務プロセスに係る内部統制

経営者は全社的な内部統制の評価結果を踏まえ，業務プロセスに係る内部統制を評価しますが，全社的な内部統制と業務プロセスに係る内部統制は相互に影響し合い補完する関係にあります。経営者は両者のバランスを適切に考慮した上で内部統制の評価を行うことが求められております。

③ 業務プロセスに係る内部統制

経営者は全社的な内部統制の評価結果を踏まえ，評価対象となる内部統制の範囲内にある業務プロセスを分析した上で，財務報告の信頼性に重要な影響を及ぼす統制上の要点を選定し，当該統制上の要点について内部統制の基本的要素が機能しているかを評価します。

●評価対象となる業務プロセスの把握・整理

経営者は評価対象となる業務プロセスにおける取引の開始，承認，記録，処理，報告を含め，取引の流れを把握し，取引の発生から集計，記帳といった会

計処理の過程を理解します。把握された業務プロセスの概要については，必要に応じ図や表を活用して整理・記録することが有用です。一例として，**業務フロー図**，**業務記述書**があります。

KEYWORD

▶**業務フロー図**：企業の特定の業務や取引が部門内や部門間でどのような関連で手続を行っているかについて図表形式にしたもの。図表化したものであるため，手続の同時性や順序，関係を把握しやすい。

▶**業務記述書**：企業の業務に関して，手順や作業内容を文章化したもの。ポイントを絞って記述することが大事である。

●業務プロセスにおける虚偽記載の発生するリスクとこれを低減する統制の識別

　経営者は，評価対象となる業務プロセスにおいて，不正又は誤謬により虚偽記載が発生するリスクを識別します。このリスクを識別するにあたっては，下記の要件のうち不正又は誤謬がどの要件に影響を及ぼすかについて理解しておくことが重要となります。

要 件	内 容
実在性	資産及び負債が実際に存在し，取引や会計事象が実際に発生していること
網羅性	計上すべき資産，負債，取引や会計事象を全て記録していること
権利と義務の帰属	計上されている資産に対する権利及び負債に対する義務が企業に帰属していること
評価の妥当性	資産及び負債を適切な価額で計上していること
期間配分の適切性	取引や会計事象を適切な金額で記録し，収益及び費用を適切な期間に配分していること
表示の妥当性	取引や会計事象を適切に表示していること

そして，虚偽記載が発生するリスクを低減するための内部統制を識別します。その際，特に取引の開始，承認，記録，処理，報告に関する内部統制を対象に，上記の要件を確保するためにどのような内部統制が必要かという観点から識別します。なお，業務プロセスに係る内部統制の整備及び運用状況の評価については，必要に応じ，図や表を活用して整理・記録することが有用です。一例としてリスク・コントロール・マトリックス（RCM）があります。

KEYWORD

▶ **RCM**：企業が抽出したリスクに対して，企業がどのような統制を行っているかをまとめた表。リスクと統制の対応が確認できる。

●整備状況の有効性の評価

　経営者は識別した個々の重要な勘定科目に関係する個々の統制上の要点が適切に整備され，上記要件を確保する合理的な保証を提供できているかについて，関連文書の閲覧，従業員等への質問，観察等を通じて判断します。評価は，原則として毎期実施します。ただし，全社的な内部統制の評価結果が有効である場合には，前年度の評価結果が有効であり，かつ，前年度の整備状況と重要な変更がないものについては，前年度の整備状況の評価結果を継続して利用できます。

●運用状況の有効性の評価

　整備状況を評価した後は，運用状況の評価を実施します。原則としてサンプリングにより，関連文書の閲覧，担当者への質問，業務の観察等を通じて運用状況を確認します。

　実施には，期中から適切な時期に運用状況の評価手続を実施することになります。運用状況の評価を期中に実施し，期末日までに内部統制に関する重要な

変更があったときには，重要な変更の内容の把握・整理，整備状況，運用状況
の有効性の評価等の追加手続の実施を検討します。

評価は，原則として毎期実施します。ただし，全社的な内部統制の評価結果
が有効である場合には，前年度の評価結果が有効であり，かつ，前年度の整備
状況と重要な変更がないものについては，前年度の運用状況の評価結果を継続
して利用できます。

④ 有効性の判断

有効性の評価を行った結果，統制上の要点等に係る不備が財務報告に重要な
影響を及ぼす可能性が高い場合は，当該内部統制に開示すべき重要な不備があ
ると判断しなければなりません。

⒜ 全社的な内部統制の有効性の判断

全社的な内部統制に不備がある場合，内部統制の有効性に重要な影響を及ぼ
す可能性が高いです。内部統制の開示すべき重要な不備となる全社的な内部統
制の不備として，次のようなものがあります。

> ・経営者が財務報告の信頼性に関するリスクの評価と対応を実施していな
> い。
> ・取締役会又は監査役等が財務報告の信頼性を確保するための内部統制の
> 整備及び運用を監督，監視，検証していない。
> ・財務報告に係る内部統制の有効性を評価する責任部署が明確でない。
> ・ITに関する内部統制に不備があり，それが改善されずに放置されている。
> など

なお，全社的な内部統制に不備がある場合でも，業務プロセスに係る内部統制
が単独で有効に機能することもあり得ます。ただし，全社的な内部統制に不備が
あるという状況は，基本的な内部統制の整備に不備があることを意味しており，
全体としての内部統制が有効に機能する可能性は限定されると考えられます。

⒝ 業務プロセスに係る内部統制の有効性の判断

　内部統制の不備が開示すべき重要な不備に該当するか否かを評価するために，内部統制の不備により勘定科目等に虚偽記載が発生する場合，その影響が及ぶ範囲を推定します。この際，虚偽記載の発生可能性も併せて検討する必要があります。なお，内部統制の不備が複数存在する場合には，それらの内部統制の不備が単独で又は複数合わさって，開示すべき重要な不備に該当していないかを評価します。

　また，集計した不備の影響が勘定科目ごとに見れば財務諸表レベルの重要な虚偽記載に該当しない場合でも，複数の勘定科目に係る影響を合わせると重要な虚偽記載に該当する場合があります。この場合にも開示すべき重要な不備となります。

　さらに，勘定科目等に虚偽記載が発生する可能性と影響度を検討するときには，個々の内部統制を切り離して検討するのではなく，個々の内部統制がいかに相互に連係して虚偽記載が発生するリスクを低減しているかを検討する必要があります。そのために，ある内部統制の不備を補う内部統制（補完統制）の有無と，仮に補完統制がある場合には，それが勘定科目等に虚偽記載が発生する可能性と金額的影響をどの程度低減しているかを検討します。

 Column 41　内部統制報告書に記載された開示すべき重要な不備の例

- -

【全社的な内部統制の例】

　・当社は，財務報告に関するリスクの評価と対応を実施していない。

　・前代表取締役が社内規定による職務分掌や承認手続を無視し，独断で約束
　　手形の振出しを行った。

　・前取締役が，定められた取締役会の承認を得ずに債務保証を行った。

【決算・財務報告プロセスの例】

　・子会社の繰延税金資産の回収可能性の判断の適用を誤り，さらに，それに

対する牽制が十分機能しなかった。

・在外統括会社の「傘下会社に対するモニタリング」が適切に実施されなかっ
たため，海外子会社による不適切な会計処理が行われた。

【重要な業務プロセスの例】

・営業部門において，適正な売上計上に必要な契約内容の確認及び承認手続
の運用が不十分であったため，当期の売上高について重要な修正を行うこ
とになった。

・新規の非定型取引に係る業務プロセス並びに固定資産の減損会計及び税効
果会計に係る業務プロセスにおいて，能力のある経理担当者によって適切
に査閲，分析及び監視する内部統制が有効でない。

⑤ 開示すべき重要な不備の是正

発見された内部統制の不備等は，適時に認識し，適切に対応される必要があ
ります。

●重要な不備等の是正手続

内部統制の評価及び報告の計画を作成するときには，内部統制の不備等を発
見した場合にこれを是正することを想定して，最終的な評価の時点（期末日）
まで一定の期間を確保しておくことが大事です。

●期末日後に実施した是正措置に関する評価手続

期末日後に実施した是正措置は，期末日における財務報告に係る内部統制の
評価には影響しません。ただし，経営者は，内部統制報告書の提出日までに実
施した是正措置がある場合は，その内容を内部統制報告書に付記事項として記
載できます。なお，提出日までに有効な内部統制を整備し，その運用の有効性
を確認している場合には，是正措置を完了した旨を，実施した是正措置の内容
とともに記載できます。

⑥ 評価範囲の制約

やむを得ない事情により，内部統制の一部について十分な評価手続を実施できない場合があります。その場合には，当該事実が財務報告に及ぼす影響を十分に把握した上で，評価手続を実施できなかった範囲を除外して財務報告に係る内部統制の有効性を評価することができます。

なお，評価範囲の除外に関しては，その範囲及びその理由を内部統制報告書に記載することが必要です。また，評価を実施できないことが財務報告の信頼性に重要な影響を及ぼす場合には，内部統制の評価結果は表明できないことになります。

⑦ 評価手続等の記録及び保存

財務報告に係る内部統制の有効性の評価手続，評価結果，発見した不備，その是正措置に関して記録し保存しなければなりません。なお，記録の形式，方法等については，企業の作成，使用している記録等を適宜，利用し，必要に応じそれに補足を行っていくことで足ります。

● 記録の保存

金商法上は，有価証券報告書及びその添付書類の縦覧期間（5年）を勘案して，それと同程度の期間，適切な範囲及び方法（磁気媒体，紙又はフィルム等）により保存することとなります。記録・保存にあたっては，後日，第三者による検証が可能となるよう，関連する証拠書類をあわせて保存する必要があります。

3. 内部統制報告書

金商法上，経営者は財務報告に係る内部統制の有効性の評価に関する報告書を作成しなければなりません。

(1) 記載事項

内部統制報告書には，下記事項を記載します。

① 財務報告に係る内部統制の基本的枠組みに関する事項

② 評価の範囲，基準日及び評価手続に関する事項

③ 評価結果に関する事項

④ 付記事項

⑤ 特記事項

(2) 作成のポイント

① 評価範囲の除外

　期末日直前の買収や合併，災害等のやむを得ない事情により内部統制の一部について評価手続が実施できない場合，当該事実が財務報告に及ぼす影響を十分に把握して，評価手続が実施できなかった範囲を除外して，有効とすることができます。ただし，広範囲にわたり重要な評価手続が実施できなければ，評価結果を表明することができないと判断すべき場合もあり得ます。安易に評価範囲は除外できません。

② 評価結果の記載

・評価手続が一部実施できなかったが，財務報告に係る内部統制が有効の場合は，その旨，実施できなかった評価手続とその理由を記載します。

・開示すべき重要な不備がある場合は，財務報告に係る内部統制が有効でない旨，その開示すべき重要な不備の内容，それが是正されない理由を記載します。

・重要な評価手続が実施できなかった場合には，評価結果を表明できない旨，実施できなかった評価手続，その理由を記載します。

③ 付記事項の記載

・内部統制の有効性の評価に重要な影響を及ぼす後発事象を記載します。

・期末後に実施した開示すべき重要な不備に対する是正措置等を記載します。

・期末日後において，開示すべき重要な不備があり，財務報告に係る内部
　統制が有効でないと判断した場合，内部統制報告書の提出日までに実施
　した是正措置があればその内容を記載します。

4. 内部統制監査

(1) 目　的

　経営者の作成した内部統制報告書が一般に公正妥当と認められる内部統制の
評価の基準に準拠して，適正に作成されているかについて，監査人が意見表明
することにあります。すなわち，**内部統制監査**においては，内部統制の有効性
の評価結果という経営者の主張を前提に，これに対する監査人の意見を表明す
るものです。従って，監査人が直接，内部統制の整備及び運用状況を検証する
という形はとっていません。ただし，内部統制監査において監査人が意見を表
明するにあたって，監査人は自ら，十分かつ適切な監査証拠を入手し，それに
基づいて意見表明することとされており，その限りにおいて，監査人は，企業
等から，直接，監査証拠を入手していくこととなります。

(2) 財務諸表監査との関係

　内部統制監査は，原則として，同一の監査人により財務諸表監査と一体となっ
て行われます。監査の効率性等を考慮して，財務諸表監査と内部統制監査の双
方で得られた監査証拠は相互に利用されます。また，監査報告書は，財務諸表
監査報告書と一体的に作成されることとされております。

Column 42　内部統制報告制度の改訂

- -

2023 年 4 月 7 日に企業会計審議会より「財務報告に係る内部統制の評価及び監査の基準」，「財務報告に係る内部統制の評価及び監査に関する実施基準」の改訂がなされ，さらに意見書も公表された。

1．適用時期

2024 年 4 月 1 日以後開始する事業年度における財務報告に係る内部統制の評価及び監査から適用。

2．経緯

金商法による内部統制報告制度は，2008 年 4 月 1 日以後開始する事業年度に適用されて以来，財務報告の信頼性の向上に一定の効果があったと考えられる。一方で，次のような状況にもあった。

① 経営者による内部統制の評価範囲の外で開示すべき重要な不備が明らかになる事例や内部統制の有効性の評価が訂正される際に十分な理由の開示がない事例が一定程度見受けられており，経営者が内部統制の評価範囲の検討に当たって財務報告の信頼性に及ぼす影響の重要性を適切に考慮していないのではないか等の内部統制報告制度の実効性に関する懸念が指摘されている。

② 国際的な内部統制の枠組みについて，米国の COSO（トレッドウェイ委員会支援組織委員会）の内部統制の基本的枠組みに関する報告書（以下「COSO 報告書」という）が，経済社会の構造変化やリスクの複雑化に伴う内部統制上の課題に対処するために改訂された。具体的には，内部統制の目的の

一つである「財務報告」の「報告」（非財務報告と内部報告を含む）への拡張，不正に関するリスクへの対応の強調，内部統制とガバナンスや全組織的なリスク管理との関連性の明確化等を行っている。我が国の内部統制報告制度ではこれらの点に関する改訂は行われてこなかった。

このような状況を踏まえ，高品質な会計監査を実施するための環境整備の観点から，国際的な内部統制・リスクマネジメントの議論の進展も踏まえ，改訂に至っている。

3. 主な改訂内容

(1) 全般事項

① 内部統制の目的：報告の信頼性

・サステナビリティ等の非財務情報に係る開示の進展やCOSO報告書の改訂を踏まえ，内部統制の目的の一つである「財務報告の信頼性」を「報告の信頼性」に変更した。

・「報告の信頼性」とは，組織内及び組織の外部への報告（非財務情報を含む）の信頼性を確保することをいう。

・「報告の信頼性」には「財務報告の信頼性」が含まれ，「財務報告の信頼性」は，財務諸表及び財務諸表に重要な影響を及ぼす可能性のある情報の信頼性を確保することをいう。

・金商法上の内部統制報告制度は，あくまで「財務報告の信頼性」の確保が目的である。

② 内部統制の基本的要素

項目	改訂点	具体的な内容
リスクの評価と対応	COSO報告書の改訂を踏まえ，不正に関するリスクについて考慮することの重要性や考慮すべき事項を明示	・リスクの評価の対象となるリスクには，不正に関するリスクも含まれ，検討においては，様々な不正及び違法行為の結果発生し得る不適切な報告，資産の流用及び汚職について検討が必要である。不正に関するリスクの評価においては，不正に関する動機とプレッシャー，機会，姿勢と正当化について考慮することが重要である。 ・リスクの変化に応じてリスクを再評価し，リスクへの対応を適時に見直すことが重要である。

情報と伝達	情報の信頼性の確保におけるシステムが有効に機能することの重要性を記載	大量の情報を扱い，業務が高度に自動化されたシステムに依存している状況においては，情報の信頼性が重要である。信頼性のない情報は，経営者の誤った判断等につながる可能性がある。情報の信頼性を確保するためには，情報の処理プロセスにおいてシステムが有効に機能していることが求められる。
ITへの対応	ITの委託業務に係る統制やセキュリティの確保の重要性を記載	・情報システムの開発・運用・保守などITに関する業務を外部組織に委託するケースもあり，ITの委託業務に係る統制の重要性が増している。 ・クラウドやリモートアクセス等の様々な技術を活用するに当たっては，サイバーリスクの高まり等を踏まえ，情報システムに係るセキュリティの確保が重要である。

③ 内部統制の限界：経営者による内部統制の無効化

改訂点	例示項目
内部統制を無視又は無効ならしめる行為に対する組織内の全社的又は業務プロセスにおける適切な内部統制の例を示した	・適切な経営理念等に基づく社内の制度の設計・運用 ・適切な職務の分掌 ・組織全体を含めた経営者の内部統制の整備及び運用に対する取締役会による監督 ・監査役等による監査及び内部監査人による取締役会及び監査役等への直接的な報告に係る体制等の整備及び運用

・ 当該行為が経営者以外の内部統制における業務プロセスに責任を有する者が，

内部統制を無視又は無効ならしめることもある。

④ 関係者の役割と責任

関係者	改訂内容
取締役会	内部統制の整備及び運用に関して，経営者が不当な目的のために内部統制を無視又は無効ならしめる場合があることに留意する必要がある。
監査役等	内部統制の整備及び運用に関して，経営者が不当な目的のために内部統制を無視又は無効ならしめる場合があることに留意する必要があり，監査役等は，その役割・責務を実効的に果たすために，内部監査人や監査人等と連携し，能動的に情報を入手することが重要である。
内部監査人	熟達した専門的能力と専門職としての正当な注意をもって職責を全うすることが求められる。内部監査の有効性を高めるため，経営者は内部監査人から適時かつ適切に報告を受けることができる体制を確保することが重要である。同時に，内部監査人は取締役会及び監査役等への報告経路を確保するとともに，必要に応じて取締役会及び監査役等から指示を受けることが適切である。

⑤ 内部統制とガバナンス及び全組織的なリスク管理（新設）

　内部統制は，組織の持続的な成長のために必要不可欠なものであり，ガバナンスや全組織的なリスク管理と一体的に整備及び運用されることが重要である。内部統制，ガバナンス及び全組織的なリスク管理は，組織及び組織を取り巻く環境に対応して運用されていく中で，常に見直される。

（2）財務報告に係る内部統制

　① 評価範囲の決定

　・長期間にわたり評価範囲外としてきた特定の事業拠点や業務プロセスについても，評価範囲に含めることの必要性の有無を考慮しなければならない。

　・評価範囲外の事業拠点又は業務プロセスにおいて開示すべき重要な不備が識別された場合には，当該事業拠点又は業務プロセスについては，少なくとも当該開示すべき重要な不備が識別された時点を含む会計期間の評価範囲に含めることが適切である。

　(a) 重要な事業拠点の選定

　・一定の割合に達している事業拠点を評価対象とする場合，全社的な内部統制の評価が良好であれば，連結ベースの売上高等の一定割合（おおむね3分の2程度）とする考え方や総資産，税引前利益等の一定割合とすることも考えられる。

　・「売上高等のおおむね2／3」を機械的に適用すべきでないとしている。

　・全社的な内部統制のうち，良好でない項目がある場合には，それに関連する事業拠点を選定する必要がある。

　(b) 評価対象とする業務プロセスの識別（勘定の重要性）

　・「企業の事業目的に大きく関わる勘定科目」については，財務報告に対する金額的及び質的影響並びにその発生可能性を考慮する。

　・「売上，売掛金及び棚卸資産の3勘定」を機械的に適用すべきでないとしている。

(c) 評価対象とする業務プロセスの識別（個別判断の重要性）

・検討に当たって留意すべき業務プロセスの例示として，複雑又は不安定な権限や職責及び指揮・命令の系統（例えば，海外に所在する事業拠点，企業結合直後の事業拠点，中核的事業でない事業を手掛ける独立性の高い事業拠点）の下での事業又は業務を追加した。

・リスクについて発生又は変化する可能性がある状況の例示をあげた。

（例）規制環境や経営環境の変化による競争力の変化，新規雇用者，情報システムの重要な変更，事業の大幅で急速な拡大　など

●評価範囲についての監査人との協議

　評価範囲の決定は経営者が行うものであるが，監査人による指導的機能の発揮の一環として，当該協議を内部統制の評価の計画段階及び状況の変化等があった場合において，必要に応じ実施する。

② 評価の方法（業務プロセスに係る内部統制）：IT を利用した内部統制の評価

項目	改訂内容
IT 全般統制	・IT に係る全般統制は，業務処理統制が有効に機能する環境を確保するものであるが，IT に係る全般統制が有効に機能していると評価されたとしても，それだけで IT に係る業務処理統制も有効に機能しているという結論に至らない点について留意する。 ・運用状況の評価について一定の複数会計期間内に一度の頻度で実施する場合，経営者において，IT 環境の変化を踏まえて慎重に判断され，必要に応じて監査人と協議して行われるべきものであり，特定の年数を機械的に適用すべきものではないことに留意する。
IT 業務処理統制	・IT に係る業務処理統制は，多くは自動化された IT に係る業務処理統制であるが，一部，IT システムに組み込まれていない手作業による IT に係る業務処理統制が存在している場合がある。一般的に，自動化された IT に係る業務処理統制は手作業による IT に係る業務処理統制よりも無効化が難しくなる。しかし，自動化された IT に係る業務処理統制であっても過信せずに，内部統制の無効化のリスクを完全に防ぐことは困難であるという視点を持つことが重要である。また，電子記録について変更の痕跡が残り難い場合には，内部統制の無効化が生じてもその発見が遅れることがある点についても留意することが重要である。 ・業務処理統制の評価のうち，過年度の評価結果を継続して利用し，一定の複数会計期間に一度の頻度で運用状況のテストを実施する方法の場合，経営者において，IT 環境の変化を踏まえて慎重に判断され，必要に応じて監査人と協議して行われるべきものであり，特定の年数を機械的に適用すべきものではないことに留意する。

（3）内部統制報告書

・経営者による内部統制の評価の範囲について，重要な事業拠点の選定において利用した指標とその一定割合，評価対象とする業務プロセスの識別において企業の事業目的に大きく関わるものとして選定した勘定科目，個別に評価対象に追加した事業拠点及び業務プロセスの決定の判断事由等について記載する。

・前年度に開示すべき重要な不備を報告した場合における当該開示すべき重要な不備に対する是正状況を「付記事項」に記載する。

（4）内部統制監査

・監査人が財務諸表監査の過程で，経営者による内部統制評価の範囲外から内部統制の不備を識別した場合には，内部統制報告制度における内部統制の評価範囲及び評価に及ぼす影響を十分に考慮するとともに，必要に応じて経営者と協議することが適切である。

・監査人は，経営者による内部統制の評価範囲の妥当性を検討するに当たっては，財務諸表監査の実施過程において入手している監査証拠も必要に応じて，活用する。

・評価範囲に関する経営者との協議については，内部統制の評価の計画段階，状況の変化等があった場合において，必要に応じて実施することが適切であるとしつつ，監査人は独立監査人としての独立性の確保を図ることが求められる。

4. 内部統制報告書の訂正時の対応

　事後的に内部統制の有効性の評価が訂正される際には，訂正の理由が十分開示されることが重要であり，訂正内部統制報告書において，具体的な訂正の経緯や理由等の開示をする。

5. 中長期的課題

　法改正を含むさらなる検討事項として次の問題提起がなされている。
① サステナビリティ等の非財務情報の内部統制報告制度における取扱い

② ダイレクト・レポーティング（直接報告業務）を採用すべきか

③ 内部統制に関する「監査上の主要な検討事項」を採用すべきか

④ 訂正内部統制報告書について，現在監査を求めていないが，監査人による
関与の在り方について

⑤ 経営者の責任の明確化や経営者による内部統制無効化への対応等のため，
課徴金や罰則規定の見直し

⑥ 会社法と金融商品取引法の内部統制を統合

⑦ 会社代表者による有価証券報告書の記載内容の適正性に関する確認書にお
いて，内部統制に関する記載の充実を図る

⑧ 臨時報告書についても内部統制を意識すべきではないか

5. 会社法の内部統制

　会社法においても内部統制が明文化されております。内容としては，「取締
役の職務の執行が法令及び定款に適合することを確保するための体制その他株
式会社の業務並びに当該株式会社及びその子会社から成る企業集団の業務の適
正を確保するために必要なものとして法務省令で定める体制の整備」を義務付
けています。会社法上の内部統制は金商法の内部統制，即ち，財務諸表の信頼
性を担保することを目的としたものより幅広いといえます。一般的に金商法の
内部統制は会社法が定める内部統制の一部を構成するといって差し支えないで
しょう。そして，法務省令である会社法施行規則で，下記のような体制が挙げ
られています。

・取締役の職務の執行に係る情報の保存及び管理に関する体制

・損失の危険の管理に関する規程その他の体制

・取締役の職務の執行が効率的に行われることを確保するための体制

・使用人の職務の執行が法令及び定款に適合することを確保するための体制

・当該株式会社並びにその親会社及び子会社から成る企業集団における業
務の適正を確保するための体制

金商法と比較すると次のようになります。

項　目	金商法	会社法
対象会社	上場会社	基本，大会社
目的	投資家保護	株主，債権者保護
対象	財務報告に係る内部統制	業務全般についての内部統制
対象範囲	有価証券提出会社及び子会社，関連会社	親会社及び子会社の企業集団
外部監査	有り	無し
開示義務	内部統制報告書の開示	事業報告にて取締役会の決議の内容等の開示

 ズバリ，ここが実務ポイント！

▶不祥事を防ぎ倒産の危機に陥らないためにも，内部統制の重要性を認識しましょう。

▶形式的な内部統制ではなく，規模や業態に応じた実質的に機能する内部統制を構築することが大事。

索　引

【し】

参考文献

・安部和彦著『税務調査と質問検査権の法知識 Q&A』（清文社）

・新井益太郎監修『ケース別勘定科目便覧』（ぎょうせい）

・一般社団法人　日本経済団体連合会　経済法規委員会企画部会『会社法施行規則及び会社計算規則による株式会社の各種書類のひな型（改訂版）』

・一般社団法人日本 CFO 協会企画『ＦＡＳＳ検定公式学習ガイド　2023 年版』（㈱ CFO 本部）

・太田達也著『新会社法の完全解説』（税務研究会出版局）

・会計・監査ジャーナル 2007.5 月号『多賀谷充著・内部統制基準・実施基準の概要及びポイント解説』（日本公認会計士協会）

・角谷光一編『原価計算用語辞典』（同文舘）

・金児　昭著『「経理・財務＜上級＞』（日本経済新聞社）

・金児　昭著『日本型「経理・財務」事典』（税務経理協会）

・金児　昭著『日本型 / 世界に広がる超やさしい経営会計』（税務経理協会）

・金児　昭著『日本型 / 世界に広がる超やさしい財務会計』（税務経理協会）

・金児　昭著『ビジネスゼミナール　会社「経理・財務」入門』（日本経済新聞社）

・金児　昭監修，中澤　進・石田　正著『包括利益経営　IFRS が迫る投資家視点の経営改革』（日経 BP 社）

・金児　昭監修，NTT ビジネスアソシエ㈱著『会社「経理・財務」の基本テキスト（三訂版）』（税務研究会出版局）

・金児　昭監修，NTT ビジネスアソシエ㈱著『会社「経理・財務」の基本テキストⅡステップアップ編』（税務研究会出版局）

・金児　昭総監修『CFO プロフェッショナル』Ⅰ～Ⅳ（㈱ CFO 本部・㈱きんざい）

・㈱エイ・ジー・エスコンサルティング，ＡＧＳ税理士法人編『図解　経理マネージャーの業務マニュアル』（中央経済社）

・株式・社債実務研究会編『Q&A 株式・社債等の法務と税務』（新日本法規）

・監査法人トーマツ編『外貨建取引の経理入門』（中央経済社）

・監査法人トーマツ編『税効果会計の経理入門　第3版』（中央経済社）

・監査法人トーマツ編『デリバティブ取引の経理入門』（中央経済社）

・仰星監査法人著『会社経理実務辞典』（日本実業出版社）

・久保田政純編著『企業審査ハンドブック　第4版』（日本経済新聞社）

・金融広報中央委員会ウェブサイト『知るぽると』

　http://www.saveinfo.or.jp/index.html

・クリフィックス税理士法人・工藤雅俊著『超図解　ビジネス　最新会計基準入門　新版』

　（エクスメディア）

・経済産業省ウェブサイト『経理・財務サービス　スキルスタンダード』

　http://www.meti.go.jp/policy/servicepolicy/contents/management_support/files/

　keiri-zaimu.html

・経済産業省ウェブサイト『地域金融人材育成プログラム　テキスト』

　http://www.meti.go.jp/report/data/jinzai_ikusei2004_07.html

・公認会計士業務資料集第47号Ⅰ『経営委員会答申書・小規模会社が内部統制の評価を

　効率的に行う方法について検討されたい』（日本公認会計協会東京会）

・公認会計士業務資料集第48号Ⅰ『会計委員会答申書・財務報告に係る内部統制におけ

　る「全社的な内部統制」及び「決算・財務報告プロセス統制」について，その整備・

　運用と評価の具体的方法を検討されたい』（日本公認会計協会東京会）

・小林磨寿美著『勘定科目別　法人税完全チェックマニュアル』（ぎょうせい）

・（財）中小企業ベンチャー振興基金『企業情報開示書』

・ＣＳアカウンティング㈱編『改定版　経理・財務スキル検定　ＦＡＳＳ　テキスト＆

　問題集』（日本能率協会マネジメントセンター）

・ＣＳアカウンティング㈱編『4週間でマスターできる経理・財務基本テキスト』（税務

　経理協会）

・嶋津和明・樋口洋介・三重野研一著『ここからはじめる　図解・会計入門　会計処理

　の基礎と準備』（すばる舎）

・ジャスネットコミュニケーションズ㈱　編『経理実務の学校』テキスト

・新日本アーンストアンドヤング税理士法人『グループ法人税制・連結納税制度の実務ガイダンス』（中央経済社）

・新日本有限責任監査法人編『金融商品会計の実務（会計実務ライブラリー）』（中央経済社）

・新日本有限責任監査法人編『固定資産会計の実務（会計実務ライブラリー）』（中央経済社）

・新日本有限責任監査法人編『仕訳処理完全ガイド』（第一法規）

・鈴木　豊著『フローチャートでわかる経理のしくみ』（中央経済社）

・田中健二編『令和5年版図解消費税』（大蔵財務協会）

・田村雅俊・鈴木義則・佐藤昭雄編著『勘定科目別　仕訳処理ハンドブック』（清文社）

・蝶名林守編『令和5年版 図解法人税』（大蔵財務協会）

・出口秀樹税理士事務所編『はじめての税務調査100問100答』（明日香出版社）

・手塚仙夫著『取引別・勘定科目別　虚偽表示リスクを見抜く監査ノウハウ　第3版』（中央経済社）

・デットIR研究会編『デットIR入門　企業の資金調達と情報開示』（銀行研究社）

・東陽監査法人編『内部管理　実務ハンドブック　第4版』（中央経済社）

・中村慈美著『グループ法人税制の要点解説』（財団法人大蔵財務協会）

・中山　均著『図解部門のマネジメント　経理部管理者の仕事』（日本能率協会マネジメントセンター）

・仁木一彦，久保恵一著『図解　ひとめでわかる内部統制　第2版』（東洋経済新報社）

・日興コーディアル証券　ソリューション企画部編『図解証券投資の経理と税務』（中央経済社）

・日本公認会計士協会東京会編『相違点でみる会計と税務　実務ポイントQ&A』（清文社）

・日本証券業協会編『外務員必携』（日本証券業協会）

・堀　三芳監修，備後弘子・勝山武彦著『税理士のための法人税実務必携』（清文社）

・みずほ銀行　証券・信託業務部編著『私募債の実務　改訂版』（金融財政事情研究会）

・山本守之監修『法人税申告の実務全書』（日本実業出版社）

・有限責任監査法人トーマツ編『会計処理ハンドブック　第5版』（中央経済社）

・有限責任監査法人トーマツ編『トーマツ会計セレクション⑤連結会計』（清文社）

・優成監査法人編著『経理規程作成マニュアル』（税務経理協会）

・吉木伸彦・福田武彦・木村為義著『三訂版　税効果会計の実務がわかる本』（税務研究会出版局）

・渡辺昌昭監修『すぐに役立つ経理・財務実務全書』（日本実業出版社）

【監修者】

石田　正
<small>いし　だ　　ただし</small>

公認会計士

一般社団法人 日本 CFO 協会主任研究委員

日本公認会計士協会組織内会計士協議会研修委員

[略歴]

1944 年東京生まれ。明治大学商学部卒業。

1972 年から 25 年間，アーサーヤング会計事務所（現アーンスト＆ヤング）及び朝日監査法人（現有限責任あずさ監査法人）にて日本及び米国基準の会計監査，財務アドバイザリー業務に従事，代表社員。監査法人在籍中に通算 10 年間，シンガポール及びロンドン事務所に駐在。1996 年以降，日本マクドナルド代表取締役副社長(CFO)，セガサミーホールディングス専務取締役（CFO）を歴任。2011 年 2 月より 2022 年 6 月までカルビー株式会社常勤監査役を経て現職。

[著作等]

「人生 100 年時代を生き抜く 5 リテラシー」(生産性出版)，「包括利益経営」(日経 PB 社)，「IFRS 財務諸表の読み方」(中央経済社)，「経理・財務実務マニュアル」(税務経理協会)執筆ならびに編著，「日経 BP 国際会計基準フォーラム」

講師など，セミナー・講演多数。

【執筆者】

青山　隆治　<small>（担当：序章・1 章・19 章～ 28 章）</small>
<small>あおやま　　りゅうじ</small>

税理士

税理士法人東京ユナイテッド所属

東京税理士会日本税務会計学会（国際部門）委員

[略歴]

1965 年京都市生まれ。大阪市立大学（現：大阪公立大学）経済学部卒業，筑波大学大学院ビジネス科学研究科博士前期課程修了。日本生命保険（主計部等），プライスウォーターハウスクーパースコンサルタント㈱，リソース・グローバル・プロフェッショナル・ジャ

パン㈱，独立経理・財務コンサルタント等を経て現職。30年以上に及ぶグローバル企業等での財務会計・管理会計（FP&A）・税務・ファイナンス・内部監査・M&A・プロジェクトマネジメント等の経験からCFO領域の課題解決に向けて手厚いサポートを行ってきた。また，産業能率大学大学院総合マネジメント研究科兼任教員，ビジネス・キャリア検定試験委員，経理・財務キャリアのコーチ等を歴任。

［著作等］

『外資系CFO&コンサルタントが書いた外資系企業経理入門』（共著・2013年・税務経理協会），『法人税実務マニュアル』（共著・2013年・税務経理協会），『「経理・財務」用語事典』（共著・2016年・税務経理協会），『キャリアアップを目指す人のための「経理・財務」実務マニュアルワークブック』（共著・2023年・税務経理協会），「経理財務マネジャーのための英語力UP講座」（2019年〜2020年・中央経済社『旬刊経理情報』連載）等がある。

馬場 一徳 （担当：2章〜5章・8章〜9章・15章〜16章・18章）

税理士

馬場一徳税理士事務所（メールアドレス：baba@office-baba.jp）

［略歴］

1965年東京生まれ。一橋大学法学部卒業。筑波大学大学院ビジネス科学研究科博士前期課程修了。住友商事（株），住宅・都市整備公団，新創税理士法人等を経て，2007年より馬場一徳税理士事務所を開業。平成22年〜平成24年に東京商工会議所窓口専門相談員（東京税理士会渋谷支部派遣）。令和5年〜東京税理士会理事（情報システム部委員）

［著作等］

『親が亡くなる前に知るべき相続の知識』（共著・2013年・税務経理協会），『法人税実務マニュアル』（共著・2013年・税務経理協会），『マンション建替えの法律と税務』（共著・2003年・税務研究会出版局），『議事録・稟議書・契約書の書き方実務マニュアル』（共著・2015年・税務経理協会），『「経理・財務」用語事典』（共著・2016年・税務経理協会），『キャリアアップを目指す人のための「経理・財務」実務マニュアルワークブック』（共著・2023年・税務経理協会）

340

奥秋　慎祐 おくあき　しんすけ（担当：6章〜7章・10章〜14章・17章・29章）

公認会計士，税理士

サンセリテ会計事務所代表（メールアドレス：zeikin@sincerite-kaikei.jp）

[略歴]

東京生まれ。早稲田大学商学部卒業。22才で公認会計士2次試験に合格し，大手監査法人で上場企業の監査に携わる。その後，ロンドン留学を経て，少数精鋭の事務所に転職。そこで，中小企業，上場企業の税務，組織再編に取り組む。2008年に独立。

現在は，上場企業から中小企業，個人まで幅広いクライアントを持つユニークなオフィスを経営している。プライベートでは，2児の父として，「幸せな子育て」を実践しながら，クライアントの幸せと豊かさを様々な側面から応援している。早稲田大学商学部非常勤講師等を歴任。

[著作等]

『法人税実務マニュアル』（共著・2013年・税務経理協会）

『「経理・財務」用語事典』（共著・2016年・税務経理協会）

『キャリアアップを目指す人のための「経理・財務」実務マニュアルワークブック』（共著・2023年・税務経理協会）

ジャスネットコミュニケーションズ株式会社　http://www.jusnet.co.jp/

1996 年に公認会計士が創立。会計、税務、経理・財務分野に特化したプロフェッショナル・エージェンシー。

「会計プロフェッションの生涯価値の向上と、クライアントの価値創造への貢献を目指して。」
を企業理念とし、登録者一人ひとりのスキルやキャリアに応じて、様々な就・転職支援や教育サービスを提供。

登録者数は業界トップクラスの 65,000 名を超え、監査法人、税理士法人をはじめ 6,200 社を超える法人から支持を受けている。

季刊で発行する「アカウンタンツマガジン」は、日本の会計プロフェッションを牽引する、著名な公認会計士、税理士、CFO の素顔や生きざまに光をあて、その人生観・仕事観を紹介するヒューマンドキュメント誌。発行部数は 11,000 部を誇る。

簿記の知識と経理実務をつなぐ教育支援サービス「経理実務の学校（http://edu.jusnet. co.jp/）」を運営。2003 年より開始し、現在では日商簿記 3、2 級の試験対策から、日常経理、決算業務、管理会計など経理パーソンに役立つ 300 以上のセミナーや動画講座を提供し、受講者は業界、国を越えて広がり続けている。

キャリアアップを目指す人のための

「経理・財務」実務マニュアル 下 新版三訂版

2012年 4 月10日　初版発行
2013年11月10日　改訂版 1 刷発行
2015年11月10日　三訂版 1 刷発行
2018年12月30日　新版 1 刷発行
2022年 1 月30日　新版改訂版第 1 刷発行
2024年 3 月10日　新版三訂版第 1 刷発行

監修者　　石田　正
著　者　　青山隆治

　　　　　馬場一徳

　　　　　奥秋慎祐
発行者　　大坪克行
発行所　　株式会社 税務経理協会
　　　　　〒161-0033東京都新宿区下落合 1 丁目 1 番 3 号
　　　　　http://www.zeikei.co.jp
　　　　　03-6304-0505
整版所　　株式会社森の印刷屋
印刷所　　光栄印刷株式会社
製本所　　牧製本印刷株式会社

 本書についての
ご意見・ご感想はコチラ

http://www.zeikei.co.jp/contact/